《数字经济时代法治观澜》一书受到天津市 2018 年度哲学社会科学规划课题重点项目"人工智能时代竞争规制法治的改进"(TJFX18-002)的资助

互联网法治文丛
陈兵 总主编

数字经济时代法治观澜

陈兵 著

人民出版社

目　　录

第三篇　平台经济治理的法治定位与定向

第四篇　平台经济新业态治理的法治保障与策略

自序 数字经济健康发展离不开法治化治理

2020 年是我国历史上极不平凡的一年,在全球新冠肺炎疫情突袭与世界经济衰退的多重不利环境下,全国各族人民在中国共产党的坚强领导下顽强拼搏,万众一心,克服了种种困难,不仅在疫情防控方面取得了重大成果,而且在疫情防控常态化下尽快实现了经济的正增长,这与数字经济的发展密不可分。数字经济在我国国民经济中的地位越来越重要,特别是在新冠肺炎疫情影响下,数字经济展现出了顽强的韧性和充分的灵活性,在智慧医疗、在线教育、餐饮外卖、协同办公、跨境电商等商品和服务领域得到广泛应用,已成为与人民群众生活紧密结合的经济业态。根据中国信通院发布的《2021 年中国数字经济发展白皮书》显示,2020 年我国数字经济规模达到 39.2 万亿元,占 GDP 比重为 38.6%,位居世界第二;增速同比上升 9.7%,位居世界第一,是同期 GDP 名义增速的 3 倍多,标志着数字经济产业已成为中国经济稳定增长的重要引擎。我国数字经济在逆势中加速腾飞,有效支撑疫情防控和经济社会复工复产,正加速推动我国成长为数字经济和数字贸易的大国。

一、建设数字经济强国需要法治护航

党的十九大以来,习近平总书记高度重视数字经济发展,对此作出深刻阐述,明确指出"中国数字经济发展将进入快车道"。在"十四五"规划中更是单列篇章重点规划数字化发展,提出打造数字经济新优势,从国家战略高度培育和发展数字经济。2021 年作为"十四五"规划的开局之年,我国数字经济也迎来由"大"到"强"的拐点,这一点从 2020 年年底以来的中央各次重要会议中不断强调数字经济高质量发展的会议精神和战略部署中可见一斑,我国数字经济特别是平台经济正在历经一场质量体查与提升工程,"强监管"与"促发展"并重,各类监管政策与法律法规的出台与施行引发了数字经济市场的短期波动,然而从长远看是为了这个领域的持续健康发展护航。

数字经济既是世界经济发展的重要方向,也是我国在百年未有之大变局下"加快构建以国内大循环为主体、国内国际双循环相互促进的新发展格局"的重要依托和发展动能。数字经济是指以数据资源作为关键生产要素、以现代信息网络作为重要载体、以信息通信技术和数字数据技术的深度融合使用作为效率提升和经济结构优化的重要推动力的一系列经济活动。在实践中,以互联网、物联网、大数据、人工智能算法为基础的数字经济的高速增长,已成为推动我国经济高质量发展的核心动能,其背后作为支撑的信息通信技术和数字数据技术的广泛适用对市场主体间传统的生产、经营及消费关系产生了颠覆性影响,为数据的收集、储存、传输、使用、挖掘、分享等提供了技术支持,加快了市场的数字数据化和数字数据的市场化进程。

然而,基于数据收集、储存、传输、使用、加工、分享等与数据相关行为而产生的数据权属确认和数据权益分配问题,尚未有明确的法律规范,因此陷入了相关制度供给不足和实施乏力的困境。由此引发了在数字经济场景下,平台强制"二选一"、大数据"杀熟""封禁"行为、算法共谋、算法霸凌、个人数据信息泄露等风险,诸多头部平台企业纷纷卷入纠纷之中。在实践中已出现如"3Q 大战"等影响较大、情节复杂的案件,对国家治理体系与治理能力、数字经济市场运行以及广大消费者用户的合法权益产生了巨大影响。如何建立健全在数字经济场景下利于科技创新激励、市场公平竞争及消费者福利增进的市场化、法治化、国际化营商环境成为亟待回应的问题,也是落实党和国家大力促进数字经济与实体经济深度融合的关键所在,更是为人民群众创造看得见、摸得着、感受得到的数字化生活的奋斗目标。

以习近平同志为核心的党中央高度重视数字化发展,明确提出数字中国战略。党的十九届五中全会通过的《中共中央关于制定国民经济和社会发展第十四个五年规划和二〇三五年远景目标的建议》,明确提出要"加快数字化发展",并对此作出了系统部署:发展数字经济,推进数字产业化和产业数字化,推动数字经济和实体经济深度融合,打造具有国际竞争力的数字产业集群。加强数字社会、数字政府建设,提升公共服务、社会治理等数字化智能化水平。建立数据资源产权、交易流通、跨境传输和安全保护等基础制度和标准规范,推动数据资源开发利用。扩大基础公共信息数据有序开放,建设国家数据统一共享开放平台。保障国家数据安全,加强个人信息保护。提升全民数字技能,实现信息服务全覆盖。积极参与数字领域国际规则和标准制定。十三届全国人大四次会议通过的《中华人民共和国国民经济和社会发展第十四个五年规划和2035年远景目标纲要》进一步提出要"加快数字化发展 建设数字中国",在"十四五"期间要迎接数字时代,激活数据要素潜能,推进网络强国建设,加快建设数字经济、数字社会、数字政府,以数字化转型整体驱动生产方式、生活方式和治理方式变革。

二、数字经济需发展在法治轨道上

社会主义市场经济本质上是法治经济,数字时代的市场经济治理也需在法治轨道上进行。近年来,国家制定和实施了多项相关法律及政策,在顶层设计和顶层推动的层面明确当下及未来数字经济治理的法治基础与目标。2016年11月,十二届全国人大常委员会第二十四次会议通过《中华人民共和国网络安全法》,旨在保障网络安全,维护网络空间主权和国家安全、社会公共利益,保护公民、法人和其他组织的合法权益,促进经济社会信息化健康发展;2016年12月,为加快实施国家大数据战略,推动大数据产业健康快速发展,国家工信部编制印发了《大数据产业发展规划(2016—2020年)》;2018年8月,十三届全国人大常委会第五次会议通过《中华人民共和国电子商务法》,旨在保障电子商务各方主体的合法权益,规范电子商务行为,维护市场秩序,促进电子商务持续健康发展;2019年6月,国家市场监督管理总局发布《禁止滥用市场支配地位行为暂行规定》,特别针对互联网新业态领域的滥用市场支配地位行为的认定进行了细化;2021年2月,国务院反垄断委员会印发《国务院反垄断委员会关于平台经济领域的反垄断指南》,旨在预防和制止平台经济领域垄断行为,保护市场公平竞争,促进平台经济规范有序创新健康发展,维护消费者利益和社会公共利益。在加大互联网数字经济领域相关市场经济法治建设的同时,对涉及数字数据安全、个人信息保护的相关专门性和统合性立法也得到快速补充。

2021年6月,十三届全国人大常委会第二十九次会议通过《中华人民共和国数据安全法》,旨在规范数据处理活动,保障数据安全,促进数据开发利用,保护个人、组织的合法权益,维护国家主权、安全和发展利益。2021年8月,十三届全国人大常委会第三十次会议通过《中华人民共和国个人信息保护法》,旨在保护个人信息权益,规范个人信息处理活动,促进个人信息合理利用。当前,相关法律与政策的制定实施,聚焦数字经济法治的主要场景,针对数字经济领域不断涌现的新业态、新产业及新模式,框定了法律架构。数字经济法治问题不仅关乎国内经济法治,更涉及国际经济法治,其建设和发展的方向应立足国内现实,面向全球发展,故此,亟须搭建多维度、多层级、多元化、多样态相统合的系统化和一体化的法治架构,从定位、定向、定则等方面,明确我国数字经济立法的方向与重点。

这些已出台的政策及法律法规,对解决基于数字经济高速创新发展过程中频发的各类垄断行为、不公平竞争行为或不正当竞争行为,譬如,平台"二选一"、平台大数据杀熟、平台自我优待等涉嫌超级平台滥用市场支配地位侵犯用户知情权、公平交易权、数据自决权等具有一定的规范和指导意义。

然而,当下数字经济的治理依然暴露出了一些问题:第一,数据是数字经济运行的基础,但现行法律并未对消费者和经营者之间的权利、义务及利益的分担与共享作出明确的规定,导致其在面对蓬勃发展的数字经济时依然是"捉襟见肘";第二,立法结构较为分散,无法为数字经济各个参与主体提供及时充分有效的合规指引和科学保护,立法的科技含量和整体质量有待提升,亟待制定和实施体现数字经济特征的国家基本法律;第三,实施机制较为乏力,除"条条块块"割裂式的法律实施体制有待改善,实施机制缺乏现代化与科技化支撑,也是窒碍法律实施效果正向彰显的瓶颈。故面对数字经济的高速发展与现有数字经济治理理念、治理手段和治理模式之间的不平衡和不协调问题,亟待建立适应数字经济发展特点和现实需求的法治体系,其中,首要且最基本的就是厘清数字经济的法治理念和目标,明晰数字经济治理的法治基础。一方面,相较于传统的线下经济,小型企业和消费者更容易从数字经济中获益,数据的流动与共享有助于推动经济的发展;另一方面,数字经济也滋生了大型平台的扩张,使平台企业从竞争到垄断有加速趋势。大型平台企业利用大数据传导优势和算法的精准预测优势,可以打破线上线下界限,迅速成长为拥有巨大市场支配力量的平台聚合体,进而滥用平台优势,实施侵害消费者权益与破坏市场竞争秩序的行为。为此,数字经济治理的理念需要结合数字经济发展的诸多新兴业态及运行的各阶段,围绕"市场竞争、数据治理、人工智能与算法规制"三大问题厘定促进数字经济发展的立法架构。通过统合相关法律法规,兼顾自由与公平,融合数据安全与数据共享,统合经济效率与消费者利益,实现竞争与创新的动态平衡,建立构筑"市场自治优先、国家监管审慎、国际合作畅通"的数字经济治理格局。

三、数字经济法治化发展的基点与重点

为进一步完善数字经济时代治理秩序,需用开放的复杂系统的观点、用从定性到定量的综合集成方法研究数字经济中存在的问题,并结合法治手段实现整个系统的优化。数字经济的发展是以"数据与算法"为核心要素,以"数据与算法+平台"为运行基础,以"数据算法"双轮驱动的平台生态系统为运行机理,为此,必须要重视"数据、算法、平台"三方要素的协同治理与系统治理。

首要是数据治理法治化。2020 年 3 月 30 日,中共中央、国务院发布了《关于构建更加完善的要素市场化配置体制机制的意见》,将数据与土地、劳动力、资本、技术并称为五种要素,提出"加快培育数据要素市场"。同年 5 月 11 日,《中共中央　国务院关于新时代加快完善社会主义市场经济体制的意见》颁布实施,进一步提出"完善数据权属界定、开放共享、交易流通等标准和措施,发挥社会数据资源价值"。数据对于构建"双循环"新发展格局,推进新基建有着重要的作用。如何在确保数据安全的同时,促进数据的分享,实现数据保护与数据共享的平衡是亟待解决的问题。同时,还要注意如何结合《中华人民共和国民法典》《中华人民共和国反垄断法》《中华人民共和国反不正当竞争法》《中华人民共和国电子商务法》《中华人民共和国消费者权益保护法》《中华人民共和国数据安全法》《中华人民共和国个人信息保护法》等法律,对数据权益保护与开放、跨境数据流动与安全、大数据杀熟等重点难点问题予以治理。

其次是算法治理法治化。如果说数据是数字经济时代最具有创新价值和关键意义的生产资料,那么算法就是数字经济时代最具有活力和最重要的生产工具和资源分配规则。如果说数据是新时代经济发展的核心原料,那么算法就是数据原料的生产、加工及创新工具,平台就是支撑和实践这一动态过程的组织体和空间站,"数据、算法、平台"三位(维)一体共同构成了数字经济时代经济社会发展的推动器和治理阈。在这一构造下,算法不仅可以为平台企业筛选有价值的数据,也可以为平台企业生成有价值的数据,同时优化平台企业各部分的协作效率。数据与算法在数字经济中并非孤立,而是相辅相成:平台企业通过海量的数据"喂养"算法,不断提升算法的准确程度;算法通过准确分析抓取数据,优化企业生产服务的效率。算法的运用也滋生了算法合谋、算法歧视等问题,对消费者权益和竞争秩序产生了严重的损害。故此,需结合现行涉及网络安全、数据安全、个人信息

保护、消费者保护、劳动保护、市场竞争、税收征管等多领域多维度的相关法律法规进行协同治理和系统规制,坚持政府监管和行业自律相结合,划定用户、企业权益及政府权力运行边界,为"数据、算法、平台"三位(维)一体的数字经济时代经济社会发展筑牢科技法治的根基。

最后是平台治理法治化。当前,在数据和算法双轮驱动下,互联网平台经济已发展成为一种强大的数字经济形态。近年来,发展平台经济成为我国高质量建设现代化经济体系,深化市场经济体制改革的重要抓手,也是我国深化市场要素和资源流通领域的治理方法,需坚持系统观念,从事物的总体与全局、从要素的联系与结合上,研究数字经济中新事物的运动与发展,以找出规律、建立秩序。平台经济是供给侧结构性改革的重要通路。平台经济是生产力新的组织方式,是经济发展新动能,对优化资源配置、促进跨界融通发展和"双创"、推动产业升级、拓展消费市场尤其是增加就业,都有重要作用。平台经济在国民经济中的地位日趋重要,平台已成为与广大人民群众衣、食、住、行、教、医、旅、用等息息相关的场域。

广大平台企业特别是超大型平台企业,通过其在数据与算法上的优势地位,不断扩张,逐渐实现了平台产业一体化、生态化及智能化,在提高平台经济效能,增强平台企业竞争力的同时,也出现了涉嫌限制、排除竞争、不正当竞争及不公平交易等行为,严重损害了市场竞争秩序和消费者用户福利。故此,平台经济的持续健康发展呼唤法治的变革。在社会各界的大力呼吁和中央高层的密切关注下,2021年2月7日,《国务院反垄断委员会关于平台经济领域的反垄断指南》(以下简称《反垄断指南》)印发,对平台经济领域的垄断问题进行了较为详细的规定,在全球范围内引起了普遍关注,初步建立了我国平台经济领域的反垄断规制框架和思路。具体而言,《反垄断指南》明确在分析平台经济领域的反垄断案件时仍要将相关市场界定作为逻辑起点;明确了数据和算法可能被用来达成垄断协议,最惠国待遇条款可能构成纵向垄断协议;细化了平台经营者滥用市场支配地位行为,包括低于成本销售、拒绝交易、"二选一"、与数据收集、隐私保护相关的滥用行为,以及"大数据杀熟"等差别待遇行为。该《反垄断指南》的及时发布是综合考虑平台经济领域经营者、消费者各方的合法权益,在保障经营自主权、激励创新的基础上,提出了极具针对性的监管方式,是监管的重大创新与进步。

2021年3月5日,李克强总理在政府工作报告中指出:"国家支持平台企业创新发展、增强国际竞争力,同时要依法规范发展,健全数字规则。强化反垄断和防止资本无序扩张,坚决维护公平竞争市场环境。"同年3月15日,中央财经委员会第九次会议上指出,"近年来我国平台经济快速发展,在经济社会发展全局中的地位和作用日益突显……我国平台经济发展的总体态势是好的、作用是积极的,同时也存在一些突出问题,一些平台企业发展不规范、存在风险""要坚持正确政治方向,从构筑国家竞争新优势的战略高度出发,坚持发展和规范并重……要坚持'两个毫不动摇',促进平台经济领域民营企业健康发展"。故此,要遵循平台经济市场发展的规律,顺势而为,支持和促进平台经济持续健康发展,一要鼓励和支持平台经济新业态、新产业、新模式的创新;二要优化市场化、法治化、国际化的数字时代市场发展环境;三要继续坚持科学审慎的监管要求,做好市场监管与行业监管的统合,将重点监管与常态监管相统一,创新监管方式,提升监管科技,探索适应新业态特征与发展规律的有利于市场公平竞争和行业创新发展的协同性和系统性监管,推进多元多维多层监管,以"监管"促"发展"。

当前,全球新冠肺炎疫情尚未结束,国际政治经济环境亦很复杂,这些都给我国实体经济特别是关键基础要素的产业链带来了巨大冲击,由此催生了大量的平台经济新业态,诸如灵活用工、直播带货、种草经济、在线教育、长租公寓、互联网医疗、互联网金融等,这些新业态都为我国经济的疫后复苏提供了强有力的支撑,也为新发展格局下国内大循环的建设提供了基础和平台。与此同时,平台经济步入下半场,也暴露出诸多损害市场公平竞争秩序,妨碍高水平技术创新,侵犯广大消费者用户权益的现象。对此,需在持续支撑数字经济,特别是平台经济健康发展的总体方向不动摇的前提下,依法规范数据要素的分配与使用,引入多元规制工具和分析框架,推进数字效益与数字正义的统合。

诚如,习近平总书记2020年11月20日在亚太经合组织第二十七次领导人非正式会议上指出:"数字经济是全球未来的发展方向,创新是亚太经济腾飞的翅膀。"坚持中国共产党的绝对领导,坚持以人民为中心的法治中国建设,统筹好发展与安全的关系是应对国内外一切挑战的制胜法宝。在这一伟大时代的进程中,高质量的经济发展仍是我国社会、政治、经济、教育、环境等事业取得全面进步的关键基础,而高质量的经济发展更离不开科学、民主、现代、先进的法治建设。数字经济时代法治建设的理念与理论、原则与规范、方法与工具已然成为当前社会各界特别是法学(律)界工作者孜孜以求、刻苦专研的时代主题和历史使命,是中华民族伟大复兴事业的应有之义,是中华民族道路自信、理论自信、制度自信、文化自信的集中体现,更是中华民族在百年未有之大变局发展中对世界法治理论、制度及模式的有益探索和积极贡献。中国的数字经济时代法治探索与建设必将成为全球数字时代社会经济治理不可或缺的内容和形态!

第一篇

数字经济治理的法治基础与目标

数字经济高质量发展中的竞争法治变革

基于信息通信技术和数字数据技术而产生、通过互联网和万维网拓宽和发展的数字经济正以前所未有的速度颠覆性地改变着人类的生产方式和生活方式,推动经济高速发展。根据国家互联网信息办公室数据,2020年我国数字经济规模达到39.2万亿元,占GDP比重达38.6%,按照测算,到2030年,数字经济占GDP比重将超过50%。数字经济已经成为我国经济发展和产业转型升级的重要平台应用和支撑动能,是参与全球经济竞争的重要场域和竞争优势。如何推动和保持数字经济在我国的高质量可持续发展,对支持和夯实我国经济高质量发展,应对国内外来自科技、贸易及金融等方面的重大挑战十分关键,受到社会各界的密切关注。

一、推动数字经济高质量发展,关注数据运行周期不同环节的法律属性及定位

数字经济概念诞生于20世纪90年代。在1994年,"数字经济"(Digital Economy)一词首次出现。在1996年,美国学者唐·泰普斯科特(Don Tapscott)在《数字经济:网络智能时代的承诺和危险》中正式提出数字经济概念。美国商务部也于1998年、1999年、2000年先后出版了名为《浮动中的数字经济》(Ⅰ、Ⅱ)和数字经济的研究报告。时至今日,世界主要国家和地区以及重要国际组织也都对数字经济的含义作出了相关界定:美国经济分析局咨询委员会在其报告中指出,测量数字经济除应包括电子商务的部分外,还应测量新的数字服务,譬如共享经济和免费互联网服务;英国经济社会研究院认为,数字经济是指各类数字化投入带来的全部经济产出;韩国将数字经济定义为以互联网在内的信息通信产业为基础的所有经济活动;经济合作与发展组织(OECD)的定义相对简单,认为数字经济是通过电子商务实现和进行的商品和服务贸易,其三个主要部分是数字数据、数字科技和数字基础设施。在2016年G20杭州峰会上通过的《二十国集团数字经济发展与合作倡议》认为,数字经济是指以使用数字化的知识和信息作为关键生产要素、以现代信息网络

作为重要载体、以信息通信技术的有效使用作为效率提升和经济结构优化的重要推动力的一系列经济活动。也有分析报告从内容上解释数字经济的含义,即数字经济包含数字产业化和产业数字化两大部分,作为一种技术经济范式,其已经超越了信息产业部门的范畴,是信息经济、信息化发展的高级阶段。

综合上述概念,共通之处在于均认可电子商务是数字经济运行的重要载体和重要表现形式,现代互联网络尤其是移动互联网及信息通信技术的普及和广泛适用构成了数字经济的核心组成部分。然而,当前数字经济的高速发展并未止于互联网络和信息通信技术的广泛适用,而是走向了以互联网络为基础的信息通信技术与数字数据技术深度融合的数字经济发展的高阶形态,譬如大数据经济、平台经济、算法经济及人工智能经济等,正在或已经形成了以数据采集、储存、分析、使用及流通、交易、分享为诸环节组合的全周期运行场景。由此,围绕数字经济的全周期运行规律,提出数字经济生态产业链的概念,凸显生态产业链上"数字的市场化和市场的数字化"相互融合与及时转化的发展特征。同时,特别关注"与数据相关行为"。如前所述,数据的采集、储存、分析、使用及流通、交易、分享等行为的法律属性及定位,强调法学和科技的融合与尝试,形塑效率、创新、自由、公平等多元价值和目标于一体的数字经济竞争生态系统,共享科技发展与法治激励相融合的数字经济竞争法治红利。

二、数字经济发展的法治困境:制度供给不足、实施机制乏力

近年来,我国制定和实施了多项政策和有关法律法规来激励和规范"数字中国"建设,譬如《大数据产业发展规划(2016—2020年)》《中华人民共和国网络安全法》《"十三五"市场监管规划》《国务院关于深化"互联网+先进制造业"发展工业互联网的指导意见》《中华人民共和国电子商务法》《区块链信息服务管理规定》《中华人民共和国反不正当竞争法》《关于促进平台经济规范健康发展的指导意见》《国务院反垄断委员会关于平台经济领域的反垄断指南》《中华人民共和国数据安全法》等。然而,当下数字经济的运行依旧面临着不小的困境,站在数据生态产业链的维度观察,从数据资源利用的整个纵向过程分析,可发现现行法律规范对消费者(用户)和经营者间的权利、义务及利益的分担与共享似乎作出了规定,但又并没有明确地作出规定。现行规制系统面对蓬勃发展的数字经济似乎仍是"捉襟见肘"。

　　数字经济深度发展给各行业经济增长方式和商业竞争模式带来的冲击甚至是革新,深刻引发了全球竞争格局和模式的颠覆性改变。数字经济竞争呈现为在全球场景下的动态竞争、多边竞争、跨界竞争、(大)数据竞争、平台竞争、算法竞争、智能竞争以及信用竞争等新旧经济业态混合竞争相融合的态势。我国 2019 年 9 月正式施行的《禁止滥用市场支配地位行为暂行规定》表明了新旧不同经济业态混合存在的执法场景对现行和未来反垄断执法的新要求和新挑战,同时也对现行的市场竞争法治基础理论与实践方式带来了巨大挑战,现行竞争法治理论体系和实践模式面临着重大改造甚至是重构。

　　面对数字技术革新和数字产业发展引发的数据爬取与反爬取、流量劫持、恶意不兼容、软件干扰等新型不正当竞争行为,数字经济从业者充分利用动态竞争、跨界竞争、多边竞争、平台竞争等数字经济竞争的新特征,利用大数据传导优势和精准预测功能,打破线上线下界限迅速成长为拥有巨大市场支配力量的平台聚合体。多家企业都存在滥用平台优势的风险,引发用户隐私服务降级,限制用户数据转移,进而侵害用户自由选择与公平交易的权益,亦存在平台间算法共谋、具有支配地位的平台经营者的算法歧视行为,对现行反垄断法下的禁止限制、排除竞争和保护消费者权益之规定的适用带来挑战。

三、提出竞争法治变革与重塑的实然与应然

　　鉴于此,现行竞争法治的制度理念和实践模式亟须围绕数字经济高速发展中不断出现的各类新业态运行的现实场景予以调整和创新。譬如,从互联网到物联网发展过程中出现的共享单车、网约车等分享经济或共享经济业态,在为广大民众带来极大便利、活化市场要素配置的同时,也引起了诸多法律问题,其中有的是传统法律关系的线上化,呈现为网络效应的增大,然而本质上仍然可以依靠现有法律规则的解释予以适用;而有的则为一种全新的基于数字科技包括信息科技和数据科技深度融合而引发的法律关系,亟须通过修法或立法予以规范。此外,数据及大数据的多维属性、数据提供者的多归属性、与数据相关行为在不同环节引发的不同法律关系,数据原始提供者、数据控制者、数据经营者以及数据开发加工者等,对位于不同运行环节和经济业态下的数字经济参与者之间的法律关系,都有待进一步明晰。尤其是欧盟在 2018 年 5 月 25 日正式出台了非常严厉的《通用数据保护条例》后,对全球数字经济的发展和全球竞争带来了巨大影响。

为此,当下和未来竞争法治的制度设计与实践选择,有必要从数字经济发展的诸多新兴业态及运行的各阶段入手,重点围绕"物联网与共享经济""大数据与平台经济""算法与人工智能经济"以及终将实现的"从数字经济到信用经济",以数字经济与竞争法治的基础关系为切口,挖掘和厘清由互联网发展至物联网之场景下竞争法治面临的挑战,聚焦从网络时代到数据时代变革下大数据与平台经济发展面临的竞争挑战和竞争规制,提出未来在人工智能场景下竞争法治变革与重塑的实然与应然。在这一过程中,对数字经济下作为消费者的用户隐私保护与知识产权创新的关系平衡,以竞争法治为工具和进路,强调竞争法治的建构与实施应以人为本,以此规范各类数字科技的创新开发和应用,做到"以竞争促创新、以竞争提质量、以竞争保安全"。这一点正如我国国家市场监督管理总局公布的《禁止滥用市场支配地位行为暂行规定》第十一条所表明的,当前和未来数字经济可持续健康发展离不开竞争法治的作用,适时创新竞争法治,包括竞争法治的理念、范畴、制度及方法等要素是及时有效回应数字经济发展的关键。

值得展开的是,回归数字经济发展的元点和基点,从改善经济社会服务人类主体性价值的初衷出发,建构了数字数据化的经济社会样态,极大地便利了广大民众的生产生活,提升了消费和生产的效率,特别是推动了以消费数据为中心的反向定制的智能化生产和研发工程的生成和创新,实现了数字数据的市场化和市场的数字数据化。在这一系统性和整体性发展中,最为核心的要素是以数字形式记录下来的海量用户的行动轨迹即数据。犹如普遍提及的 21 世纪是"数据为王"的时代,"得数据者,得天下",数据可以赋能竞争,未来市场的竞争实质上是数据竞争,尤其是大数据与算法的创新竞争。这一切都源于数据,数据的真实性和可信赖,以及被善用构成了数字经济未来可持续发展的基石和准则。为此,有必要将数字经济的发展路向与信用经济联系起来。毋庸置疑,信用经济是社会主义市场经济法治化的应有之义,信用当然地构成市场竞争的要素,且是竞争法治的核心与重心。特别是在数字经济颠覆性改变人类消费和生产的结构和行为之际,信用变得尤为重要,成为衡量市场主体,包括经营者和消费者市场力量的关键要素,是市场主体参与市场竞争的起点与终点,是度量市场主体参与市场竞争行为是否合规的基准。故此,可以说数字经济本质上是信用经济,搭建数字经济迈入信用经济的竞争法治桥梁是摆在当前数字经济法治化建设面前的核心任务。

正是在这个意义上讲,数字经济的可持续发展亟须创新竞争法治的基本理念、范畴及运行,从现行竞争法治以市场行为的事中事后的规制为中心,转向对市场主体及行为的行动数据的科学审慎的事前评估,与事中事后一体化联动的动态竞争规制模式;从竞争法治的市场行为禁止法特性转向以市场行为倡导法和市场行为禁止法相结合的具有主动性、积极性、鼓励性特征的市场经济综合激励法规,成为融合正向激励与负向约束于一体的,为市场主体在数字经济市场上积极主动地参与合规经营提供指引和规范的立体规范体系,为数字经济高质量可持续发展,稳步走向数字数据化构造下的信用经济提供法治保障。

（原文首发于《人民论坛》2020 年第 3 期,收录时做了修订）

互联网经济法治建设的方向

互联网作为划时代的产物,近年来全功能接入我国经济社会发展,在不断放大和创新信息通信技术与数字数据技术深度融合的同时,更深刻地影响和改造着新时代"三新"经济(新产业、新业态、新商业模式)下我国经济社会的生产组织结构和人民群众的生活以及行为方式。新冠肺炎疫情暴发后,以互联网经济为基础形态和核心设施的各类无接触经济、在线经济异军突起,为全球疫情防控、应急救助、物资供给以及复工复产提供了重要通路和有力支撑。

面对以互联网经济为牵引的新时代产业升级革命,我国经济社会治理理念、模式及方法也随之发生变化。党的十八届四中全会至十九届五中全会,完成了将法治思维和法治方式上升并确立为新时代国家治理体系和治理能力现代化建设的关键抓手和实践进路的顶层设计,以及下一阶段国家关键制度建设方向的历史性战略定位,中国特色社会主义法治精神、制度及实施机制成为建设法治国家、法治政府、法治社会的重要基石和根本保障。

当前,社会主义市场经济法治改革与互联网经济发展相叠加,诸多新型的互联网经济法治问题随之产生,譬如,互联网竞争法治、数据法治、算法与人工智能法治及互联网各类应用场景法治等,其中既有现有经济法治问题的线上化,也有全新的基于互联网平台经济纵深发展引发的超级平台竞争治理问题,特别是"数据、平台、算法"三者相融合给市场运行带来的新问题、新挑战,正在动摇以工业时代经济发展特征为基础构建的现代经济法治的理念、原则、逻辑及方法。

互联网经济法治已成为当下和未来法治建设的重要组成部分,对其展开深入系统的研究不仅是对社会主义市场经济法治建设的积极回应,更是为我国参与全球数字数据竞争提供重要的法治理论与实践方法的支撑。譬如,2020 年印度封禁59 款中国背景手机应用(APP),美国拟封禁国内知名短视频社交平台 T 等,都为我们全面客观系统地看待互联网经济发展的市场化、法治化及国际化敲响了警钟。互联网经济法治问题不仅关乎国内经济法治,更涉及国际经济法治,其建设和发展的方向应立足国内现实,面向全球发展,搭建多层级、多元化、多样态相统合的系统化和一体化法治架构,从定位、定向、定则三个维度明确我国互联网经济法治化发展的主要方向和基本通路。

一、以加快互联网经济市场化、法治化、国际化规则体系建设为定位

历史经验表明,市场竞争越充分,越能充分发挥各种市场要素的价值和潜力,为各类市场主体发展提供更好的市场环境,只有法治化的市场环境才能使竞争机制的效用最优。然而,市场经济作为竞争经济,其本身却不具备维护市场公平自由竞争的内在机理;相反,处于竞争压力下的经营者为了摆脱竞争,总想通过联合或其他外部行为的方式谋取垄断地位,以达到限制、排除竞争或不正当竞争的目的,此举在国际激烈竞争领域更加明显,其中以数据数字技术为依托的互联网科技行业尤甚。

一是自新冠肺炎疫情暴发以来,世界各国经济受到猛烈冲击,部分国家为转嫁国内尖锐的社会矛盾转而大范围限制、禁止数据跨境流动等贸易商业行为以稳定民众情绪;二是数据作为第四次产业革命的核心要素,互联网、大数据、云计算、人工智能等数字化信息技术能否实现全球化、多业态、深层次的数据积累与算法学习对未来各国抢占发展先机至关重要。

为此,2021年6月10日,第十三届全国人民代表大会常务委员会第二十九次会议通过《中华人民共和国数据安全法》。作为一部贯彻总体国家安全观的一部数据基础性法律,其中第十一条明确了国家积极开展数据安全治理、数据开发利用等领域的国际交流与合作,第二十六条明确本法适用的域外效力,凸显我国作为"数据大国"在数据跨境流动进行法治构建,力争在国际上形成我国数据跨境流动话语体系的制度决心。故对当下互联网经济的宏观制度定位应立足于市场化、法治化与国际化的有机统一,充分利用已出台的《中华人民共和国民法典》《中华人民共和国网络安全法》《中华人民共和国数据安全法》《中华人民共和国个人信息保护法》等法律制度,全面塑造能够适应以我国市场经济内循环为主、国内国际双循环相结合的新时期数据规则体系。

二、以营造互联网经济创新竞争的法治化营商环境为定向

互联网时代悄然而至,大数据、云计算、区块链以及算法等原本属于数字计算

科学的专业术语变成社会和网络热词。这背后所带来的是信息通信技术和数字数据技术的广泛适用对市场主体间传统的生产、经营及消费关系产生了颠覆性的影响,特别是5G的正式上线和人工智能算法的广泛使用,为数据的高速传输和深度挖掘提供了核心基础设施和关键计算方法,极大提升了市场的数字数据化和数字数据的市场化进程。当前基于数据收集、分析、加工、分享等与数据相关行为而产生的数据权属确认和数据权益分配问题,尚未有明确的法律规范,呈现相关制度供给不足和实施乏力的弊端。然而,由此引发的数据垄断及创新妨碍等问题已然出现,国内外诸多互联网科技巨头纷纷卷入反垄断纠纷。如何建立健全数字场景下利于创新激励和公平竞争的法治化营商环境成为亟待回应的问题,亦是落实党和国家大力促进数字经济与实体经济深度融合的关键所在。

当前我国经济发展从高速增长转入中高速增长,改革模式从帕累托改进转向卡尔多改进,经济利益的分配机制发生了重大变化,使得降低各类制度性和非制度性市场交易成本,建立和完善全国统一的法治化市场营商环境成为现实需求,中国特色社会主义市场经济体制机制的制度优势亟待挖掘和释放。在这一时代要求下,着力市场与政府关系的重塑,充分发挥市场在资源配置中的决定性作用,加强市场竞争法治建设,以创新激励与公平竞争为基本的价值内核,营造法治化的市场营商环境,成为建设和完善中国特色社会主义市场经济体系和体制的时代主题和本质要求。2020年1月1日《优化营商环境条例》正式实施,2020年3月《中共中央　国务院关于构建更加完善的要素市场化配置体制机制的意见》出台,一系列政策信号与制度利好表明我国以数据为核心生产要素的互联网新经济业态将在法治框架下实现创新与竞争的动态平衡,并借此迎接越发严峻的国际局势,竞逐全球高科技数字产业市场。

从长远发展和未来市场竞争研判,全球经济发展将越来越依赖创新,特别是具有原创性的关键基础领域的科技创新。科技创新与经济发展的关系尤为密切,现代科技的发展实现了从"加法效应"到"乘法效应"的跃升,科技越创新,市场越发展,竞争越充分,对国家发展与安全的贡献越大。然而,从当前全球数字市场的即期效果看,对创新保护的绝对化甚是过度化,容易引发滥用创新机制导致对市场公平自由开放竞争秩序的扭曲甚或破坏。譬如,当前全球主要国家和地区对美国知名科技公司Q的反垄断调查与处罚,又如,欧盟、美国竞争执法机构对诸多全球科技巨头反垄断调查。因此,在落实互联网经济市场化、法治化、国际化的基本定位之上,需始终秉持以法治为主线进行中观层面的制度道路选择,优化法治化营商环境。对标国际主流数字商业规则与技术标准,求同存异、互利共赢开展高端技术领域跨国合作,坚定不移地贯彻互联网经济发展的中国路线。

三、以建立互联网经济事前审查与事中事后监管相结合为定则

聚焦于保障互联网经济创新竞争协调发展的具体法治举措,应以"事前公平竞争审查"加"事中事后反垄断和反不正当竞争执法"相结合为体系原则和行动守则。这源于党中央和国务院对当前国内外经济运行态势的准确研判,通过对市场监管总局、国家发展改革委、财政部、商务部、司法部发布的《公平竞争审查制度实施细则》和现有市场竞争监管相关法律法规及规范文件的统合,集中体现在党的十九届四中全会通过的《中共中央关于坚持和完善中国特色社会主义制度 推进国家治理体系和治理能力现代化若干重大问题的决定》中"落实公平竞争审查制度,加强和改进反垄断和反不正当竞争执法"等表述,加之2020年3月《关于构建更加完善的要素市场化配置体制机制的意见》明确将数据列为五大生产要素之一,至此,互联网经济已然明确了从顶层设计到贯彻执行的具体方案和实施进路。主要体现在以下两方面:

其一,以公平竞争审查作为事前预防和矫正措施,助力简政放权,降低各类不合理的制度性交易成本,为助力互联网经济快速、协调、可持续发展松绑解缚,破除制约数据市场要素合理流动和有效配置的各类障碍,从源头防范政府的反竞争行为。特别是防治行政主体及其授权的社会公共组织以行政行为或准行政行为扭曲和破坏数字数据市场机制的乱象,切忌在没有进行合理竞争审查的情况下,损害互联网行业竞争秩序与生态规则。因此,要进一步在以新基建为代表的大型数字化社会基础设施建设项目中嵌入公平竞争审查制度,全面营造公平自由开放的互联网行业良性竞争环境,保障各类市场主体依法平等准入,充分调动各类市场主体的积极性和创造性,最大限度地助力国内产业链条与居民消费的云端升级。

其二,以反垄断和反不正当竞争执法强化事中事后市场监管的力度与实效。在各级党委和政府的持续推进下,简政放权改革和负面清单制度已经得到普遍认可,市场准入环节的行政审批事项被大量削减,在激励各类市场主体积极从事经营活动上取得了不错的效果,全社会创新创业激情和动能在很大程度上得以释放。然而,由于各类新业态的出现,特别是数字数据科技引发的新型商业模式对国内外

市场监管制度与方式带来不小挑战,引发了不少现实的和潜在的监管风险。因此,应从市场经济运行规律出发,做好动态监管,形成监管合力,提升监管效能。在大力推进简政放权的同时,平衡好"放"与"管"的关系,科学合理做好事前审慎监管与事中事后精准监管的衔接,及时吸纳跨境互联网领域执法经验与司法案例,为维护国内互联网经济市场竞争秩序、保障国家数字主权设置法治依据与行动准则。

当前我国经济社会运行正处在历史发展的重大机遇期和关键转型期,相比其他国家和地区的现实挑战,中国特色社会主义制度的鲜明特征和制度优势已经和正在形成强大的发展动力和创新动能。特别是在此次抗击新冠肺炎疫情和疫情防控常态化过程中,更是体现了"集中力量办大事"的制度优势和治理效能。在全球互联网经济飞速跃进的大力加持下,我国已然迎来全空域、全周期、全流程、全链条打造"数字强国"的难得机遇。

基于此,必须着力从顶层设计和顶层推动的层面明确当下及未来互联网经济法治化发展的目标要旨与行动方案,在理论研究与法治实践层面解决好以下主要问题。首先,将市场化、法治化、国际化定位为互联网规则制定与实施总基调。其次,以创新竞争的法治化营商环境为行动方向,营造互联网行业市场竞争生态。最后,从公平竞争审查制度与反垄断和反不正当竞争执法两大制度工具相协同的维度,构筑"市场自治优先、国家监管审慎、国际合作畅通"的互联网经济法治化发展格局,建立"市场机制有效、营商环境有度、监管保障有据"的互联网经济法治建设路向,助力国家数字治理体系和数据主权安全在互联网经济领域的有效构筑与全面实现。

（原文首发于《中国市场监管研究》2020 年第 11 期,收录时做了修订）

促进数字经济立法至关重要

数字经济正在加速引领我国经济社会步入下一个新的奇点时代,同时引发的诸多社会关注与大量法治风险亦不断凸显。数字经济治理法治化作为当下和未来法治的重要组成部分,亟待投入更多时间和精力予以系统深入研究。

明确数字经济法治在现行法治体系中的地位。无论现阶段就数字经济法治的内涵与外延做何解,有一点是可以肯定的,即数字经济法治的特殊性与时代性必须得到正视,其立法问题尤为重要。如数字经济立法以现行立法为基础,其发展中呈现的动态性、"去中心化"及融合性等特征,决定其最终将形成一部集合多个法律部门的"综合法"。若以数字经济发展中科技要素及创新特征为本体,制定一部数字经济"基本法",虽然很有可能跨越"马法之议",从系统上和整体上提升立法质量、优化经济法制体系,但是出台后能否适应调整对象的快速发展亦未可知。因此,亟须明确数字经济立法的定位与定向。

总结我国数字经济规范体系得失,统合部门法的交叉性。当前,法学界特别是民商法学、经济法学均对数字经济法治建设中呈现的诸多问题做了及时有效的回应。然而,全球在经济法治创新中尚无成熟经验可以借鉴,我国的法治经验极有可能成为全球范围内数字经济治理法治化的范本。为此,在立法理念、模式、体例及文本上,一方面可以从多元视角统合数字经济现行立法,在立法模式、体例、文本上明确立法意图和立法技术的原则和进路;另一方面注重大数据、云计算、人工智能与算法在立法技术和立法语言中的导入,在强化"法治科技"目标的同时,提升"科技法治"水平。

聚焦数字经济法治的主要场景,框定立法架构。对数字经济领域不断涌现的新业态、新产业及新模式,学界多以具体技术形式结合现行法律规范进行个案研讨,仍有待进行系统化、体系化的提升。大数据、人工智能、算法等技术与具体商业模式的应用场景之间有着深刻的关联和进阶效应,单一化和碎片化的研究不能打通文本制定与解释适用之间的堵点。为此,需围绕数字经济发展中的主要场景及问题,聚焦市场竞争、数据治理、人工智能与算法规制三大问题厘定促进数字经济发展的立法架构。

填补实践中数字经济法律适用依据的盲点。近年来,我国就相关重大案件作出了在全球范围内具有时代性示范价值的司法裁判和执法决定,为其他国家和地区应对数字经济反垄断提供了有益借鉴。但与数字经济高速发展的现实相比,仍存在法律规范滞后、立法速度迟缓的缺憾。尽管当前司法与执法活动越发关注互联网市场生态竞争系统的健康运行,但现行评价模式尚未调整到位,难以因应平台经济领域不断出现的反竞争威胁,亟待引入其他非竞争性多元因素评价竞争行为及效果的正当性,革新规制逻辑,创新规制方法。

巩固数字经济在高质量发展过程中总体国家安全的基点。开展数字经济立法研究不仅是对国内市场经济法治建设的积极回应,更是为我国参与全球数字经济竞争提供重要的法治理论与实践支撑。数字经济法治问题不仅关乎国内经济法治,更涉及国际经济法治,其建设和发展的方向应立足国内现实,面向全球发展。特别是在全球政治经济格局发生大变局之际,包括国内安全与国际安全在内的总体国家安全越来越凸显。故此,亟须搭建多维度、多层级、多元化、多样态相结合的系统化和一体化的法治架构,从定位、定向、定则等方面,明确我国数字经济立法的方向与重点,在法治框架下统筹数字经济的发展与安全,夯实数字经济发展中的总体国家安全保障。

在立法内容上应注重国家政策与法制文本设置的科学性、正当性、实用性,程序上注重司法与执法等适法活动的谦抑性、透明性、公正性,保证实施效果与立法目标的一致,最终形成以"政策+法律"的双顶层制度设计促进数字市场公平竞争、数据流动有序、技术应用有度的数字经济发展生态系统,以"科技+法律"推动"权利、创新、竞争、安全"立法价值在数字经济法治领域的实现。

（原文首发于《中国社会科学报》2021 年 5 月 11 日第 8 版,
收录时做了修订）

新时代人工智能立法的经济法治观

　　人工智能的发展在我国已引起高度重视,需走国际化、市场化及法治化之路。这其中法治化是根本保障和运行基石,偏离法治轨道将无法实现与国际接轨,也无法推进健康安全的市场化与商业化发展与创新。这其中立法先行,科学立法是重中之重,是实现人工智能法治化的必要前提和根据。

　　人工智能作为一种新技术和新产业,已成为当下全球经济社会发展中在科学技术创新领域突破的一个时代风口。许多国家和地区的重要技术战略和产业布局无不与之有密切关联,德国率先提出工业制造4.0,中国的"中国制造2025"以及美国的"再工业化",这些战略布局都离不开对人工智能技术的广泛应用和深度开发,更离不开在现代法治框架下对人工智能技术及产业在市场化过程中给予科学合理、及时有效的规范与引领。将人工智能高质量发展中的先进性与稳定性共同作为规范和指引其高速健康发展的两个重要支点,尽快推动人工智能立法的体系化、系统化及生态化,这一点显得尤为迫切。

　　应充分发挥立法的规范和引领作用,以问题为导向,综合运用"领域立法、阶段立法、系统立法、未来立法"的理论与方法,着力构建激励科技创新发展,促进市场自由公平竞争,回应人民群众消费需求的体系化、系统化及生态化的人工智能立法群。

一、国内关于人工智能立法问题的研究取得了一定成绩

　　我国对人工智能法治问题的研究和实践取得了一定成绩,主要体现在:其一,通过法律逻辑、法律推理和法律裁量模型的构建,建设智慧法院;其二,在诉讼领域,使用人工智能工具帮助收集和组合证据,提高审查结果的客观性;其三,在民事法治领域,关于人工智能产生物的知识产权权利归属、公民数据人格权的保护以及利用人工智能技术导致侵权的责任划分问题;其四,在刑事领域,利用人工智能技术犯罪的刑事责任,以及网络数据犯罪问题;其五,人工智能技术和产业发展对法

理学基础理论的挑战及其理论转型思考,譬如重构公众认知法律的模式,重构法律规则本身的形态,重构法律的价值导向等,可以说法学界对人工智能技术和产业发展引发的问题做了较为积极的回应,尤其是对实务领域的影响作出了比较迅速的反应。

然而,对人工智能法治问题进行理论抽象并上升至体系化和系统化立法研究的成果鲜有见到,仅有部分学者针对单一对象的立法属性,人工智能立法的伦理与学理基础,特定部门法以及地方法领域进行了研究,主要成果有:其一,我国人工智能立法调整对象与科学性探讨;其二,聚焦人工智能刑事风险的立法定位与属性;其三,人工智能辅助地方立法与公众参与的应用分析。

总体上讲,目前国内关于人工智能立法问题的研究仍然呈现一种初始且分散的状态,其立法的整体指导思想和总体布局架构尚未明确,还停留在从顶层政策设计向具体立法制定落实落地的阶段。故此,结合国内外经济社会发展的现实场景和未来趋势,正视和重视人工智能立法的目标与宗旨、价值与定位、逻辑与结构、功能与作用,以及施行与修订等关涉整体人工智能技术与产业发展的体系性与系统性的制度安排问题,是当前亟待研究和施行的重大时代课题,这其中采取怎样的法治思维、法治观念及法治进路作为体系性、系统性及生态性人工智能立法的指导就显得格外重要。

二、对现实的回应和对未来的规划是人工智能立法的目的和功能

总体来看,首先,立法必须反映人工智能技术与产业发展的现实需要,有针对性地回应其运行中出现的问题;其次,从人工智能技术,尤其是人工智能算法的特征出发,科学规划人工智能发展的市场化的法治进路,保持激励创新、开放竞争及安全运行之间的动态平衡;最后,需要从国家总体安全、社会公共福利以及个人权利自由三元联动的维度,为人工智能未来立法预留空间,做到"专门立法与领域立法""静态立法与动态修法""阶段立法与长期立法"的三结合立法原则。基于此,对当下人工智能立法工作的展开,要从人工智能技术应用和产业发展的现实出发,重点聚焦人工智能发展的经济法治维度,着力处理好人工智能技术创新与产业发展过程中的权利、创新、竞争及安全等法治间的统合与分立的关系,即权利、创新、竞争及安全共同统合于经济法治观之下,构成了经济法治观的实质内涵及外延范畴,同时,权利、创新、竞争及安全这四个法治观念或是法治诉求之间也存在博弈,

彼此间是相对分立存在的,特殊情形下还可能存在冲突,这就需要用经济法治观来予以统合和协调。人工智能立法必须走科学的促进经济高质量发展的经济法治之路。这里的经济法治是指以法治作为涵摄经济发展的总体追求和治国之维,强调在法治思维和法治观念下解读经济发展规律,重视科学立法在经济建设与发展改革中的基础性,落实立法先行于任何重大经济改革的根本性价值,真实提升法治在国家经济建设乃至国家整体治理中的基础核心地位,逐步推动国家经济社会生产生活从以经济秩序建设为中心到以法治秩序建设为重心的现代化法治升级。以此为逻辑起点,在人工智能立法的经济法治观的解读与展开中,权利法治观尤为重要。

从立法回应现实的角度讲人工智能立法首要回应的是如何保障和促进人工智能技术和产业的高质量发展的需求,这也是党和政府大力支持发展人工智能技术和产业的初衷。当前人工智能技术与产业的快速发展,得益于其在经济社会领域的广泛适用,并由此带来了丰厚的现实收益,以及同时存在的巨大风险。譬如,涉及数据保护与开放之间的平衡博弈,防范算法滥用所产生的算法"黑箱"、算法共谋、算法歧视、算法权威及算法伦理等问题。概言之,人工智能发展的两大核心要素是数据与算法。确切地说,在当前所处的弱人工智能阶段,海量数据的真实性与多样性以及建立在此基础上的高质量数据的获取和挖掘,成为推动人工智能算法自主学习的关键,即海量、多样性、高质量数据的持续供给、利用及复次利用、挖掘及深度挖掘等与数据相关的行为是人工智能发展的前提和基础。数据作为人工智能技术应用和开发创新的基石,对整个人工智能产业的高质量持续发展起到至关重要的作用。这一过程首要回应的法治难题,是数据的权属界分及由此引发的数据保护与数据开放和共享问题。具体而言,数据保护是对数据权属构造的自然延伸,属于数据权属构造的当然组成部分,不仅包括事前预防性保护,还涵盖事中事后的救济性保护,从这个意义上讲,正印证了"无救济即无权利"的法治逻辑和法治思想。由此,导出数据保护、数据权属及数据开放与共享三者之间的内生逻辑和外部链条,即可凝练出整个人工智能立法体系的一个维度,即围绕与数据相关权利及行为展开的制度设计。不难发现,在这一维度下,与数据相关的权利法治是指导整个与数据相关立法展开的基石,只有在"确权、赋权、限权及权利救济"的完整逻辑链条下,才能更好地维护和促进与数据相关权利的设计及运行,进而支撑和推动以数据为基础的人工智能技术的创新与产业的发展。此外,对步入强人工智能和超人工智能阶段后出现的人工智能知识产权的归属与分配,责任归责与承担等,将直接挑战现有权利构造的基本理论和制度,这就更值得从权利法治的维度进行研究和规范。故此,在整个人工智能立法过程中权利法治观是首当其冲的,其反映了人工智能技术的基本特征和产业发展的基本需求,更及时回应了人工智能发展中各方主体的利益诉求。

从长远发展和未来市场看,为创新赋能赋值有助于自由公平开放的市场竞争秩序的良性运行。然而,从现实市场的即期效果看,对创新的过度赋能赋值,特别是对创新保护制度的绝对化使用甚或是过度滥用,在一定情况下容易出现所谓的滥用创新机制导致的对市场自由公平开放竞争秩序的扭曲甚或是破坏。故此,在对以高科技创新为核心动能的人工智能产业进行立法时,除牢牢树立创新法治观外,也应充分关注激励和保护创新机制运行中可能触发的其他问题,为高质量可持续创新营造健康有序、自由公平的市场竞争环境,引入竞争法治观,实现创新与竞争之间的动态平衡。从国外现实经验的考察中发现,在人工智能立法中引入竞争法治可以为该领域的初创型企业提供自由公平开放的竞争机会和竞争支持,实质上是为保持该领域的持续创新保留和维持基础动能,破除基于人工智能算法自主学习下的现有强势人工智能企业不断强化和巩固自身市场地位而导致的数据垄断、算法黑箱等对市场竞争秩序、多方用户权益以及第三方中小企业创新带来的数据封锁和算法霸权,导入竞争法治有利于建成适宜人工智能产业高质量可持续发展的自由开放的生态法治系统。

在人工智能立法过程中必须坚持安全法治观,把权利法治观、创新法治观、竞争法治观贯穿在人工智能立法过程中,真实有效地将我国人工智能立法的经济法治观落实落地,指导现阶段人工智能立法活动的顺利开展,保障人工智能立法的科学化、体系化及系统化水准。

（原文首发于《深圳特区报》2019 年 12 月 24 日第 B06 版,收录时做了修订）

大数据时代迎来反垄断新局面

　　大数据,顾名思义,即是海量数据的集合。如今大数据已不仅限于线上信息的交换,而是更深刻地融入到每一社会主体的现实生活中。最初,信息产业以四"V"的概念来定义大数据,即容量(Volume)、速度(Velocity)、多样性(Variety)及价值(Value)。随着互联网平台经济的发展,大数据借助平台发力,遂有主宰全球互联网经济整体发展之势。为应对实践的需要,各国竞争法学者和实务工作者都尝试在竞争法的语境下定义和解析大数据,其中三个要素被普遍认可:对海量数据的持有、处理数据的能力以及将获取的新信息再次运用于线下。大数据如同21世纪的石油,很多企业认识到大数据的重要性,争抢数据资源的战争已经打响。

　　目前国内有关大数据产业垄断规制的案例已经引发社会热议,学术研究也逐渐重视,但成果仍较为有限。相比之下,美国、日本、欧盟等国家和地区,对于大数据反垄断问题的研讨如火如荼,并已经取得一定成果。截至2021年6月,中国互联网络信息中心的最新统计数据显示,我国网民人数已达到10.11亿,互联网普及率达到71.6%,其中手机网民规模达到10.07亿,使用手机上网的比例达到99.6%。作为世界第一的互联网大国,为推进大数据与实体经济的深度融合,促进创新发展,从网络大国走向网络强国,维护大数据产业的市场化与法治化尤为重要,其中建立自由公平合规的竞争秩序成为基石。

一、大数据与实体经济深度融合激发经济发展新活力

　　大数据存在于虚拟的网络之中,看似难以触碰,但在实际生活中已经延伸到了各个领域。大数据主要作用在搜索引擎、电商平台、社交网络及软件开发等以互联网为基础的平台企业。这些平台一方面为消费者提供看似免费的服务,另一方面则通过将获取的数据提供给广告商等其他企业而盈利。我们的生活已经通过网络平台与大数据紧密交织在一起,进一步推动线上数据与线下实体经济的深度融合将创造更大的价值。这些价值主要体现在两个方面:

第一，促进创新发展，提高社会效益。基于对海量数据的分析，企业可以更好地了解消费者的需求，根据需要来生产、投放商品。具体来说，包含两个层面：其一，企业可以依靠技术"反哺"实现精准营销，优化产品和服务。譬如，在电商平台中，消费者搜索某一商品后，平台将通过对数据的分析发现消费者的喜好和购买规律，持续推送相关产品信息，切实满足消费者需求。其二，企业还可以依靠数据实现跨界开发，开拓新市场。数据相当于一项重要的生产要素和优势成本，大数据产业则属于上游市场，由上而下地进驻相对更轻松，且往往会给原先的市场造成极大影响。2009年知名互联网公司G利用其搜索引擎收集到的用户数据成功开发出地图，使导航软件企业T两年之内市值暴跌，G公司则迅速占据导航市场。

第二，帮助产业转型，调整经济结构。在互联网时代，传统的产业在信息交换、市场对接等方面通常存在滞后现象，致使生产与需求脱节。借助大数据的支持，通过对线下传统产业数据的收集、处理及反馈，可以优化资源配置，缓解传统产业产能过剩的局面。如在农业方面，可以通过大数据了解消费者的需求，获悉邻近地域内其他农户的种植情况，及时调整种植计划，避免"一窝蜂"种植的情况出现。目前大数据对于第三产业的作用更加直接，效果相对明显，第一、第二产业中对大数据的运用还有待进一步探索，需逐渐增强大数据与传统产业间的相互作用。

二、大数据产业挑战现行反垄断规制

大数据产业极易出现寡头企业，从前一些学者认为大数据具有"非竞争性"，因为数据始终存在于公共领域，任何人都可以收集，因此推定大数据市场的进入壁垒很低，实际上恰恰相反。一方面，互联网人口红利已经逐渐趋于平稳，很难再有较大增长，当前拥有越多数据，也就越可能在未来的竞争中占据优势，因此已经收集到数据的企业会倾向于独占数据而非分享。另一方面，社交效应会产生用户锁定，平台的学习能力、数据的深度和广度以及溢出效应使企业竞争力不断增强。首先，企业通过不断获取数据提升产品和服务质量，借由大数据获得的学习能力使平台通过数据分析找出自身弱点，不断提升质量，形成良性循环，借助这种优势持续吸引客户。其次，数据积累到一定程度形成的深度和广度帮助企业针对用户提供个性化服务，长此以往用户就会产生舒适感，从而更加依赖该平台。最后，网络平台两端的广告商和用户受到大数据的间接影响，也产生了紧密联系，如此则会如"滚雪球"一般，使企业的优势在竞争后期越发凸显。

　　大数据浪潮来势汹汹,传统的反垄断政策和法律体系有所调整。相关市场的界定是规制垄断行为的首要问题,大数据市场的界定则有着相当的难度。界定市场通常需要考虑相关商品市场、地域市场,甚至时间市场等因素。对于相关商品市场的确定,目前一般采用假定垄断者测试。在大数据产业当中,企业可以分为两种,一种是直接向消费者销售数据,另一种是只收集和使用数据。对于直接销售数据的企业,市场的划分相对容易,比如美国法院在审理一桩汽车损伤评估服务的案件时,因为该企业直接向消费者销售数据,法院就判定相关市场为汽车损坏评估软件市场,数据则作为市场的重要组成部分出现,然而法院也并没有直接定义大数据市场,而是使用了市场的传导原理。面对另一类大数据企业,欧盟和美国竞争执法机构普遍认为不存在销售也就无法判定范围,基于价格的假定垄断者测试在此失灵,因此在这类案件中不应将大数据产业单独划定市场,数据作为重要生产投入出现即可,而事实上大部分数据企业都不会通过销售数据而直接获利,因此不将大数据产业单独划分为一个市场难以满足实践需求。另外,对于其他两方面因素来说,大数据所依托的互联网本身就减弱了相关地理因素的作用,而大数据产业却对即时性的要求很高,因此,一般容易被忽视的相关时间市场应加以考虑。总而言之,大数据产业市场的界定目前还没有可量化的标准,传统的反垄断规制体系难以满足现实需求。

　　大数据市场属于上游市场,对下游市场能起到操控、限制甚至排除的作用,因此一旦形成垄断则可能出现一系列问题。第一,持有人独占数据。持有人一旦拥有数据就拒绝与其他企业共享,阻碍其他企业的正常研发,限制创新发展。第二,对数据交易附加不合理条件。如国内某知名物流公司 A 与某互联网公司 B 的争端就是源于 A 拒绝向 B 上传快递柜的物流数据,于是 B 禁止卖家使用 A 发货,两个企业的数据争夺实际上给平台的使用者造成了损失。第三,滥用支配地位排挤竞争对手。拥有支配地位的企业完全具有隐藏竞争对手的能力,譬如在搜索引擎中可以轻易通过更改算法把对手信息放置在搜索结果的后几页。第四,竞争机构对并购案件反垄断调查的敏感度降低。如美国社交网络服务网站 F 收购通信软件 W,当时 W 还未盈利,F 只是看中了 W 的数据储量。以传统视角来看,竞争执法机构也许不会注意或无法追究对于一个尚未盈利企业的收购行为,但是在大数据市场,企业的竞争力已经无法单纯从营业额或实体规模来进行判断。

三、大数据市场反垄断规制需紧跟时代发展要求

面对可能出现的种种问题,首先应该加强学理研究。目前,我国国内针对大数据反垄断问题的研究较少,而欧盟和美国等国家和地区早就开展了相关研究且在实践中已经产生了很多经典案例,日本也在 2017 年发布了《数据与竞争政策研究报告书》,专门针对大数据产业的反垄断规制作出指导。相对于理论研究,我国互联网经济在实践中走在了世界前列,支付宝一类的支付平台已经逐渐向境外开拓业务疆域,跨境电商也惠及了周边诸多国家,由此将会带来一系列与大数据相关的问题。学理研究的欠缺会使相关部门在应对实践问题时手足无措,应尽快结合实际需求开展研究,例如对于大数据产业相关市场的界定等问题,应找到可识别的标准,为将来的规制打下基础。

考虑到未来数字经济的长远发展,我国反垄断法也需要作出调整。反垄断法已实施十余年,在此期间我国经济飞速发展,尤其是在互联网、大数据等新兴产业,现行法律法规无法满足实践的需求。应以互联网、大数据重新塑造全球经济为契机,着眼于未来需求,革新和完善现行反垄断法律法规实施系统。

2020 年年底,市场监督管理总局对国内某知名互联网 A 公司开展反垄断立案调查,2021 年 4 月,市场监督管理总局发布对其反垄断调查的《行政处罚决定书》和《行政指导书》,对其处以 182.28 亿元(约 28 亿美元)的罚款。2021 年 2 月,《关于平台经济领域的反垄断指南》中也明确,利用数据和算法等方式限定其他交易条件,排除、限制市场竞争,可能构成纵向垄断协议;而基于大数据和算法,根据交易相对人的支付能力、消费偏好、使用习惯等,实行差异性交易价格或者其他交易条件的行为,可能构成滥用市场支配地位。2021 年 6 月 10 日,国内数据安全领域的基础性法律《中华人民共和国数据安全法》表决通过,自 2021 年 9 月 1 日起施行。上述的种种举措都是我国积极应对大数据产业反垄断的表现。无论是营造宽松发展环境抑或是加强数据安全管制,应始终将维护公平自由竞争的市场秩序作为出发点和落脚点。数据的聚集诚然会对经济发展起到一定的促进作用,企业借助大数据能够实现产品优化开发,消费者也可以享受到科技带来的便利生活。然而一旦形成数据垄断则会阻碍创新发展,使终端消费者承担严重后果,扰乱市场有效竞争的平衡体系,更可能威胁国家信息、金融等方面的安全。因此,对于大数据产业可能出现的垄断行为还应早做预防。

大数据与实体经济的融合已成为当下经济发展的重要着力点,寻求发展的同时监管应一路同行。在大数据这一场域下,传统的反垄断体系面临新的挑战,学理研究和法律制度的缺位易导致实际监管无所适从,在鼓励创新与严格管控的抉择中需充分考虑市场秩序的稳定有序。面对大数据时代的来临,应把握现有发展优势,打开反垄断规制新局面。

（原文首发于《群言》2018 年第 5 期,收录时做了修订）

提升反垄断立法质量　推动国家治理现代化

当前,全球进入疫情防控常态化时期,各国或地区的疫情此消彼长。值此关键之际,保障和促进市场经济秩序健康有序运行,对市场经济秩序的依法监管、科学监管、高效监管成为在经济领域实现国家治理体系和治理能力现代化建设与发展的重中之重。而欲建立统一开放、竞争有序的现代市场体系,亟待加强竞争法治建设。

《中华人民共和国反垄断法》(以下简称《反垄断法》)作为规范国家经济秩序和市场竞争秩序的基本法,自2008年实施以来,在打击垄断、促进交易公平、维护市场秩序等方面取得了显著成效。但同时,随着我国经济社会发展迈入新常态,《反垄断法》在制定和实施中的弊端逐渐显露。2020年3月,市场监管总局印发了2020年立法工作计划的通知,其中着重指出"紧密围绕市场监管重点工作,科学合理安排立法项目",拟起草法律、行政法规送审稿7部,其中最为重要的立法便是《反垄断法》。为此,经济法学界诸位知名学者相继撰文,呼应修法进程,一致认为做好科学立法、精准立法,有效提升立法质量,对新时代中国特色社会主义市场经济治理体系、治理机制及治理方式的法治化和现代化具有重大理论和实践意义。

一、反垄断法实施中存在的问题

反垄断法实施的十余年来,无论是反垄断机构主导的行政执法监管,还是由经营者或消费者向司法机关提起的民事诉讼,以及经营者主动依规进行的自我申报,均对维护我国社会主义市场公平自由的竞争秩序产生了明显且积极的效果。尤其是在2013年反垄断法实施力度加大后,国家发展改革委、原工商总局等执法部门对数家国际知名公司先后处以巨额反垄断罚款或展开调查,令我国的反垄断行动备受国内外关注。随着政府机构改革不断深化,反垄断执法机构实现了"三合一",由新组建的市场监管总局及其授权的省级市场监管部门统一承担反垄断执法工作,为进一步优化提升反垄断法行政执法的质量和效率提供了坚实的组织机制保障。

　　然而,在此过程中,《反垄断法》因自身制度规则的不明确、不完善,导致实施中出现对法条理解不准确、监管不到位等问题,具体表现为以下几个方面:第一,文本规范过于原则,缺乏可操作性。譬如,在经营者集中申报案件中缺乏量化评判标准、对滥用市场支配地位行为的规定不够细化,特别是对互联网等新经济业态经营者涉嫌滥用市场支配地位行为的认定尚缺乏科学有效的规定。第二,相关概念界定不清,导致实施效果不一。譬如,《反垄断法》将"垄断协议"定义于同第十一条本属平行关系的第十三条之中,造成概念混淆和适用争议。第三,规制行政垄断力度不足,仅调整"行政机关和法律、法规授权的具有管理公共事务职能的组织",难以涵盖当前普遍存在的具有公共管理职能的其他主体。第四,程序性规定过于简单,导致反垄断执法权威性和严谨性不足,其中包括对垄断协议和滥用市场支配地位行为调查时的中止程序和宽大制度,以及经营者集中的简易程序等。第五,法律责任不明或较轻,削弱处罚威慑力,显见于对垄断协议和滥用市场支配地位行为适用"没收违法所得"或"据上一年度销售额处以罚款",对于经营者违法实施集中的,仅处五十万元以下罚款等。上述《反垄断法》实施中长期存在的制度困境,亟待通过此次修法予以化解。

二、应对数字经济挑战,进一步优化竞争法治治理能力

　　"网络不是法外之地",线上线下皆是国家治理的辐射区域。2019 年 6 月发布的《禁止滥用市场支配地位行为暂行规定》(以下简称《暂行规定》),2021 年 2 月《国务院反垄断委员会关于平台经济领域的反垄断指南》(以下简称《指南》)发布。在市场支配地位认定因素规定上,《暂行规定》第十一条新增"可以考虑相关行业竞争特点、经营模式、用户数量、网络效应、锁定效应、技术特性、市场创新、掌握和处理相关数据的能力及经营者在关联市场的市场力量等因素"。《指南》第十一条则关注平台经济下市场支配地位的认定要考虑经营者的市场份额以及相关市场竞争状况、控制市场的能力、财力和技术条件、其他经营者对该经营者在交易上的依赖程度、其他经营者进入相关市场的难易程度等因素,进一步明确地响应互联网等新经济业态发展对反垄断法律适用带来的时代挑战。虽然尚未形成一系列有效的应对制度,但是对解决基于数字经济高速创新发展过程中出现的,以超级平台为代表的互联网平台经济的持续增强而引发的互联网平台经营者涉嫌滥用市场支

配地位侵犯用户知情权、公平交易权、数据自决权等具有一定的规范和指导意义。下一步,可具体结合反垄断法三大主要违法行为规制类型,针对数字经济行业已经显现或潜在的竞争法治风险进行及时有效的跟进与应对。

（一）警惕数字化卡特尔对垄断协议制度及其规制方法的冲击

随着数字经济的发展,互联网环境下的大数据结合特定算法,能够轻易形成"数字化卡特尔"这一更为隐蔽的新型垄断协议形式。相较于传统垄断协议而言,这一新型垄断协议既能利用实时数据操控卡特尔,又能借助企业间数据选择性共享传递市场分割合谋信号。因此整体隐蔽性更强且波及面更广。此类基于数据算法形成的默示合谋,虽短期内难以进行有效监管,但需提早在立法中预留制度入口,警惕其潜在的反竞争风险。《指南》中就充分考虑了算法在达成垄断协议方面发挥的作用,对这一问题作出了规定。

（二）回应互联网经济新型市场竞争行为对滥用市场支配地位行为规制制度的挑战

近年来,我国数字经济发展迅猛,即时通信、网络社交、在线支付、文娱平台等新型市场不断涌现,同时也出现了一系列如互联网平台排他性交易、封锁屏蔽、数据拒绝交易推高市场准入门槛、大数据杀熟损害消费者利益等涉及滥用市场支配地位的反竞争行为和现象,且有常态化、规模化、公开化愈演愈烈的趋势。从长远看,对初创型中小经营者、平台内经营者、作为普通消费者的用户以及第三方开发者的利益造成了较大的反竞争危害,或者是暗埋了巨大的抑制创新的潜在风险。

（三）关注数据经济发展对经营者集中控制制度的现实挑战和潜在威胁

目前,国内数字经济领域的并购较为普遍,有些引发了社会各界对市场垄断的担忧。其共同点是,在激烈的平台竞争中,被收购企业为争夺市场不惜投入成本,虽交易额多达数十亿元,但年度盈利却多为负值。受制于《反垄断法》规定,执法机构通常难以进行管辖。故针对数字经济领域的并购,诸如对预防性收购、原料封锁,甚至混合并购中的市场力量传导等潜在反竞争风险都应纳入未来反垄断规制视阈之中。当然,不应仅限于以上几个维度。数字经济场景下市场竞争行为出现的新特点,《反垄断法》应当且确有必要予以高度重视。无论是从现有反垄断法基础原理的扩容,抑或是对现有反垄断法实施制度的新解,还是从根本上创新反垄断法原理及机制,面对数字经济的挑战,反垄断法学界及实务界都不能视而不见,必须积极响应起来。可以肯定的是,现行反垄断法基础原理与制度框架及实践方法并非完全不适用于数字经济行业特征与竞争行为特点,但对于互联网等新经济业态呈现的新挑战,应有变通适用的立法考量及其对制度设计的预留方案,以便竞争执法与司法机关能够针对具体案件进行科学合理且依法依规的具体分析与自由裁量,切不可"行法治创新之名,而为滥权违法之实"。反垄断执法与司法活动的展开必须在现行法律合法授权的限度之内,这也是国家治理现代化在市场经济领域建设和完善的基本要求和根本底线。

三、有待深入研究的其他问题

首先,对消费者利益直接保护的力度,在未来反垄断法律法规体系中应予进一步强化和提升。现行《反垄断法》主要通过对市场公平自由竞争秩序的维护,来实现对消费者利益的间接保护或者是终极保护。然而,随着互联网等新经济业态的快速且深度发展,经营者对消费者利益的直接损害,譬如对消费者隐私保护的服务降级,过度投放广告降低用户对商品或服务的质量体验,以及前述的"二选一"大数据"杀熟"等情形的不断增加,消费者个体如何直接通过反垄断机制保护自身利益,成为亟待解决的问题。国家治理体系和治理能力现代化的终极目标是为了使人民群众生活更有安全感、满足感及幸福感,故此,《反垄断法》的修订必须以人民群众满意不满意为根本出发点和落脚点,其具体实施必须以实现人民群众对美好生活的需求为基本逻辑起点和归依,加快完善国家治理能力现代化。

其次,实现国家治理现代化,除了坚持和完善中国特色社会主义制度,还需不断强化执法队伍建设。只有实现人与制度的有效结合,才能将制度优势充分转化为治理效能。机构改革之后,反垄断执法权集中于市场监管部门,一方面,改变了商务部、国家发展改革委、工商总局三部门分散执法的模式,有助于强化反垄断执法权,降低反垄断执法成本,解决执法标准不统一等问题;另一方面,机构精简后执法资源缩减和专业人才流失问题不可避免地影响了反垄断执法的工作力度。因此,国务院反垄断执法机构及其设立的派出机构如何借助《反垄断法》的修订,增强机构改革的适应性和灵活性,明确执法队伍职责权限与管理程序,这将成为文本制度优势最终能否充分转化为实践治理效能的一项重要因素。

(原文首发于《中国市场监管研究》2020 年第 6 期,
收录时做了修订)

坚持和落实竞争法治　推动经济高质量发展

2021年3月5日,国务院总理李克强在政府工作报告中对2020年的政府工作作出了回顾,总结了"十三五"时期的发展成就,概述了"十四五"时期的主要目标,指明了2021年的重点工作任务。作为"十四五"时期经济社会发展的主要目标和重大任务,报告中提到了着力提升发展质量效益,实现更高质量、更有效率、更加公平、更可持续、更为安全的发展;坚持创新驱动发展;形成强大国内市场,以创新驱动、高质量供给引领和创造新需求,破除制约要素合理流动的堵点;全面深化改革开放,持续增强发展动力和活力,强化竞争政策基础地位等诸多关涉竞争法治的方面。

一、关注创新在反垄断竞争执法中的权重

此次政府工作报告中再次明确国家支持平台企业创新发展、增强国际竞争力,同时要依法规范发展。强化反垄断和防止资本无序扩张,坚决维护公平竞争市场环境。

强化反垄断、防止资本无序扩展并不是要阻碍平台企业创新发展,而是为了更好地保障持续创新。对创新的维护与考量贯穿平台经济领域反垄断工作的始终,《国务院反垄断委员会关于平台经济领域的反垄断指南》已经对这一点作出了诠释。首先,激发创新创造活力是反垄断竞争执法机构对平台经济领域开展反垄断监管应当坚持的原则。其次,技术创新和应用能力是考量经营者是否具备市场支配地位的要素之一。最后,在竞争影响的评估方面也需要考虑对创新的影响。

二、警惕滥用行政权力排除、限制竞争行为

此次政府工作报告指出2021年要坚持扩大内需,充分挖掘国内市场潜力。要紧紧围绕改善民生拓展需求,促进消费与投资有效结合,实现供需更高水平动态平衡。这就需要稳定和扩大消费,保障小店商铺等便民服务业的有序运营。此外,要

运用好"互联网+",推进线上线下更广更深融合,发展新业态新模式,为消费者提供更多便捷舒心的服务和产品。政府工作报告还提到要引导平台企业合理降低商户服务费。稳步提高消费能力,改善消费环境,让居民能消费、愿消费,以促进民生改善和经济发展。

显然,"引导平台企业合理降低商户服务费"可以起到直接为商户减负,最终降低消费价格的作用,从而有助于达成稳定和促进消费的良性目标。但是,也要注意避免在具体实践中出现行政指导下的定价共谋行为。价格竞争是市场竞争的最基础和最主要的方式,反映在平台竞争领域,表现形式之一则为平台服务费竞争,此类形式的竞争直接关系平台间对用户流量的争夺。譬如,频发的"二选一"行为,则是平台为争夺商家用户的极端现象,其中平台对商家用户所强制的排他性交易条款,在一定程度上也是平台服务内容竞争的重要表现和方式,可以认为是平台服务成本费用和(或)商户使用平台费用的一种非价格形态的体现。基于此,引导平台降低商户服务费,需要特别强调"合理"范畴,避免出现平台之间借由监管部门的主导与倡议对商户服务费水平或服务内容达成协商一致的现象。

同时,2021年的政府重点工作部署还提到促进多种所有制经济共同发展。各类市场主体都是国家现代化的建设者,要一视同仁、平等对待。构建亲清政商关系,破除制约民营企业发展的各种壁垒。此项部署与形成强大国内市场的"十四五"目标任务是一脉相通的。平等对待市场主体,破除制约要素合理流动的堵点,贯通生产、分配、流通、消费各环节,才能营造更加健康的市场秩序、激励投资、促进消费,形成国民经济良性循环。从竞争法的角度来看,这就需要警惕行政机关和法律、法规授权的具有管理公共事务职能的组织实施歧视性待遇等滥用行政权力排除、限制竞争的行为,持续贯彻与实施公平竞争审查制度。

三、坚持监管技术与工具创新

政府职能的进一步转变也是2021年的重点工作之一,政府职能转变工作的推进是为了更好地发挥政府的作用,在充分发挥市场在资源配置中决定性作用的基础上,推动有效市场与有为政府的更好结合。在全球数字经济高速发展及新冠肺炎疫情常态化防控的交迭影响下,无接触式经济业态、产业及模式已成为民众日常生产生活所必需,维护互联网平台领域公平的竞争秩序和交易秩序对民生保障至关重要,需要政府提高依法有效监管的效能。考虑到互联网平台领域应用大数据、云计算、人工智能，对用户精准画像并提供全天候服务等特点，针对该领域的竞争行为与交易行为有必要大力推行"互联网+监管"的模式，拓宽监管方式，提升监管技能，提高监管质量。

在监管技术与工具创新方面，浙江省市场监管局于 2021 年 2 月 26 日正式上线试运行了"浙江公平在线系统"，开创了我国平台经济数字化监管系统的先河。该在线系统综合运用大数据、云计算、人工智能等互联网技术，通过数据抓取、模型运算、智能分析、综合研判等手段方法，可以对重点平台、重点行为、重点风险等实施广覆盖、全天候、多方位的监测、感知、分析和预警，还可以运用区块链技术对监测所采集的风险数据进行在线实时存证固证，确保问题线索证据可追溯、可证明、无法篡改。可见，以监管科技创新来合理规制创新密集型行业领域的新监管时代的大门已经开启，新型监管工具的持续开发与普及是竞争监管的发展方向。监管技术与工具的创新不仅可以推动平台企业创新与合规发展的和谐统一，而且可以为今后可能出现的其他新兴领域的竞争监管提供宝贵经验。

（原文首发于《市场监督研究》2021 年第 9 期，收录时做了修订）

倡导竞争合规　提升竞争守法

2020年9月，国务院反垄断委员会印发《经营者反垄断合规指南》（以下简称《合规指南》），旨在鼓励经营者自我培育公平自由竞争的合规文化，建立反垄断合规自律自查制度，提高对反竞争行为的认识，防范反竞争法律风险，促进反垄断法律及相关配套法规的全面实施。

《合规指南》的出台正当其时，对培育公平自由的竞争文化，促进社会主义市场经济高质量发展，推动落实"双循环"发展格局的高效建设与有效运行具有深远的战略意义和现实价值。

一、倡导竞争合规　强化竞争政策的基础地位

2019年10月召开的十九届四中全会强调了"强化竞争政策基础地位"，2020年5月《中共中央　国务院关于新时代加快完善社会主义市场经济体制的意见》进一步明确"完善竞争政策框架，建立健全竞争政策实施机制，强化竞争政策基础地位"。

推进落实"强化竞争政策的基础地位"有两个重要抓手，两者相辅相成，覆盖市场经济竞争政策施行的全周期和全领域。一是以"他治"为中心，强调制度实施的外部性监督，聚焦于"事前公平竞争审查"及"事中事后反垄断和反不正当竞争监管"相结合的全周期竞争评估机制，营造公平自由的市场竞争环境。二是以"自治"为基点的"竞争倡导"与"竞争守法"，针对市场经济中的各类主体，包括监管者、经营者以及消费者，通过自律自治，引导和鼓励各类主体自觉守法，积极护法，将竞争文化的培育与认同融入各类主体的日常行为之中，通过"文化自觉"促进"主动守法"。

《合规指南》正是从"竞争倡导"的角度出发，针对市场中的经营者，引导其提升反垄断合规意识、建立反垄断合规制度，在经营过程中不触碰法律底线，营造良好公平竞争市场环境。

二、引导经营者主动参与竞争合规提升竞争守法

《合规指南》的直接目的是引导经营者建立反垄断合规制度,促使其经营行为符合反垄断法相关规定的要求,预防和降低经营者及其员工因缺乏竞争合规意识,从事限制、排除竞争行为引发的法律后果,降低竞争违规风险,减少竞争执法压力。

在公司治理理论与实践中,企业合规属于公司治理问题,根据公司治理风险理论,企业的"业务治理""财务治理""合规治理"分别对应企业主要面临的"经营风险""财务风险""合规风险"。

在现代企业治理体系中,合规治理已成为核心要素,特别是近年来我国企业在海外频繁遭受法律风险,建立与不断完善企业合规管理体系,减少企业的违规风险,实现可持续发展已成为当前我国企业,特别是企业"走出去",参与国际竞争所面临的主要挑战和时代任务。《合规指南》为企业合规治理体系中的反垄断合规建设工作提供了科学指引,有助于企业自主建立强健有效的反垄断合规制度,使自身能够及时高效识别、防范及应对反垄断法律风险,以点带面,通过培育经营者及团体良好的竞争合规文化,营造整个市场公平自由的竞争法治环境。

三、倡导竞争合规与推动竞争守法的着力点

《合规指南》中的合规管理制度、合规风险重点、合规风险管理与合规管理保障等内容为经营者反垄断合规作出了指引,具体可归纳为以下方面。

(一)构建合规管理体系

反垄断合规审查的目的在于防范经营者违法违规地参与市场竞争的风险,保障市场竞争秩序在法治框架下高效有序地展开,《合规指南》第二章通过四大要素指引经营者构建参与市场竞争的合规管理体系。

第一,建立合规制度。"无以规矩,不成方圆",经营者应建立并有效执行反垄断合规管理制度,通过制度化和规范化的方式,在结合企业经验活动实际的基础上,将有关反垄断规定纳入企业章程或内部治理制度中,形成单独的企业及员工竞争合规政策文件,抑或制作成企业经营行为指南规范,严格参照执行。

第二,规范合规承诺。鼓励经营者的高级管理人员作出明确、公开的反垄断合规承诺并监督其履行情况,自上而下引导和鼓励企业员工提升竞争守法意识,培育企业良好市场竞争文化氛围。

第三,激励合规报告。激励经营者全面有效开展反垄断合规管理工作,防范合规风险,对向反垄断执法机构书面报告已然发生或者存在大概率发生垄断违法的主体给予奖励,从企业内部营造竞争守法的共识。

第四,设立合规机构。具有条件的经营者可以建立反垄断合规管理部门,明确相关负责人的职权。包括但不限于及时了解反垄断相关行业动态,制定并执行内部合规制度,开展企业合规培训,应对合规风险等,提高企业评估、预防及应对违法违规竞争的能力,并将其机构化、制度化及常态化。

(二)识别和应对违规风险

建立科学有效的合规管理制度及运行机制能够高效识别合规审查的重点,及时采取应对措施,《合规指南》第三章对我国现行《中华人民共和国反垄断法》规定的三大违法类型的风险防范作出了具体指引,有利于经营者对标自查,提高合规审查与防范的效率。

对垄断协议的认定,需依据《中华人民共和国反垄断法》《禁止垄断协议暂行规定》等法律法规考察能否构成反垄断法上的"协议、决定或协同行为",若构成则进一步考察是否具有"排除或限制竞争的效果",若均满足,则可判定其经营行为,很可能构成违法"垄断协议"行为。

对滥用市场支配地位的认定,需依据《中华人民共和国反垄断法》《禁止滥用市场支配地位行为暂行规定》等判断自身所处的相关市场,通过需求替代分析划定相关商品市场的范围,并以此评估自身是否具有市场支配地位,若具有则进一步考察是否在经营中存在《中华人民共和国反垄断法》第十七条第一款所列举的"滥用行为"。

此外,我国现行《中华人民共和国反垄断法》制定了涉嫌垄断行为的经营者可争取主动实施承诺制度与宽大制度,若反垄断合规部门识别到企业在经营过程中可能存在违法行为,则需及时采取应对措施,履行配合执法的积极义务,减轻或消除违法行为后果,争取获得执法机构减轻或免除处罚的机会,避免损失进一步扩大,将因违法行为而遭受处罚的风险降到最低。

(三)完善合规管理保障

经营者在建立起合规管理体系后,一方面,做好合规风险管理,根据自身的经营行为特征、所在行业特性以及整体市场状况等因素识别可能面临的风险,做好风险的分类分级评估;同时,针对不同员工工作岗位的特点及不同岗位上风险的易发程度,履行提醒义务,做好风险的事先预防指南与事后应对方案。

另一方面,做好合规管理的保障工作,包括考虑建立反垄断合规考核标准与奖惩机制,以引导和激励员工遵守反垄断相关法律法规;在有条件的情况下建设高水平的合规管理团队,譬如,通过引育结合的方式建立专业人才队伍,引入大数据、人工智能算法技术提高对竞争违规风险的预测与反馈等,为合规管理体系的有效运转提供强有力的人力、物力支撑。

四、值得强调之处

必须明确《合规指南》不属于法律、行政法规、部门规章及其他规范性文件,不具有法律拘束力和强制力。原因在于:《合规指南》第二十六条明确"本指南仅对经营者反垄断合规作出一般性指引,不具有强制性";根据《中华人民共和国反垄断法》第九条规定,国务院反垄断委员会负责组织、协调、指导反垄断工作,其定位为反垄断政策决策机构,但不属于《中华人民共和国立法法》意义上的立法主体,也无法律授权其为执法机关,因此其不具有制定规范性文件的资格;《合规指南》并非通过立法程序制定颁行,而是由国务院反垄断委员会发布的,故《合规指南》不具有约束力与强制力。

然而,这并非说《合规指南》在实践中没有意义。在《合规指南》发布之前,2019 年 7 月 9 日浙江省市场监督管理局就发布了《浙江省企业竞争合规指引》,为引导浙江省企业加强竞争合规管理,防范反垄断法律风险,进一步优化营商环境,强化竞争政策实施提供了有力支撑,实践效果值得期许。客观地讲,《合规指南》是在参考《浙江省企业竞争合规指引》的基础上,由国务院反垄断委员会制定发布的,能够有效指引经营者建立起强健有效的反垄断合规管理体系,维护市场的公平竞争秩序,培育良好的公平竞争环境。

（原文首发于《第一财经日报》2020 年 10 月 26 日第 A11 版,收录时做了修订）

如何推动共享经济健康发展

共享经济是市场经济在信息化时代的高级形态,是指以互联网技术为支撑、以网络平台为基础、以信任为纽带、以所有者生活不受影响为前提所形成的个人闲置物品或资源使用权共享的开放性交换系统。共享经济在我国依托"互联网+"的实施得以高速增长,然而诸多共享经济项目迅速膨胀与衰落,并引发监管困难等一系列社会治理问题,进而引起对共享经济属性、主体权益及竞争规制等基本问题的思考。共享经济顺应了时代需求,然而更需在法治的轨道上健康发展。

一、信息法治是基础

伴随"互联网+"的快速深入推进,"共享"成为经济发展新的关键词,越来越多的企业瞄准了共享经济浪潮下的商机,纷纷推出新的共享商品或服务。共享经济是一种典型的数字经济,通过对互联网平台的运用,能在第一时间发现并调整市场供需失衡现象,便于及时形成动态平衡,优化市场资源配置,提高资源利用效率。

虽然共享经济是权利经济,是自由秩序价值在经济领域的体现,但这并不意味着其可以肆意妄为,致使违法行为频发,破坏自由公平的竞争秩序。共享经济的发展必须考虑经济利益和社会利益的平衡、竞争秩序与社会秩序的平衡、市场需求与法治需求的平衡。因此,基于其数字特征,构建共享经济的信息法治轨道尤为重要。信息法治是共享经济健康发展的基础,尤其要以保障信息安全与规范使用为基点,构建整体性与系统性的信息监管法治体系,推动共享经济在信息法治化框架下健康发展。

对公众而言,当个人信息被置于网络上时,亦会对信息被滥用产生担忧。事实上,信息一经生成便自由流动,就具有在不同主体间自由分享的本性。信息所有者、使用者以及经营者在不同程度上分享着信息所带来的经济利益。如何平衡信息在不同权属者之间的合法享有,其本身就面临着法律上的挑战,譬如在个人信息的收集、使用及经营中就存在人格权、著作权、传播权以及自由竞争权之间的冲突。

而网络平台上的信息及其法律保护有别于传统模式,其各个权属者之间的权利界分更加模糊,信息的原初所有者、生产收集者、加工运营者等都存在着相互交叉的可能。因此,互联网信息法律应涉及信息的所有参与者,既要确保信息的自由流动,也应划定各方的权利边界,保障信息的安全使用。具体到共享经济领域,则主要体现为加强对用户信息隐私的保护,同时也应充分关注对运营者监管与保护之间的平衡。共享经济参与者个人在经济活动中的痕迹被冲淡,用户的不确定性导致了在使用过程中难以归责。譬如,损坏、改造甚至将共享单车占为己有的现象不断发生,这不仅损害了资源所有者和运营者的合法利益,也妨碍了其他用户的预期利益,恶化了共享经济市场运行环境。长此以往,不仅会造成资源浪费,而且会打击共享经济资源所有者和运营者的积极性,阻碍共享经济的健康可持续发展。因此,在加强对用户个人信息保护的前提下,也需要适当允许平台运营者或政府相关部门合理使用有关信息,加强对共享经济资源所有者和运营者正当利益的保护。建议可通过"行业标准+负面清单"的模式,尝试建立透明、正当的信息使用基准。

二、竞争法治是核心

当前,共享经济依托互联网平台野蛮生长,易滋生违法竞争行为。在共享经济发展的初期,诸多经营者为了短时间内抢占市场、扩大份额,投入大量资金购买商品和服务,在便利消费者的同时却造成了大量的资源浪费,甚至导致恶意竞争的出现。共享经济是一种典型的平台经济,平台运营者作为中间方,沟通并连接资源所有者和资源享用者,实现资源的有效配置和高效使用。平台的运行模式虽为共享经济的发展提供了便利,却使得责任划分难以厘清。现实中,平台运营者在交易中汇集多方资源并拥有市场支配地位后,易出现权力滥用行为,损害资源所有者和资源享有者的利益。当然,需要指出的是,并非所有的平台经济都可以纳入共享经济的范畴,只有资源所有权、经营权及使用权相分离的使用权共享的平台经济才能归为这一类型。

平台运营者是否构成垄断也难以确定。虽然众多经营者也在研发自己的平台软件,但是考虑到用户习惯,众多用户仍会选择经常使用的平台进行操作,这些平台均集合了多个共享服务商家,方便消费者自行选择。然而,要对其进行竞争监管,就需要对平台的市场边界及其市场地位进行辨析,但这类平台经营者并非只经营共享类商品,它们往往是集多种服务于一身的工具型平台。就其市场边界来说,共享类服务只是其众多业务中的一个组成部分,相对于其所有的经营事项,共享服务也许微不足道,但是这样的判定显然与现实不符。同样,共享服务并非平台经营者的主要经营事项,其是否占据市场支配地位也难以确定。因此,对于平台经营者是否构成支配地位以及是否存在权力滥用行为的判定在实践中具有一定的难度。

共享经济常表现为平台竞争,容易出现赢者通吃的局面。面对具有优势地位的资源运营平台滥用市场支配地位的行为,单个消费者很难维权。此类现象已经在共享单车的运营中发生,一些商家为退还押金设置障碍,致使消费者合法权益难以保障,严重损害了共享经济的信任和公平基础。在这方面,寻求反垄断法的救济不失为一种有效的途径。针对侵犯消费者合法利益的交易行为,竞争法治的有效施行刻不容缓。

三、多元共治是保障

共享经济多元主体参与的模式决定了其需要多元的治理规则。平台运营者以及提供共享服务的商家在共享经济的发展中承担了不同的角色,其与资源享用者之间的法律关系也不尽相同。对于平台运营者来说,因其可以将共享资源相对集中,易形成市场支配地位,故应更多地关注其是否构成反垄断法中的违法竞争行为,譬如排他性滥用和剥削性滥用行为;而对于平台一端的资源所有者或供给者而言,则更应注意其营销手段、商品服务提供以及市场定价等是否属于反不正当竞争法中的违法竞争行为。对此,治理手段除了外部性制度规制外,还依赖于商家的行业自律。离开了行业自律,仅仅依凭外部的制度规制,其成本会不断增加,其效果会不断减弱。只有发挥共享经济中每一类型参与者的自身力量,才能有效保障共享经济的健康可持续发展。

当前,共享经济在我国逐渐步入理性发展阶段,部分运营者退出市场。共享经济走向更为精细化和差异化的发展方向。经营者开始根据不同层级的市场制定不同的经营策略,这要求各级政府切实对共享经济的发展与监管负起责任。简政放权不等于完全放松监管,面对共享经济运营的乱象,各级政府应给予及时有效的监管。对于市场可自主调整消化的问题给予市场经营者相当的自主权,无须过多干预;而对于涉及消费者权益以及市场竞争秩序的公众性、社会性问题则须加强监管,真正做到该放的放、该管的管。

因此,建议广泛结合行业自律以及共享经济终端消费者的力量来共同营造良好的市场运营环境。其一,尽快敦促参与共享经济的各类经营者建立行业自律体系,与地方政府协商建立适合当地实际情况的行业规范,合规运营。其二,广大的终端消费者是共享经济的直接享用者和受益者,对共享经济运营中出现的各类问题最具发言权,应对实践中出现的问题作出及时有效的反馈。其三,提升政府在共享经济中的治理能力和规制水平,主导共享经济的发展方向。

共享经济的发展为民众生活带来了便利,有限的资源因共享平台的存在产生出无限的价值,一些低迷的市场因共享经济的出现焕发出新的活力。然而,在享受共享经济带来便利的同时,更应平衡经济发展与法治建设之间的关系。面对共享经济带来的问题不回避、不逃避,努力为共享经济的发展提供积极有效的法治引领。

（原文首发于《群言》2018 年第 2 期,收录时做了修订）

共享经济发展推压税收征管升级

　　共享经济在爆发式增长的同时,相关产业涉及资金体量之巨与偷漏税现象之重,引起社会的广泛关注,对我国新时代税收治理能力现代化建设提出了严峻挑战。鉴于共享经济相较传统商业模式具备深度利用数据、高度依赖交易信用的新业态特征,建议以信息管税为抓手,以税收征信为核心,健全现行社会征信系统,提升政府治理能力,更新政府服务观念,确保共享经济税收治理合法有效展开。

　　共享经济指个人或组织以共享使用权为目的,通过互联网交易平台实现闲置资源社会化再利用并推动社会经济发展的商业模式。自 2016 年政府工作报告首次提到"共享经济"后,党中央、国务院相继出台了《关于促进绿色消费的指导意见》《推进"互联网+"便捷交通　促进智能交通发展的实施方案》等政策文件,明确鼓励发展共享经济新模式。目前,该模式已在交通出行、网络直播、短期租房、知识技能等多个领域取得全面发展。

　　据国家信息中心发布的《中国共享经济发展报告(2021)》显示,2020 年共享经济市场经济交易额高达 33773 亿元,在未来五年,我国共享经济的年平均增速将保持在 10% 以上,初步估算,2020 年我国共享经济的参与人数约为 8.3 亿人。依托如此庞大的体量,共享经济本应为我国创造大量的税收收入。然而,当前共享经济相关产业的税收状况却不甚理想,网约车、网络直播行业的偷漏税现象尤为明显。因此,完善共享经济税制建设、提升税收治理能力已迫在眉睫。考虑到共享经济有别于传统经济的新业态特征,应从其核心数据价值和交易信用基础着眼予以应对。

一、共享经济深度利用数据资源对税收征管模式带来新挑战

　　共享经济通常的商业模式是通过互联网中间平台整合大量供求双方的交易信息,有效解决传统经济中阻碍交易达成的信息不对称问题,满足需求方的个性化定制要求,并进一步打破以实体经营场所为组织形式的传统交易关系,使得大量个人

成为交易主体。

不难发现，共享经济对信息数据这一核心商业资源的挖掘和使用更加充分和多元，相比传统产业中对土地、石油、煤炭等原始生产资料的有限利用，信息时代下数据大规模聚合形成的商业资源内涵更加立体化、人性化、技术化。数字经济已成为实现健康可持续发展的重要保障，固税法将数据资源这一重要生产要素纳入规制范畴只是时间问题，但在具体操作上仍有以下显著问题。

第一，税收征管部门全领域数据收集困难。传统商务模式以电话、传真甚至人力收集商务信息的方式对小范围市场环境的影响不大。随着互联网逐渐普及，信息传输渠道大幅扩充，共享经济在全领域、全行业、跨区域交易的同时，能够收集到细致、多样、个性的用户需求，并有足够的技术能力应对互联网中极短时间内几何倍数增长的商业信息。其在数据信息收集上的覆盖能力，既为共享经济参与者提供广阔利润空间，也向共享经济监管者，尤其是税收征管部门是否具有同等监控技术能力提出了挑战。

第二，实时数据传递难以即时。在共享经济模式中，交易主体间的信息收集、传输方式已不再借助电话、传真或人工等方式与客户进行实地沟通，即便客户群体基数扩大、企业组织膨胀，信息传输通道仍能保持有效通畅，并保证在瞬息万变的行业竞争中获取主动。相较之下，税收监管者的信息传输环节却受到来自政府机关内部的体制阻滞。加之外部市场竞争压力与公众参与度不足，税收利益相关部门在组织形式与责任机制上存在殊异，线上信息管税面临线下税管执行的分工不清与决策不明等问题。

第三，高精准数据反馈难以形成要求。共享经济交易主体的信息收集便捷、传输周期较短、决策反馈及时，最大限度降低了信息在各环节被人为再加工的可能性，使得最终到达卖方终端的信息与源信息基本相符，故依据此执行的交易行为能够准确回应客户需求，进一步提升客户体验。反观税务机关在数据收集和传输上深度利用能力不足，在数据结果反馈层面上也必然无法同市场主体相提并论。面对社会公众日益强烈的税收权利意识，税务机关如果无法及时提升纳税人的信息服务体验，那么其对"放管服"政府改革要求的贯彻落实就只能流于形式。

二、共享经济高度依赖交易信用对税收征信体系化提出新要求

共享经济相较传统商业模式的显著区别在于互联网中间平台主体的存在，而

该交易主体除聚合供需信息外,另一重要功能便是信用担保。实际上,共享经济是基于陌生社会成员之间的信任而发展起来的经济模式,信用度、便利性和参与感则是推动共享经济发展的主要因素。通常认为,交易信用会随着市场博弈次数的增加而提升,但在互联网环境中,供需双方时空条件迥异,难以进行多次博弈,故信用度下降将最终导致分享策略失败。如何提升交易信用,便成了共享经济健康发展的核心命题之一。

自最初的电子商务阶段始,买卖双方的交易信用问题,便一度制约着互联网经济形态的发展。互联网中间平台的应运而生及发展完善有效弥补了信用风险所带来的交易安全问题,保证了供需双方在虚拟环境下交易的真实性。同时,各中间平台的示范作用与品牌价值亦得到了巩固与推广,此类平台经由引入包括买方售后评价、卖方声誉评级、第三方支付等信用治理技术规范引导交易行为。目前,共享经济中的各类网络平台基本沿用了其线上信用模式,此模式对供需双方使用者的信用管理,已成为维护共享经济交易秩序的必要环节。因此,对共享经济的现有税收征管,也在一定程度上依托网络平台的技术优势与独特地位进行税收数据搜集和稽查奖惩。但随着共享经济的深入发展与分工细化,线上信用管理在面对个人对个人(P2P)这一新型模式时,却难以奏效。譬如,网约车和网络直播行业,巨量零散分散的交易参与者使得其在平台上注册备案的税务身份真实性存疑;信用管理模式无法精确反馈个人信息,致使网络平台和税务机关均难以对其进行有效监管。目前,出于对共享经济鼓励保护的政策态度,个人对个人模式中的税务实践进退维谷,税源缺失与监管缺位并存。

三、以信息管税为抓手提升政府治理能力与更新政府服务理念

尽管共享经济并未彻底颠覆传统经济的生产和消费理念,但在解决供给和需求之间的信息不对称问题上,共享经济仍具有显著优越性。从这个角度看,共享经济的创新之处在于实现了生产要素与市场需求的平台化数据对接,有效降低了交易成本,但因其网络虚拟特征导致交易风险在一定程度提升。税收制度因其须及时回应经济发展需求,故税收治理能力需与特定经济社会发展阶段相适应。面对共享经济对数据资源深度利用的突出特征,我国税务机关已全面推广"金税三期"税务管理系统,基本达到了信息化要求。但相较于共享经济中对数据资源充分立体地挖掘与使用,税务机关的"信息管税"仍停留在无纸化、联网化相对初级的阶

段。此外,共享经济中的数据资源已经逐渐实现了智能化和定制化,大数据与云计算技术下的个人信息已不再是单纯的平面符号,而是蕴含着习惯喜好、决策参考和结果预测的多元拟人模块。这种非自然的商业资源若仅简单地被纳入以往规制传统生产要素的税管体系,必然导致从治理理念到治理手段的全面错位。

结合目前我国政府大力推动的"放管服"职能转变进程,加之税收制度对于社会经济发展的敏感度与即时性,针对共享经济着重强调以税收征管为代表的国家治理活动应在观念上明确"数据资源、数字经济"的内涵与范畴。具体言之,包括:第一,依托"信息管税"理念,进一步厘清数据信息的资源概念及特征;第二,逐步调整以实体组织为课税对象、仅靠"以票控税"予以征管的流转税制;第三,税务机关在布置监控点时应兼顾供需双方与中间平台。需要强调的是,关于共享经济税收治理的发展方向,应始终坚持服务型税务征管的出发点,在充分调动和发挥新经济业态活力的同时,逐渐固定为体现自然人权利义务关系、依托收入支付信息的电子化综合个人所得税和由最终消费者承担的数据资源消费税。

四、以税收征信为核心贯通社会信用体系建设

共享经济的迅猛发展既对社会信用体系的建设提出了挑战和要求,也为信用体系的完善发展提供了重要的信息技术支撑。然而,我国社会信用体系建设仍处于起步阶段,目前已经成型的信用体系包括:市场交易信用信息平台、政府公共信用信息平台、银行金融信用信息平台三类主要的信息共享渠道。其中,共享经济条件下的市场交易信用体系主要依托于各平台的线上大数据征信模式,政府公共信用体系则涵盖税收、医疗、养老、司法等领域,而银行金融信用体系则着重于收入、支付等资金流通环节。

学界一般认为,信任机制的形成有赖于市场驱动型信任机制与制度约束性信任机制的协同作用。在前述我国三类信用体系中,政府公共信用体系作为鲜明的制度约束机制,具备先导作用,而其中尤以税收为前提:公民及法人组织的税收义务由国家宪法予以规定,在政府征信活动中应无条件遵从。相较医疗、养老、教育等自愿行为,政府公共信用体系有着无可替代的合法性基础。在具体操作过程中,可分为四步:第一,完善法律法规对税收征信活动的赋权基础和操作规范,做到"有法可依、有章可循";第二,实现对医疗、养老、教育、司法等其他政府部门信用数据库的联通共享;第三,税务机关协同大数据征信机构、银行金融机构在法律授

权范围内选择性采集纳税主体的交易与资金信用信息,并着重保证信用信息系统安全,避免个人信息泄露;第四,统一信用数据接入标准,在整合税务信息并进行大数据和云计算分析后,向前述信用体系进行结果反馈及社会公开。

五、依法推进税收征信机构建设,实现税务征信的共享性联合

2016 年 12 月,国家发展改革委、中国人民银行、中央网信办、公安部等 9 部门发布《关于全面加强电子商务领域诚信建设的指导意见》,明确要在电子商务领域加强信用建设,建立健全实名登记和认证制度,完善网络交易信用评价体系。当前我国信用体系建设尚处于起步阶段,信用评价机制、征信企业及社会公众守信意识均存在不同程度的欠缺。然而,移动互联与第三方支付等信息技术手段的迅猛普及使得基于巨量电子数据分析、预测、反馈的大数据征信成为可能。分享经济作为新兴经济形态,对于包括税收在内的既有监管体系均产生了猛烈冲击。其对交易信用的高度依赖在前文已有论证,政府部门征信机构与社会征信企业的发展成熟无疑是突破分享经济发展信用"瓶颈"的机制前提。

聚焦于分享经济税收领域,当前纳税主体的信息保护和使用机制尚不明确,各级税务机关理论上负责各自辖区内涉税信息的收集、存储和维护,然而保障分享经济中纳税人个人隐私、交易安全并合理利用的规范仍然是一片空白。2013 年 1 月发布的《征信业管理条例》的规制对象也仅限制为"企业、事业单位和国家设立的金融信用机构""国家机关以及法律、法规授权的具有管理公共事务职能的组织依照法律、行政法规和国务院的规定,不适用本条例"。税务机关虽然不适用于该条例,但并不意味着税收监管不需要征集信用信息,更不能说明税务征信的标准会低于一般企业从事征信业务的法律标准。该条例中明确规定了征信机构不得采集个人收入、存款、有价证券、不动产等个人信息。实际上,前述征信范围应同样作为底限,严格约束政府征信机构进行收集。然而,众多分享经济平台为了扩大利润,通过对大数据征信公司所采集的地理位置、转账记录、出行方式、消费类型等不受限制的关联数据进行还原分析,使得个人收入水平、消费习惯、工作居住地点被间接披露。无论是间接还是直接的信息泄露,社会公众的担忧与反感与日俱增。若包括税务机关在内的政府部门对其征信活动仍不进行制度约束,那么因企业与个人涉税信息保管不当所引发的社会风险,将更加难以管控。

对此,在社会信用基本法律缺失的情况下,建议国家税务部门制定税收征信管

理条例,对各级税务征信部门的职能划分和职权范畴进行明确规定,逐步完善分享经济中涉税信息保护和征信监管的顶层设计,为分享经济领域大数据税务征信设置规则底线。此外,针对分享经济中对社会信用信息采集的迫切需要,可尽快出台分享经济税收征信管理办法。一方面,在各区域或行业间进一步明确税务部门收集的信息范围,严禁对不必要的关联性和衍生性个人隐私信息进行数据比对和场景还原。另一方面,积极衔接既有社会信用评级体系,为纳税人建立税收信用档案。该评价体系可将纳税人的税务登记、纳税申报、税款缴纳等记录作为主要指标,根据纳税人的过往行为进行客观评价,定期于国家税务总局网站公示评价结果,从而加强公众参与和公众监督作用。

2018年1月4日,是在中国人民银行指导下,8家市场信用机构与中国互联网金融协会,按共商共建共享原则,共同发起组建一家市场化个人征信机构。早在2015年1月,中国人民银行便已下发《关于做好个人征信业务准备工作的通知》,同意信用评级机构Z等8家机构试点开展个人征信业务,并计划以"个人征信牌照"的方式开放该业务。然而,8家试点机构都想形成业务闭环,将各自的数据信息视作核心资产,不愿进行行业间共享,因而导致信息"孤岛现象"、信息过度采集等不良后果。鉴于上述情况,中国人民银行迟迟没有向8家试点征信机构下发牌照,而是最终以成立"信联"的方式,打破第三方征信平台间的信息樊篱,进一步实现金融征信平台与第三方征信机构的深度融合。

该案例尽管主要以当前个人对个人融资信贷为着眼点,但其为政府各职能部门如何利用自身征信优势融合既有社会信用体系提供了参考借鉴。特别是税务部门,在政府公共信用信息平台中,税收相较于医疗、养老、司法等领域的重要性更加凸显,其自身对市场交易信用信息平台的需求度也相较其他领域更高。因此,借助税务部门自身的职能特点,可通过牵头发起税收征信的社会信用联合机构,将政府部门和金融机构在信用信息采集方面的权威性和完整性资源优势,同大数据征信机构在信用评级和应用方面的先进性和灵活性技术优势有机结合,使得制度约束信任机制与市场驱动型信任机制在分享经济模式下协同发展。

就具体操作层面而言,国家税务总局可联合中国人民银行指导相关行业协会,同数家第三方征信机构共同构建信息共享机制或商业实体。其中,税务总局与中国人民银行提供公共信用数据和银行金融信用数据,第三方征信机构提供其线上信用评估数据。三方针对税收征信的信用评级,以税务机关的最终分析比对为准。

该税务信用评分确定后,及时反馈于银行金融平台及个人征信平台,作为重要的信用指标,银行和经营者可更加真实、便捷、广泛地选取融资或交易对象。此模式一旦实现,不但融通了税收信用、金融信用与大数据征信三大信息平台,更有助于线上线下信用机制的联动,税务机关对于失信人员的税收稽查也将极大提升信用评价的惩戒与警示力度。在分享经济及"互联网+"新形态下,大数据征信已成为分享经济领域的重要布局,对税收在内的国家治理能力提出了要求与挑战。在深刻认识及把握分享经济的运行基础与核心价值后,有针对性地从交易信用方面入手,促进税收征信的社会性联合与融通互动,不仅是回应社会经济发展需要的应有之义,亦是税收治理能力现代化进程的必经之路。

(原文首发于《国家治理》2018 年第 34 期,收录时做了修订)

新发展格局下反垄断法的使命与担当

2020年12月召开的中央经济工作会议指出,2021年要迈好构建新发展格局的第一步,经济工作重心要围绕构建新发展格局来展开,同时确定2021年要抓好的八项重点任务,其中"强化反垄断和防止资本的无序扩张"是重点之一。此后,2021年3月召开的中央财经委员会第九次会议强调,"要坚持正确政治方向,从构筑国家竞争新优势的战略高度出发,坚持发展和规范并重,把握平台经济发展规律,建立健全平台经济治理体系,明确规则,划清底线,加强监管,规范秩序,更好统筹发展和安全、国内和国际,促进公平竞争,反对垄断,防止资本无序扩张"。

可见,强化反垄断,特别是平台经济领域的反垄断规制已成为当前和下一阶段我国国家治理现代化建设和经济高质量发展的重要内容和基础保障,以反垄断法为核心的市场经济基本法治的完善与实施,已成为新发展阶段国家治理能力建设和治理水平提升的重要指征和行动方向。为此,需进一步明确反垄断法作为市场经济基本法的核心地位,强调反垄断法规体系作为倡导公平自由竞争的核心法律制度,与时俱进,适应新发展阶段的要求,贯彻新发展理念,为完善社会主义市场经济法治体系、推动经济高质量发展,保障新发展格局的顺利建成与有效运行担负时代使命。

一、构建新发展格局需要强化反垄断

新发展格局是中央对当前国内外经济政治发展局势的准确研判和定位,全面客观分析当前我国所面对的困难、风险及挑战,以"科学应变""主动求变"的方式作出的重大战略部署。理解新发展格局首先需要明确的是"双循环"并非凭空创造,而是自改革开放以来逐步形成的适应我国国情的发展模式,只是重心与当下有所不同。此前我国经济发展对外依存度较高,2006年达到峰值约66%,自2008年国际金融危机后,我国经济发展重心已向国内大循环转变。其次,新冠肺炎疫情使得国际政治、经济、科技、安全等格局都在发生深刻调整,新发展格局是准确认识国内外形势的科学应变。最后,党的十八大以来,我国提出"人类命运共同体"理念,倡导世界各国和平发展、合作共赢,故"双循环"绝对不是封闭循环,而是在畅通国内大循环的同时,通过提升我国经济发展质量效能,为世界经济发展注入中国能量,同世界经济更加紧密相连。

根据经济循环理论可知,由生产、分配、交易和消费构成经济循环的质量与速度决定了国家的经济发展水平及持续发展能力,若循环上存在堵点,则会阻碍整体经济的发展,新发展格局战略的核心要义就是要畅通国内大循环,推动国内经济的高质量循环。2020年中央经济工作会议上确定2021年的重点工作还有抓好"增强产业链供应链的自主可控能力"与"坚持扩大内需的战略基点"等重要任务,产业链与供应链的安全稳定是生产作为循环起点的基本要求,是构建新发展格局的基础;扩大内需与形成强大国内市场是消费作为循环终点与启动下一循环的重要表现。在构建新发展格局的过程中重点在于推动各类要素资源的自由与公平流动,发挥市场配置资源的决定性作用和更好发挥政府作用,矫正限制、扭曲要素资源流动的体制机制以及各种市场竞争行为,实现国内经济的高质量循环,提高全要素生产率。

反垄断法是建设和维护社会主义市场经济有序运行的基本法,其核心要义是维护市场公平自由的竞争秩序,在强调市场第一性的同时,承认且重视政府依法规、科学有效监管的价值与作用,平衡好市场与政府的关系,实现有效市场与有为政府之间的黄金比例,促进社会主义市场经济健康发展。聚焦新发展格局下我国以畅通国内大循环为主,推动国内经济高质量发展成为首要目标,需要将"供给侧结构性改革"与"注重需求侧管理的扩大内需"相结合,以打通堵点,贯通生产、分配、流通、消费各环节就成为市场经济发展的关键着力点。这就需要实现各类要素资源配置的最优化,充分发挥市场机制特别是公平竞争机制在资源配置的作用,为此,进一步完善市场竞争法治,营造公平公正的市场竞争环境,成为当下需要大力推动且全力落实的任务。

为此,要以"强化反垄断和防止资本无序扩张"为工作重点,畅通各类要素资源流动的全周期与全过程,深入推进供给侧结构性改革,注重需求侧管理,以需求牵引供给,以供给创造需求,发挥好当前平台经济双边或多边市场构造的优势,做好要素资源的精准匹配。在这一过程中必须防止平台企业在资本的裹挟下开展剥削性竞争、排他性竞争甚或扼杀性竞争等典型违法竞争,防范平台经济特别是超大型平台企业在经营扩张中的金融风险,将自由竞争与安全发展统合于竞争法治框架下,严守安全红线,筑牢法治底线。

二、新发展格局下反垄断法的价值定位

反垄断法的价值定位是其立法完善与强化实施的基础与归依,其制度功能在不同的国家和地区存在一定差异,需要结合我国现实国情来实现多元价值追求与融合。在构建"双循环"的新发展格局中强化反垄断,需顺应数字经济发展的时代特征,立足新发展阶段。因此,反垄断法的价值定位应以保障数字经济高质量发展为导向,统筹好竞争、效率、创新、安全等价值的相互协调关系。

一是融合竞争的自由价值与公平价值。自由竞争与公平竞争具有不同的含义,自由竞争是指市场主体能够按照自己的意愿进入或退出市场,以选择是否参与竞争;公平竞争是指参与竞争的主体使用公开、平等、正当的方式方法进行竞争。自作为世界范围内首部现代意义上的反垄断法——《谢尔曼法》的颁行起,其立法目的与宗旨就是为了对抗托拉斯(垄断)集团给市场自由竞争秩序与市场经济健康发展带来的威胁,保护自由竞争环境是反垄断法的基本目标和固有价值。同时,反垄断法也追求保护公平竞争秩序,譬如,我国现行反垄断法所规制的滥用市场支配地位行为类型中既规制排他性滥用行为,也禁止剥削性滥用行为,前者更多聚焦于实现竞争自由的利益,后者则偏重于维护竞争公平的价值。特别是对当下主要超级平台所从事的强制"二选一"大数据"杀熟"、数据封锁、数据过度收集、用户隐私保护降级等涉嫌支配地位滥用的现象愈演愈烈,更应注重反垄断法对自由与公平价值的统合保护。

二是兼顾经济效率与消费者权益。反垄断法通过维护有效竞争以实现提高经济运行效率的目标,消费者权益则作为一种反射利益受到保护。然而,数字经济的发展使得以消费者需求为中心的市场结构和产消格局业已形成,在交易中消费者扮演着越来越重要甚至是支配者的角色。在以平台经济为中心的体验式互动消费过程中,以消费者自由选择权与公平交易权为核心的消费者权益束的形成与实现已成为或正在形成对平台企业市场竞争行为的最基本和最直接的约束力量。高度重视反垄断法对消费者权益的直接保护,是回应数字经济向纵深发展,特别是平台经济健康发展的时代要求,也是沟通从需求侧到供给侧,实现以需求牵引供给,供给创造需求,畅通国内大循环的关键所在。

三是实现竞争与创新的动态平衡。《中共中央关于制定国民经济和社会发展第十四个五年规划和二〇三五年远景目标的建议》共提及"创新"47次,党的十九届五中全会指出要坚持创新在我国现代化建设全局中的核心地位,新发展格局下的反垄断法更应坚定不移地贯彻"创新"发展理念,实现维护竞争与鼓励创新的动态平衡。目前,在世界主要反垄断司法辖区内都兴起了关于"创新"能否纳入反垄断规制体系的讨论。有的学者认为,市场中更少的竞争导致更多的创新;另一派学者则认为,更多的产品市场竞争会激励创新。

然而,创新与竞争并不是非此即彼的关系,鼓励创新与维护竞争相互促进、相辅相成,只有在良好的竞争秩序下,才能为创新提供更好的环境;同时,也只有在不断的创新发展中,才能实现高质量竞争,两者良性互动是实现经济高质量发展的关键所在,这一点在当前平台经济领域的反垄断规制中尤为重要。

四是统筹发展与安全的共进关系。党的十九届五中全会明确提出要坚持把安全发展贯穿国家发展各领域和全过程,特别强调要"确保国家经济安全"。经济安全是国家安全的支柱之一,我国经济正处在信息通信技术和数字数据技术深度融合的窗口期,既面临巨大的战略发展机遇,也遭受严峻的时代改革挑战,其中以"新产业、新业态、新商业模式"为代表的"三新"经济为新发展格局的建设与发展提供了很好的通道和助力。当前,数字经济在国民经济中的地位日趋重要,互联网平台经济已成为与人民群众生活紧密结合的经济业态,同时互联网平台企业目前展现的巨大潜在威胁已对部分行业与经济领域造成了强烈冲击,新发展格局下反垄断法的实施必须统筹兼顾发展与安全的共进,对于破坏自由公平竞争、扰乱市场秩序、危害经济安全的违法行为必须依法查处,做到"强监管、早监管、长监管",牢筑发展的安全底线。

三、新发展格局下反垄断法规制的重点

中央作出强化反垄断和防止资本无序扩张的决策部署是完善社会主义市场经济体制的内在要求,更是推动经济高质量发展的现实需要。当前,全球数字经济特别是以超级平台为中心的平台经济持续高速增长,平台企业汇集线上线下的要素资源与市场力量,运用大数据、超级计算、人工智能算法等实现了从巨大流量到海量数据,再通过算法优化与算力提升,打造"流量、数据、内容、推送"一体化的闭合型生态系统,出现了一家独大或者寡头结构的市场竞争格局。无形中加剧了平台

企业滥用市场力的风险,极易放大"赢者通吃"的互联网场景下的竞争法则,形成并固化"顺者昌、逆者亡"的互联网市场结构,若不加以适当监管则会使这种动态最终走向固态,最终会抑制动态竞争、损害科技创新、减损消费者利益。这一点在全球主要国家和地区,超级平台企业的发展中已出现高度聚集化的事实中可以得到印证。

更值得担忧的是,在平台企业拥有巨大流量和海量数据的同时,流量数据的变现,平台企业脱离实体经济,走向数据金融平台的趋势越发明显,此时的平台经济已显露进一步"脱实向虚"的风险,在很大程度上背离了2015年中央提出的"互联网+"行动计划的初衷。对此中央明确表示国家支持平台企业创新发展、增强国际竞争力,同时要依法规范发展,要加强规制,提升监管能力,坚决反对垄断和不正当竞争行为。金融创新必须在审慎监管的前提下进行。故此,在新发展格局下强化和完善反垄断法实施更应注重对平台企业的规制,以竞争法治促进平台经济的健康发展,推动经济的高质量发展。

目前全球主要国家和司法辖区纷纷展开对互联网平台企业的反垄断调查。在全球范围内针对平台科技巨头的反垄断调查及纠纷已经不少。在此国际背景下,我国对平台经济领域强化反垄断规制并非国家不鼓励、不支持平台经济的健康发展,相反是希望通过强化反垄断和防止资本无序扩张的监管思路和方法,以科学稳妥的审慎监管,既防治平台企业走向竞争固化所带来的弊病,也能持续激励平台企业的创新发展,实现新发展格局下经济的高质量发展。

无论是传统还是前沿的领域,反垄断法从来都有宏观与微观两个进路,宏观进路体现的是政治和政策的分析判断,微观进路则侧重于经济和法律的技术方法运用。2020年,中央在11月30日中央政治局第二十五次集体学习、12月11日中央政治局会议、12月16日中央经济工作会议上连续三次提及反垄断问题,明确指出新发展格局下经济工作需要强化反垄断和防止资本无序扩张,且在2021年两会期间以及中央财经委员会第九次会议上,再次强调"促进公平竞争,反对垄断,防止资本无序扩张",这标志着我国将进入反垄断强监管时期。

我国反垄断法实施的十余年来,无论是在公共实施(反垄断执法机构的行政执法),还是私人实施(经营者和消费者提起的民事诉讼)方面都取得了明显成效,但同时也呈现出一些实体方面和程序方面的问题,有待进一步的完善。新发展格局下反垄断法规制的发展应当总结执法与司法实务当中取得的成绩与遇到的困难,对于通过执法水平的提高与执法技术的创新可以解决的问题,可通过结合积极的监管技术研发、深入的市场调研、广泛的学术研究来推进执法合理性与实效性的提升;对于需要从立法层面上来解决的问题,则需要通过反垄断法的及时修订与完善来给执法者、守法者以明确指引。

此外,鉴于平台企业的经营范围已扩张蔓延至衣食住行乃至金融等诸多涉及国计民生的领域,基于这种跨界经营、跨界竞争的特点,平台经济领域的反垄断监管更需注重跨部门协作与多元共治作用的发挥。近日,针对社会各界集中反映的网约车平台公司抽成比例高、分配机制不公开透明、随意调整计价规则,以及互联网货运平台垄断货运信息、恶意压低运价、随意上涨会员费等问题,交通运输部、中央网信办、国家发展改革委、工业和信息化部、公安部、人力资源社会保障部、市场监管总局、国家信访局等交通运输新业态协同监管部际联席会议 8 家成员单位对 10 多家交通运输新业态平台公司进行联合约谈,这既是对平台领域多元共治必要性的诠释,也是对跨部门协同监管可能性与可行性的彰显。

因应新发展格局下数字经济特别是平台经济的发展特征,反垄断法的规制方式也应从恪守经典走向自主创新,更新反垄断法规制理念,贯彻新发展理念,兼顾多方主体利益,统筹好竞争、效率、创新、安全等多元价值的动态平衡。革新反垄断法规制模式,施行"强监管、早监管、长监管"。创新反垄断规制方法,尽快构建由政府主导规制、社会多元主体合作规制以及平台企业自我规制等多元规制相融合的全面覆盖平台经济全周期运行的科学合理的反垄断规制系统和方法,以反垄断监管为抓手推动开放监管与合作监管在市场竞争监管领域的适用,以发展型监管促进经济高质量创新发展,科学有序实现新发展格局下反垄断法施行的目标与任务。

(原文首发于《人民论坛》2021 年第 23 期,收录时做了修订)

新发展格局下扩大消费需求的关键路径

党的十九届五中全会明确将"强化消费者权益保护"纳入"十四五"规划,体现了加强和完善消费者权益保护对经济社会发展的重要价值与现实意义。数字经济的飞速发展推动和引导人类消费理念、个性需求及具体行为等发生颠覆性改变。消费与生产环节不断融合,定制化、精细化、智能化、一体化的生产消费模块已经成型,消费的数字数据化与以数字数据为内容的消费已成为数字时代的典型特征,已然对现行消费者权益保护模式提出了新挑战。大数据"杀熟"、用户数据侵犯、平台"封禁"等新型侵害消费者权益的行为日渐增多,成为人民群众重点关切的热点与难点问题,亟待寻求破解当前消费者权益保护困境的良方,为刺激消费、扩大消费营造良好的环境。

数字经济背景下,消费者正在深度参与生产经营过程中,逐步摆脱弱势地位,日益成为市场发展的主导力量。必须矫正"消费者处于弱势地位的固化思维",在重新审视消费者市场角色的基础上,构建均衡保护消费者和经营者两者合法正当权益的平衡体系。应激发消费者及团体的自觉性和自主性,充分调动和激励消费者维护自身权益的积极性和主动性,发挥和释放消费者及团体对市场正当合法经营秩序的建设与监督作用。应明确行业组织和(或)协会功能,鼓励和支持行业组织和(或)协会根据行业发展特征,科学合法制定本行业质量标准、营商行为规范及纠纷调处指南等,具有自律自治性质的内部规范性文件之功能的实现,将有助于推动消费者权益保护难题的破解,软化经营者被动履行保护义务和承担相应责任的畏难情绪,同时也能够更好地维护经营者及团体的合法权益。引导和鼓励经营者做好自我合规审查,提高其自律自治的意识和能力,从源头上避免侵害消费者权益行为的发生,同时也鼓励和帮助经营者通过正当程序和合法手段维护自身权益,实现经营行为效益的最大化,丰富和完善经营者合规经营的内涵和形式。

数字时代消费结构和消费行为发生巨大变化,消费者权益保护的具体方式方法也需要加以改进与创新。一是科学合理优化事前监管。数字时代各类平台经营者特别是超级平台体的快速发展加剧了市场运行的不确定性,其行为对消费者权益的损益影响也难以准确预估,加强对平台经营者市场行为的预防性监管已成为全球主要数字经济大国市场监管部门的共识。现行以事中事后监管为主的监管模式,难以及时有效地回应消费者权益保护的现实需求。为此,建议将监管链条前移,采取科学审慎的事前监管,发现问题及时回应,针对网络消费中易发生的聚集性和扩散性风险加以事前预防,构建"事前+事中事后"全周期联动的市场监管和消费者权益保护模式。

二是建立立体化、多部门、综合性的消费者权益保护机制。市场运行是一项复杂的系统工程,特别是在数字经济下,市场主体不断增多,市场行为越发多样,市场模式更加复杂,各类要素叠加所引发的市场效果呈现显性与隐性的交织,即期与长期的共现,面对此特征,消费者权益保护事业的展开,就不能仅局限于《中华人民共和国消费者权益保护法》框架内,要重视《中华人民共和国反不正当竞争法》《中华人民共和国反垄断法》《中华人民共和国电子商务法》《中华人民共和国数据安全法》等多部法律法规的适用。从市场经济运行的基本面和主要秩序的建设与维护出发,引入多样化的治理规范和调整工具,兼顾多元利益。

三是加快引导与激励机制的建设。消费者权益的保护既需要"硬方法"和"强手段",也需要软环境和柔引导;既需要对责任人进行法律惩戒,也需要加强激励与规劝,建立"软硬"兼施、刚柔并济的消费者权益保护模式。譬如,可以建立消费信用机制,通过经营者和消费者市场信用和社会信用数据的合法采集与有序共享,借助于大数据分析和场景化算法,对经营者和消费者进行信用评级,设计和导入守信奖励和失信惩罚系统,引导和激励经营者和消费者自觉守法、合法行权。

四是加强对消费者数据权益的保护。在数字经济下,数据及与之相关的权益成为消费者权益的新内容与新形态,为此现有保护机制应及时扩容,增加与数据权益保护有关的规范,明确数据权益的主体、内容及相关行为等方面的规定,修正单一的静态化的私权保护模式,构建动态权属制度,在促进数据要素有序流动,充分挖掘和释放数据价值的同时,实现消费者数据权益的安全与发展。

(原文首发于《人民论坛》2021 年第 4 期,收录时做了修订)

网络虚拟财产的法律属性及保护进路

当前,互联网技术、设施及经济业态与我国经济社会生产生活已深度融合,产生了诸多形态的网络虚拟财产,即一种以特定形式存在于互联网上的具有特定价值的商品或服务。伴随网络虚拟财产的积累和交易,有关虚拟财产的各类纠纷不断发生,不仅不利于主体权益的维护,同时也对整个互联网产业的有序发展产生消极影响。

随着互联网市场和网络数字经济的纵深发展,国家对网络虚拟财产的保护也愈加重视。2020 年 7 月,最高人民法院、国家发展和改革委员会发布《关于为新时代加快完善社会主义市场经济体制提供司法服务和保障的意见》,提出加强对数字货币、网络虚拟财产、数据等新型权益的保护,充分发挥司法裁判对产权保护的价值引领作用。目前,我国现行法律并没有对网络虚拟财产作出明确系统的规定,也没有颁布针对网络虚拟财产的专门法律,导致有关网络虚拟财产的各项行为缺乏制度规范与约束,由网络虚拟财产权益纠纷引发的案件不断涌现,相关产业发展也受到影响。故此,应在明确其权属定位的基础上,改进和完善相关制度设计,以保障网络虚拟财产的健康运转和创新增值。

一、有关网络虚拟财产法律属性的论说

对网络虚拟财产的法律属性的界定是一个颇具挑战性的命题。目前,理论界和实务界针对网络虚拟财产的法律属性尚未达成一致,形成了多种论说,包括债权说、物权说、知识产权说、新型财产权说等。这些观点基于对网络虚拟财产不同维度特性的认识,形成了对其法律定位的不同解读。具体如下:

第一,债权说。基于用户与网络运营商之间协议所形成的债权债务关系的外在形式,主张网络虚拟财产权是一种债权,虚拟财产权法律关系是债权法律关系。网络虚拟财产属于电磁记录或数据代码,对网络运营商存在技术依赖性,依赖于网络运营商的运营而存在。网络用户付费取得虚拟财产的使用权,网络运营商接受

付费而有义务提供虚拟财产,供网络用户使用,网络虚拟财产本质上是网络用户与网络运营商之间合同关系的体现。虚拟财产名为"财产",实为"服务","网络虚拟财产"是用户享有的债权凭证。

第二,物权说。基于网络用户对虚拟财产的排他支配和虚拟财产本身的交换价值,将虚拟财产认定为"物",虚拟财产权是一种物权。一方面,光、电等无形物的出现使物的概念得到扩张和延伸,网络虚拟财产可类比于无形物,构成无形财产的一部分;另一方面,网络虚拟财产具有法律上的排他支配或管理的可能性以及独立的经济性,具有"物"的使用价值和交换价值,又具有客观性。基于此,物权说将网络虚拟财产视作一种特殊物,认为其应当适用现有法律对物权的有关规定。

第三,知识产权说。该主张突破物权与债权的两分法局限,认为网络虚拟财产权是智力成果。用户或网络运营商在网络虚拟财产创生的过程中,耗费了大量的时间和精力,付出了创造性的劳动,故此网络虚拟财产应被视为一种智力成果。基于对付出脑力劳动的主体的认识不同,该种观点又可分为两种,一种认为虚拟财产是属于网络用户的智力成果;另一种认为网络虚拟财产是网络运营商的智力成果,网络用户通过支付对价仅获得其使用权,而非所有权,这一观点与之前的基于债权所享有的服务的认识具有相似性,只不过其成立要件更为严格。

第四,新型财产权说。该说认为网络虚拟财产权具有物债融合的多重属性,同时也包含了传统财产所不具有的特性,应当被认定为一种新型财产。用户对网络虚拟财产具有一定的独占性和排他性,因而具有物的特征;网络虚拟财产又是网络运营商作为或不作为的内容,因此又具有债的属性;用户和(或)网络运营商在创生虚拟财产过程中付出了智力劳动,因此虚拟财产又具有智力成果属性;某些网络虚拟财产,如原始数据、比特币,本身既不能视作物,又不是债,更不是智力成果,就使得虚拟财产具有不同于传统财产的特性。将前述几方面综合在一起看,将网络虚拟财产视作新型财产更为合适,基于此,网络虚拟财产权应视作新型财产权。

以上四类主要观点体现了学界和业内对虚拟财产法律属性的不同认识,在本质上尚未突破现有民商事法律体系下物债二分的框架,都是从现有私法理论或制度的规定出发,从私主体权利义务构造的基本法理入手,与现有概念进行比较,得出虚拟财产符合或不符合某种权利客体特征的结论,进而形成对虚拟财产法律界定的解释。虽然都具有一定的合理性,但是客观上只抓住了网络虚拟财产的某些方面的特性,属于"盲人摸象",仍具有一定的局限性。

二、有关网络虚拟财产纠纷的司法实践

司法机关在对具体的网络虚拟财产纠纷案件的审理中,对网络虚拟财产的属性也存在不同认识。通过对近年来网络虚拟财产纠纷案件审理情况的分析,能够看出实务界对网络虚拟财产属性的不同认定,具体见表1-1。

表1-1　典型案例中网络虚拟财产属性认定情况

案　件	审理法院	年　份	所涉虚拟财产	属性判定
北京光宇在线科技有限责任公司、匡磊乐物权保护纠纷	湖南省长沙市中级人民法院	2020	游戏账号	物
刘伟、张家骐买卖合同纠纷	河南省周口市中级人民法院	2020	游戏账号	特殊财产
江西贪玩信息技术有限公司、王磊网络侵权责任纠纷	江西省上饶市中级人民法院	2019	游戏账号	未作认定
吴清健、上海耀志网络科技有限公司、浙江淘宝网络有限公司网络侵权责任纠纷	杭州互联网法院	2019	比特币	物
北京谋智火狐信息技术有限公司与酷溜网北京信息技术有限公司不正当竞争纠纷	北京知识产权法院	2019	浏览器、视频网站	经营性资产

资料来源:中国裁判文书网。

通过对近年来有关网络虚拟财产纠纷一些较为典型的案例的整理,可以看出司法机关在案件审理中,对网络虚拟财产属性的不确定态度。在有些案件中,网络虚拟财产被认定为物,有些则被认定为新型财产,而在有些案件中,法院则选择回避对虚拟财产属性的认定,直接以较为宽泛的"财产权益"对其作出认定。这体现出司法机关在对网络虚拟财产属性的认定上仍存在两难境地:一方面,网络虚拟财产的法律属性是对其进行准确有效保护的前提,只有先认定网络虚拟财产的法律属性,才能找准法律依据,为案件的科学公正审判奠定基础;另一方面,我国针对网络虚拟财产没有系统完整的法律规定,也无法提供明确的裁判指引,学界对此尚有争论,更无法提供有效的理论参考,这就使得法院在审理中缺乏科学合理的规则约束和权威有效的学理指引,只能根据各自对网络虚拟财产的不同理解进行说理来解决问题。这种两难境地所产生的结果便是法院作出的论述或是语焉不详,或是存在明显的局限性,或是干脆回避问题,这严重削弱了整个裁判过程及其判决的合理性、逻辑性、权威性。然而,总体而言,司法机关在对网络虚拟财产法律属性的认定上仍然以现有民法知识和规范为基础展开论说。

值得关注的是,浏览器、视频网站、数据等网络虚拟财产作为互联网企业经营的重要资产,在互联网市场竞争中也占有日益重要的地位。网络虚拟财产的客观发展已经不局限于个人的静态权利,而是逐步成为互联网市场动态竞争的重要客

体、行为对象以及实施工具,对数字经济乃至国民经济的整体发展都具有显著影响。然而,目前我国相关制度不清晰、不统一、不健全的现状导致相关纠纷得不到科学、有效、及时的妥善解决,对互联网产业的纵深发展产生了不可忽视的负面影响,亟待予以明确和规范。

制度规定的缺位导致法律适用的科学性和正当性的匮乏,使得有权机关只能进行类比式的推理,将网络虚拟财产与现行民商事法律法规中各类财产的概念进行对比从而得出结论,而这种推理所参照的依据又缺乏公认一致的权威制度或理论作为支撑,致使现阶段我国对网络虚拟财产的定性和保护一直处在个案权宜处置的不稳定、不确信状态之下,已难以满足我国积极参与全球互联网数字经济激烈竞争和国内互联网经济高质量发展的现实需求,必须下决心尽快补强制度软肋,填补法律法规缺漏,避免同案不同判的法治尴尬,提升法治现代化的能力和水平。

三、网络虚拟财产法律属性的再认定及保护机制

网络虚拟财产保护的科学化、体系化及制度化,需要明确网络虚拟财产的法律定位。在现行民商事法律体系框架下,对网络虚拟财产法律属性的认识,无论是债权说、物权说,还是知识产权说、新型财产权说,本质上无非是将现行私法权利或客体的概念套用到网络虚拟财产上,认定网络虚拟财产是单个或多种权利的集合,均存在一定的局限性。因此,在对网络虚拟财产法律性质的认定上,建议突破私法理论与规范的限制,从网络虚拟财产的本质属性出发来认识其法律属性及定位。

网络虚拟财产存在于虚拟网络中,以代码形式存在,是传统财产的数字化表现形式,实际上是一组数据的集合,本质上属于数据。就数据本身的特性而言,数据不仅是财产权的私益客体,同时也是社会发展的生产要素和基础性资产,更是国家治理体系和治理能力现代化建设的重要基石。譬如,在此次新冠肺炎疫情中,企业所收集的公民个人健康数据,不仅是公民的个人信息,同时也是企业的数据资产,更是政府治理的重要依据。它不仅具有私益属性,同时也具有公共属性。网络虚拟财产,不管是账号,还是虚拟货币,甚或是数据本身,本质上都是数据的一种形态表现,当然具有数据所具有的特性。传统民法体系框架之所以无法圆满解决网络虚拟财产的定位问题,根本原因在于局限于私法视角,对网络虚拟财产的认识较为狭隘,仅限于以"财产"的角度来认识其性质,没有看到其数据本质,以及其公私兼备的多元属性,提出的制度或者理论观点多从私法角度出发,强调"点对点"的个

体权益保障,忽视网络虚拟财产的市场和产业发展现实以及公共治理手段属性,缺乏宏观视野,故此存在无法解决的结构问题和逻辑缺陷。

基于网络虚拟财产的数据本质,对其的制度规范也应围绕数据保护这一核心要义,不仅应从"财产"这一私益角度出发加以设计,同时更应从互联网产业和市场整体发展的角度,将网络虚拟财产视作可流通、可交易的"数据要素"加以保障。具体而言,可从以下方面展开:

首先,从公私两种场景出发构建完整权属架构。在互联网工作及经济业态已全面渗入我国经济社会生活方方面面的今天,不仅个人、企业、其他组织等私主体拥有网络虚拟财产,国家、政府等公权力主体基于公共治理之需要,也拥有海量的网络虚拟财产。网络虚拟财产不但涉及个人、企业等主体的私权益,也涉及国家利益和社会公共利益。同时,在数字全球化浪潮日益高涨的时下,网络虚拟财产日渐越出国家或区域界限,进入跨国、跨地区的流动,特别是 2020 年以来外国政府针对中国的第三方支付平台 Z、某知名社交平台 W 等涉及网络虚拟财产的应用进行存在争议的管制行为,体现了加强对本国网络虚拟财产跨境发展保护的重要意义。基于网络虚拟财产涉及多方主体和多元利益的本质属性,亟待在构建完整权属体系的基础上,强化对网络虚拟财产的国内外保护。在网络虚拟财产私权规则的设计上,应以其数据特性为基础,明确网络虚拟财产的私权内容和范畴,着重考虑多主体之间利益的动态平衡。网络虚拟财产存在于虚拟空间之中,缺乏具体的实体形态,只能运用特定技术进行操作;既需要用户的特定行为进行操控,又依赖于网络运营商的运营。故此,其私权内容也应基于网络虚拟空间和数字数据特性加以确定,包括但并不限于以下内容:对具体运作行为及规则的知情同意权、对网络虚拟财产内容的修改权、移转网络虚拟财产的自决权等具有人身财产属性的权利束;从网络虚拟财产中获取收益的财产性权利束等,同时应兼顾多个主体对网络虚拟财产所享有的动态兼容性权益内容,明确其边界。在网络虚拟财产公共规则的设置上,既要考虑国内治理的现实要求,又要关注国际关系中网络虚拟财产跨国(境)流动保护的需要。应合理界定国家(政府)所拥有的网络虚拟财产的范围和类型,建立国家(政府)对公共虚拟财产的取得、管理、移转、注销的体制机制,促进政府数据的有序开放与安全共享。同时,树立国家对本国网络虚拟财产的主权,确立网络虚拟财产跨境流动中的合理管辖、技术标准、纠纷解决、责任归属、国际衔接等方面的规则体系,推动我国互联网产业走向世界。

其次,从内外部加强对网络虚拟财产的全方位监管。互联网经济法治体系的构建,需要多元主体的共建共治。对互联网产业的监管,不仅需要政府各部门的外部介入,更需要行业内部的自我管理,以及广大用户的积极参与,从内外两个层面,鼓励国家(政府)、企业、用户三元主体的共同合作,才能实现互联网行业与市场的有序发展。具体到网络虚拟财产的保护而言,推动传统产业和要素的数字化是我国"互联网+"战略的重要组成部分。目前,围绕网络虚拟财产已形成一个巨大的产业链和市场交易机制,公共规则体系正在有序形成,同时仍需要激励互联网行业自身的自律自治,在加强外部性规范的同时,推动内生性规则的自生自长。在明确职权范围的基础上,加强国家网络监管部门、市场监管机构等部门的合作,建立多部门联动的监管体制,补齐"事前"监管"短板",建立"早监管、强监管、长监管"的监管体制,涵盖网络虚拟财产从创生到消灭的全周期、全流程、全空域及全场景。同时,倡导互联网行业协会、企业及用户在平等协商会商、多元利益平衡、尊重用户自决及维护市场竞争的基础上制定自律自治规则,实现行业的有效自律和自治,从源头上减少纠纷和违法行为的发生,减轻政府监管负担。

最后,建立健全网络虚拟财产的市场交易机制。近年来,对网络虚拟财产的需求不断增加,诸如比特币、游戏装备、热门博主账号等,使得具有一定经济价值的网络虚拟财产的交易不断出现,由此形成了网络虚拟财产的交易市场。基于此,应健全和完善全国网络虚拟财产交易平台,推动全国统一的网络虚拟财产交易市场的形成。统一市场的构建主要具有以下几方面意义:一是推动网络虚拟财产规范和治理的标准化,消除网络虚拟财产的流通障碍,促进其在更大范围流动;二是有助于推动监管的科学化、规范化、集中化,降低监管成本;三是提供了更为安全和高效的交易平台,主体交易更加便捷,有利于降低交易成本,保障财产安全,提高交易效率。在具体机制的构建上,建议覆盖交易全周期、全流程、全场景,建立囊括要约发出、交易确认、记录留底、线上支付和安全保密等交易全环节的规则机制,明确平台与交易参与者各自的权利、义务及责任,引入区块链技术和平台,特别对智能合约和人工智能算法的善用和商用应予以支持和激励。针对有日渐高发之势的网络虚拟财产纠纷,应尽快建立多层次、多类型的纠纷解决方式,鼓励和支持线上线下相结合的调解、仲裁、和解等多通道的非诉替代性纠纷解决机制的适用,加强平台与行业协会、第三方机构的合作,在高效便捷化解纠纷的同时,减轻司法和执法压力,倡导守法共享,节约社会资源。

(原文首发于《人民论坛》2020 年第 27 期,收录时做了修订)

长三角高质量一体化竞争执法需升级

2020 年 8 月 20 日,习近平主席在合肥主持召开扎实推进长三角一体化发展座谈会中指出,要深刻认识长三角区域在国家经济社会发展中的地位和作用,结合长三角一体化发展面临的新形势新要求,坚持目标导向、问题导向相统一,紧扣一体化和高质量两个关键词抓好重点工作。在总结长三角一体化发展战略实施一年多来的具体成绩和工作方式时,习近平主席指出长三角一体化发展新局面正在形成。

长三角一体化自初创以来,一直处于改革开放的前沿,在推动科技发展创新、联通国内国际市场、促进区域经济增长等方面发挥了重要作用。在当前全球经济萎缩、市场疲软的大背景下,立足"全国一盘棋",推动长三角地区高质量一体化发展既是当前稳定国内经济大循环的当务之急,也符合稳定经济发展的长远预期。作为促进市场公平竞争、经济高质量发展的保障,长三角区域竞争执法体系和方法亦亟须升级,以及时有效回应阻碍长三角一体化高质量发展的竞争违法问题,破解执法困境。

一、竞争执法面临的主要挑战

从经济发展模式看,长三角竞争执法面临的第一个挑战,是行政区经济与都市圈经济的交错带来的纵向竞争执法与横向要素流动的冲突。行政区经济以国内区域经济的分割为特征,经济发展深受行政区政府影响;而都市圈经济趋向域内一体,强调经济主体地位平等、市场无边、利益共享,与行政区经济存在本质区别。

长三角一体化战略下的地区经济既受到行政区划的限制,又追求区域内部市场零壁垒的效果,从而形成了区域内部两种经济模式交错的局面。然而,当前我国现行的竞争执法体系是依赖于行政区经济存在的,地方竞争执法机构和人员受制于地方政府财政和绩效考核,通常以保护本地区经济发展和利益为优先目标,会不可避免地倾向于巩固原有的市场分割方式,这种纵向的保护执法模式在一定程度上阻碍了一体化市场要素的横向跨区域流动。

从竞争执法模式看,长三角竞争执法面临的第二个挑战,是地区执法分立向区域一体转变过程中带来的地区间沟通协调与上下级行政命令之间的冲突。从现行竞争执法架构上看,2018年国务院机构改革方案确认了国家市场监督管理总局的统一竞争执法权。统一的竞争执法模式从纵向配置上看,属于典型的"条条"管理模式,虽然能够大幅提高竞争执法的效率,但也容易形成"割裂式"执法、"运动式"执法,增加地方竞争执法的成本,甚至错过最佳的竞争执法时机。从横向配置上看,地方竞争执法机构隶属于本级政府,地方与地方之间的竞争执法体系既未形成有效的横向制度架构,各机构之间也未形成系统有效的合作机制。地区分立执法模式容易造成跨区执法信息沟通不畅、执法效率低下以及执法成本浪费等问题,极易与一体化要求的区域内竞争执法畅通、信息共享等产生背离甚或冲突。

二、竞争执法提升的基本路径

提升竞争执法的前提不仅在于理顺执法所依存的经济发展模式与一体化高质量发展需求之间的关系,强化和突出公平竞争审查在破除地方保护、区域封锁、行业壁垒中的作用,科学合理构建长三角一体化竞争执法体制机制,还要注重因地制宜培育竞争文化,营造公平竞争的营商环境和人文环境。

1. 推进公平竞争审查制度落实与完善

公平竞争审查,从制度设置的原理上讲,旨在解决政府干预过多、干预不合理而损害竞争的问题,保障各类市场主体平等地使用生产要素、公平参与市场竞争。作为促进市场公平竞争的有力支撑之一,公平竞争审查制度在推动长三角一体化发展过程中的作用亦不容忽视。为此,要不断强化和完善长三角区域公平竞争审查,打破地方区域樊篱。

首先,建立分批次审查惩处机制。譬如,可以公平竞争审查制度出台的时间为节点,建立奖励与惩处并行积分制,对于该节点之前出台的文件(存量)的审查秉持尽职尽责且全面的标准,以审查清理文件数占总审查文件的比率为积分标准(积分以年计),计为奖励积分;对于该节点之后出台的文件(增量)的审查则坚持"宽进严出",计入惩戒积分;奖励积分与惩戒积分可以相互抵消。如此一来,既能打消政策制定机构自我审查的疑虑,提高其进行公平竞争审查动力;还能最大限度清理妨碍统一市场和公平竞争的政策措施。

其次,建立健全第三方评估机制。第三方评估作为独立于政策制定机构的力量介入公平竞争审查评估,可以借鉴国家精准扶贫工作第三方评估模式,由国家市场监督管理总局作为第三方评估的第一委任方,与具有相关专业背景的评估团队进行合作,在对相关政策进行解读和评估调查业务培训的基础上,对公平竞争审查进行定期定向评估。

最后,建立公平竞争审查公众反馈平台,借助社会的力量实现对政府公平竞争审查的监督,并由专门机构进行统一转报处理。然后以公平竞争审查制度的整体完善为背景,推进长三角地区公平竞争审查的试行与落实。

2. 构建区域竞争执法一体化体制机制

借鉴粤港澳市场一体化目标的实现,主要通过体制机制对接来推动,以"规则引路、立法先行"为指导方针,配合市场需求授予地方立法权,时机成熟后再从国家层面修改相关法律和政策,最终实现规则与市场的对接,构建长三角区域竞争执法一体化体制机制。

首先,可借助互联网大数据、云计算、区块链等技术打造长三角竞争执法体系的云平台,力争做到竞争执法全周期、全流程、全空域的公开高效,实现执法信息的安全共享,提高竞争执法透明度,以透明带动自我监督。

其次,建立竞争执法队伍定期培训考核制,如通过定期举办案件研讨会,对重大疑难或新式案件进行研讨梳理以及聘请专门的人员授课等形式不断强化执法人员的专业能力和执法素质;搭建地区竞争执法机构横向长效合作机制,以科学合理的制度构建、以案释法、执法联动最大限度地提升长三角区域竞争执法的效能。

最后,建立执法案件监督及时反馈机制,及时总结经验,发现问题,选聘法学、经济学、行政管理等领域的专家,形成固定的执法外援团队,弥补执法专注于实践、缺乏理论深究的"短板"等,通过平台共建、信息互通、资源共享、业务协同一体化执法体制机制,强化区域内部各地区之间的相互监督,削弱地区体制分立向区域协同发展模式转轨过程中对经济发展产生的不利影响。

3. 因地制宜培育长三角区域竞争文化

构建良好的竞争文化环境,通过竞争文化促进竞争执法,有利于自觉破除无形的市场樊篱,加速实现区域市场的融合,有助于促进长三角高质量一体化发展。鉴于各地区文化传统具有一定的差异性,因此须因地制宜,在充分考量长三角文化特征和地方习惯的基础上,培育和传播适宜长三角高质量一体化发展的竞争文化。

针对政府主体,在我国,政府是竞争文化培育的主导者和指导者,也是维护市场竞争秩序的主要责任者。竞争文化的培育离不开政府从文本到实践的落实以及宣传。

首先,在文本制定上,积极推进长三角竞争文化在文本层面的贯彻落实,如制定增强市场主体的竞争合规意识的一般指导性文件,以理念带动发展,一体化的目的在于促进信息共享与资源的有效流动与整合,实现"1+1>2"的目的,三省一市的市场监督管理部门可以彼此为学习范本,不仅在反垄断执法方面,还可以在反不正当竞争等其他竞争执法方面制定一般性指导文件,培育竞争文化,优化营商环境。

其次,在竞争执法上,严格执法,以执法促普法。以上海市推行垃圾分类管理为参照样本,2019 年 7 月 1 日《上海市生活垃圾管理条例》正式施行,作为全国首个全面强制开展垃圾分类的城市,但经过一个半月的实践,上海市城管执法部门共教育劝阻相对人 15591 起,责令当场或限期整改 10539 起,依法查处各类生活垃圾分类案件 1279 起。截至 2019 年 10 月底,上海市 1.3 万多个居住区,分类达标率由 2018 年年底的 15% 提高到 80%,上海 90% 以上的市民都能够做到分类投放。可以预见,通过竞争执法同样能提高对竞争文化的培育和传播。

最后,在普法宣传上,组织相关执法部门定期就竞争法律法规开展专门的普法讲座或宣传;或者在具有一定社会影响的竞争案例结案后,就案例相关的执法依据、执法过程、执法效果等予以解读宣讲;亦可成立专门的宣讲团,整理组织相关竞争法案例、竞争法律法规、政策文件,并通过市民易于理解和接受的形式展开巡回宣讲。当竞争合规的意识深入人心时,反竞争行为自然也会减少,这不失为另一种竞争执法的效果。长三角区域本身就存在竞争文化的差异,各地执法标准不统一,因此促进竞争合规的宣传和教育,对于形成和宣扬长三角区域内竞争文化,优化区域内营商环境而言意义重大。

针对市场主体,市场竞争的有序进行,虽离不开政府行为的引导和规范,但同样需要市场主体的自发维持。因此,有必要在区域一体化执法和普法过程中对市场经营主体进行重点关照,支持和激励其遵从竞争文化,在自身的日常经营活动中积极遵守国家竞争法规范,形成良性竞争。譬如 2020 年 7 月 5 日,浙江省市场监督管理局发布公告,将对浙江省 500 家重点企业开展反垄断辅导,针对潜在的"垄断群体",以"点对点"精准反垄断辅导以及培育反垄断合规标杆企业等形式,帮助企业防范化解反垄断法律风险。

作为市场主体的重要组成部分,消费者对于自身权益的维护以及对于反竞争行为的监督,也是培育竞争文化必不可少的一部分。实践中,消费者在受到权益损害时,囿于维权意识薄弱、维权技能匮乏、维权成本较高以及维权程序复杂等,通常会选择放弃维权或者屈就维护,这在很大程度上也不利于竞争文化的生成与培育。因此,需要多主体多维度合作联动,共同培育市场竞争文化,做好竞争文化与竞争执法的良性互动,即通过软文化支撑硬执法,加强硬执法来培育软文化。

（原文首发于《第一财经日报》2020 年 8 月 24 日第 A12 版,收录时做了修订）

第 二 篇

数据与算法治理的法治挑战与应对

激发数据要素的生命力与创造力

随着信息通信技术和数字数据技术的深度融合与快速发展,数据蕴含的巨大经济价值和社会价值越发凸显,成为经济社会高质量发展的重要动力,也引发了社会生产生活方式和经济运行模式的深刻变革。在《中共中央 国务院关于构建更加完善的要素市场化配置体制机制的意见》中,将数据明确为一种全新的生产要素并要求加快培育数据要素市场。在明确将数据定位为生产要素,鼓励其参与市场流通和分配的过程中,亟待解决的是数据要素的权益属性、具体内容及存在形态。

然而,现实情况是基于数据的多归属性、复用性、瞬时性等特征,使得单一数据或(和)大数据的权益主体、采集或生产及使用行为以及价值形态与增益方式等关乎市场要素权益属性及实现方式的要素与环节,与土地、资本、劳动力、知识产权等工业时代的市场要素有着明显的不同,这就使得建立于工业时代特征之上的市场要素权益保护规则和实施机制面临巨大挑战。数据要素保护与共享的困境亟待突破。

一、明确数据要素具有多元权益融合的特征与属性

当前,数据资源和数据信息技术的应用已不仅局限于私人领域,也越来越多地渗透和扩展至社会公共管理甚至承担公共职能的领域中,出现了诸如气象数据、交通数据、医疗数据等具备公共属性的数据类型及相应的应用场景。其中,也不乏涉及私主体的相关数据信息的采集、归集及应用,例如,交通数据、医疗数据中涉及的海量的个人交通数据、医疗数据的采集、归集、存储、分析、流通、使用等,就会导致数据私权属性与公权属性的交织,有时还可能出现冲突。又如,疫情期间"健康码"网络系统背后的数字技术运用和数据资源的收集、使用及服务,既涉及各级政府,如健康码的运行,也关涉互联网平台企业与电信运营商,如提供技术支持与用户位置、行程和轨迹的接入,更关乎广大人民群众的个人行动轨迹,及与之相关的个人一般信

息甚或敏感信息的记录。

又如，医疗数据的流通、开放和利用既关涉医疗机构间竞争性资源的有效配置，也关涉患者个体权益以及公共卫生和社会治理的社会公共属性的实现。可以看到，不论是"健康码"网络系统海量数据，还是医疗数据，都兼具了数据之上所承载的诸多私权属性和公权属性，出现了数据的私益属性和公共属性高度融合的趋态，数据具有多元权益属性融合的特征。概言之，不同类型数据承载着不同主体的权益主张，同一类数据也可能承载不同主体的权益诉求，因而，不同属性和类型的数据在法律特征、权益内容、共享方式及保护路径等方面也有所区别。

进言之，如何区分多维场景下单一或（和）海量数据的不同属性与类型，是科学合理、安全高效开发和利用数据要素的前提，也是精准规划、有效推动数字经济高质量发展立法工作的基础，更是活化增进数据要素市场活力与效率的关键。正所谓"界定清、配置准、流转畅、保护好"已成为数据要素市场依法建设、依法发展的核心要旨与行动指南。

二、数据要素保护的现有路径与困境

当前，数据特别是大数据和厚数据已成为企业、政府的重要资产，也是国家的重要战略资源。科学筹划和系统规范数据要素权益及相应保护体系具有相当的必要性与紧迫性。对于收集、处理海量数据的企业和政府，其对合法收集和处理的数据享有何种权益，我国当前并没有出台明确的法律规定，现行法律规范更多是重在强调数据权益或权利保护。《中华人民共和国民法典》重点明确了个人信息的人格权益及保护内容，但鉴于理论界和实务界对"数据"的权利属性和权利内容仍存在较大争议，其仅在第一百二十七条规定"法律对数据、网络虚拟财产的保护有规定的，依照其规定"做了原则性设计，这为今后探讨数据权益及其保护提供了空间。

2021 年 6 月 10 日，全国人大常委会通过《中华人民共和国数据安全法》，明确了在中华人民共和国境外开展数据处理活动，损害中华人民共和国国家安全、公共利益或者公民、组织合法权益的，依法追究法律责任；厘清了数据、数据处理、数据安全等概念的基本定义；构建了数据分类分级保护制度，重要数据保护目录，数据安全风险评估报告信息共享监测预警制度，数据安全应急处置制度，数据安全审查及出口管制制度等基本制度；明确了数据处理活动参与者的安全保护义务：包括合法合规经营,增进社会福祉,遵守社会公德,进行风险监测评估,保留交易记录,依法取得资质,配合侦查犯罪,保护境内数据等义务。

然而,现实的问题是尚缺乏对日益增多且不间断更新的海量多样化数据予以科学高效分类分级的标准,导致在实践中未能明确不同类型数据要素权益属性、具体内容以及有效保护等,大多数情况下依然是个案处理,所依循的基本思路和主要方法仍旧是现行的民商事法律思维和路径。譬如,强调对数据现有主体,主要指持有者、控制者及开发者等权益的保护,数据分类分级的标准主要是依据数据主体的性质来确定,包括私人数据、企业数据、政府数据、国家数据等,所采取的确权和保护方式亦是依据数据主体的性质,数据类型过于简单,数据权属通常表现为一次确权始终有效,权属状态呈现静态化排他性。这些基于工业时代私权逻辑演绎的做法,在很大程度上导致了数据要素在参与市场分配与流通的过程中,其价值很难得到充分释放,相关权属认定与竞争实践之间矛盾频发,数据权益保护与侵权纠纷不断出现。

所幸的是,我国司法实践在一定程度上正在明晰数据的财产权益属性,正努力补足因立法滞后所导致的空白与乏力。在"本地生活信息及交易平台 D 诉本地生活搜索服务提供商 A 网站案"中,法院认为,H 公司通过商业运作吸引用户在 D 网上注册、点击、评论,并有效地收集和整理信息,进而获得更大的商业利润,该合法权益应受法律保护,并通过援引《中华人民共和国反不正当竞争法》一般条款对经营者因付出劳动和资本投入对数据进行分析加工而享有的数据财产权益予以肯定。

当然,司法实践中对数据权益的定性与分类,并非没有问题,强保护的司法模式,虽然有助于保障既有权益人的合法利益,鼓励数据早期的收集与开发行为,但是容易形成较为固化甚至僵化的数据静态保护观念,制约更有价值的数据中后期分享与创新行为,这与鼓励数据作为一种全新的市场要素参与分配与流通的宗旨并不相符,强保护是为了更好地激励数据要素的开放与开发。

考察当前关于数据权益保护的不同理论,大多主张采取私权逻辑下对数据赋权的方式实现数据保护。然而,私权体系下的数据保护模式也有其明显不足。首先,数据的瞬时性、复用性及多归属性等基本特点使得数据权益内容和保护方式区别于传统经济的生产要素,数据本身的权利归属具有不确定性,将其纳入传统民法理论调整范畴无法合理、准确、全面地界定数据权利属性。

其次,通过对数据静态化排他性赋权这种强保护方式来保护动态场景下的不同数据权益形态,难以满足数字经济纵深发展中数据高效流通与共享的现实需求,甚至将增加数据流转及增值的成本。

简言之,现有对数据要素的保护路径可大致分为两类,选择"适用现行规范"或"创设数据新型权利",前者主要包含物权法保护、知识产权保护(包括著作权保护和商业秘密保护)、合同法保护、竞争法保护等;后者主张对数据创设新型财产权予以保护,譬如对个人用户,应同时配置人格权益和财产权益,对数据经营者(企业用户)可配置数据经营权和数据资产权。

三、数据要素保护的改进原则与方案

数据要素的生命力和创造力在于流动与分享。数字经济的发展要求数据要素科学有序、安全高效的开放与流通,唯有如此,数据要素的复用性和生态性才能得以实现和再造,才能最大化地挖掘和释放数据要素的经济价值与社会价值。故此,数据要素保护不是数字经济高质量发展的最终目的,对数据价值的挖掘与创新更为重要。对数据规制或控制的目的在于对数据滥用或竞争失序的纠偏,而非阻止数据的开放与分享。

当前,民商事法律思维和方法在数据要素的开发与保护上发挥了积极作用,特别是《中华人民共和国民法典》的实施,在我国当前理论与实务的最大公约数的基础上,采取审慎立法的态度,承认了对数据要素的原则性保护,同时也预留了未来发展过程中增修立法的空间,避免仓促立法将数据要素的保护走向单一化和绝对化。如前述《中华人民共和国民法典》第一百二十七条通过原则性规定,做好与现有数据相关立法的衔接工作,既可以避免体系过于庞杂的弊端,又有利于防止法律规定的矛盾和冲突,实现法律体系的完整统一,进而减少个人数据开发的制度障碍,为个人数据开发敞开大门。特别是《中华人民共和国民法典》第一千零三十五条规定了个人信息处理的原则和条件。这表明只要符合法定条件,遵循原则,信息处理者就有权充分利用公民个人信息,这就为信息处理者的信息开发行为提供了法律依据,客观上有利于数字经济下各类企业合法合规地收集和使用用户数据信息,推动数据要素科学、高效、安全、合法流动。

为了进一步明确"处理信息的目的、方式和范围"的适用前提,亟待明晰数据(信息)的分类分级标准,这已成为近期国家和地方层面制定相关数据立法规范性文件的重要内容。对数据要素进行科学合理的分类分级,已成为当前数据要素市场有序建设和健康运行的基础,唯有如此才能使精细化和差异化的数据权益保护措施真正发挥作用,最大化地挖掘和实现数据价值。鉴于此,有必要结合数据运行全周期、全空域、全流程及全价值下的具体场景对其进行科学化和精准化的分类分级,并在此基础上确立数据要素权益在不同场景下的具体内容、存在形态以及保护方法。

第一,依照数据场景确定数据的性质和类型进行分类。如图 2-1 所示,通过以"数据功能和应用场景"为基准形成的分类方式作为横向度,区分数据来源而形成的分类方式作为纵向度,将横纵向度加以整合能更加全面准确地反映数据在不同场景下、不同产业链中的动态流通情况,多维立体地反映出不同场景下不同数据可能涉及的数据权益的差异,以及同一数据在不同场景下的权益内容及其对应的保护方式的变化。

从横向度"数据功能"看,可分为商业数据、工业数据、社会数据、自然数据,前三类数据主要产生和服务于人类生产生活各类场景,数据主体包括个人、企业、政府、其他社会团体等;自然数据来自对自然地理环境的特征和流变、自然资源的分布等自然环境的自然或分析结果。

从纵向度"数据来源"来看,可分为原始数据、衍生数据、创生数据,其中衍生数据是对原始数据进行加工、处理并具有财产价值和增值价值的一类数据,创生数据则是在数据服务行为或(和)应用行为中对衍生数据的二次或多次利用或深度加工处理形成的各类数据。

第二,确定不同属性和类型数据所涵盖的数据权益,在具体场景中依照不同主体的合理预期来确定数据使用的边界,制定数据权益的动态保护方案。一是对数据在不同场景下承载不同主体的权益主张的事实,应尊重具体场景中私人权益、经济整体发展权益、社会公共权益等多元权益的合理平衡。不同数据在不同场景下、甚或同一数据在数据全周期各阶段所承载的数据权益具有差异性,对承载多种权益诉求的数据权属配置,不是简单地将其数据权益归属于某一方,而是寻求该数据之上包括个人用户权益、企业用户利益及社会公共利益在内的多元利益和价值实现的法律安排。

譬如对原始数据,需将用户隐私保护作为该阶段的重点,对于衍生数据,则在强调保护企业竞争性财产权益,鼓励数据流通利用的同时,保留用户对仍具有个人

按数据来源 \\ 按数据功能	商业数据	工业数据	社会数据	自然数据
原始数据	个人用户权益 企业用户权益	个人用户权益 企业用户权益	个人用户权益、企业用户权益、社会公共权益	社会公共权益
衍生数据	个人用户权益 企业用户权益	个人用户权益 企业用户权益	个人用户权益、企业用户权益、社会公共权益	企业用户权益 社会公共权益
创生数据	企业用户权益	企业用户权益	企业用户权益、社会公共权益	企业用户权益 社会公共权益

图 2-1 多维场景下数据类型和权益的基本构图

资料来源:笔者结合案例、文献总结而成。

信息可识别性的数据享有自决的权益。需要说明的是,当数据之上的私益和公益存在交集甚或冲突之时,通常应以公共利益或公共政策为优先实现数据的开放与分享。只有确保公共利益最优的实现,数据的财产性利益与经济效率,以及用户数据的诸多权益才能得到切实有效的保障。

二是承认和满足不同主体在不同场景下对数据权益保护的差异性需求。从企业用户所掌握的商业数据或工业数据来说,其在数据的合法采集、分析和利用中付出了劳力、物力、财力等,强化竞争性财产权益保护,能鼓励其创新,最大限度地挖掘数据价值。从国家及各级政府和各类公共事业部门所掌握的政务数据或社会公共数据来说,应在对国家秘密、商业秘密和个人隐私予以脱敏化或匿名化后,鼓励和强化对其拥有的公共数据进行合法有序的跨部门、跨区域开放和分享。从兼具社会(准)公共属性的商业数据来说,应兼容商业数据和社会公共数据各自对数据流通分享的不同需求,在保护好商业数据控制主体的竞争性财产权益的同时,鼓励由合法主体经合法程序对该类数据实施安全有序的流通分享。

当然,确立场景化的数据权益动态平衡保护机制,除重点关注以上问题外,还需考虑数据是否公开、数据的重要程度和敏感程度,不同属性和类型的数据在何种场景下可以实现转化,个人、企业或其他团体在具体场景中对数据收集和使用方式的合理预期等因素,对这类因素的合理性分析将有助于更加全面准确地分析多维场景下不同类型数据的权益内容及保护方式。

(原文首发于《人民论坛》2021 年第 Z1 期,收录时做了修订)

保护与共享并重　促进数据价值释放

5G 和人工智能是数字经济的双擎驱动,但其底层逻辑仍是数据。在以大数据、人工智能等技术为代表的第四次工业革命中,进一步推动当下和未来数字经济发展,数据是关键。

一、我国在数据共享及安全等方面有待完善

数据区别于以往生产要素的突出特点是数据对其他要素资源具有乘数作用,可以放大劳动力、资本等生产要素在社会各行业价值链流转中产生的价值。数据资产化进程将不断释放底层数据的价值,促进现代信息技术的市场化应用,推动整个数字产业的形成和发展,加速数字经济新业态、新模式和新优势的诞生。

有学者将数据参与分配与技术参与分配进行类比,将其阐释为:在新经济和数字经济的现实背景下,作为生产要素的数据,尤其是商业性数据参与分配,基本和技术参与分配的方式类似。这是因为,在数据汇集、开发和提供过程中将产生大量的投入,如技术和设计专利的产生过程。就像专利制度的实施,保护和激励了技术创新一样,如今,随着新一代信息技术及相关产业的发展,既作为其结果,也是其投入的数据,有从技术中独立出来的可能和需要,成为一个单独的要素。类似《中华人民共和国专利法》的有关数据的法规或条例,也正呼之欲出。它们是数据参与分配的依据和体现,同时将激励数据生产和研发,极大地推动数据产业和数字经济在中国的发展。

然而,目前我国数据要素市场化配置尚处于起步阶段,规模小、成长慢、制约多,在开放共享、自由流动和数据安全等方面仍面临阻碍。同时,在数据共享与数据保护之间既存在紧张关系,又存在相辅相成的关系。过度强调数据开放、数据流动,难免造成数据安全、隐私泄露的危险系数上升,过分强调数据安全与隐私保护,又会对数据开放与自由流动构成妨碍。然而,数据开放、数据自由流动的可持续发展,又是以良好的数据安全保护为前提的,那么,如何在保障数据安全的同时,促进

数据开放共享,这就对法律和技术层面提出了严峻的挑战。

二、经由法治打通数据保护到共享的堵点

健全现代产权制度的四根支柱所要求的数据权属必须"界定清、配置准、流转畅、保护好",在这一过程中其核心问题就是处理好数据保护与数据流动共享的动态平衡。可以说,没有高质量的数据供给、数据流动及数据共享,数字经济的进一步发展将无以为继。从数据保护到数据流通共享已经或正在成为制约我国数字经济深度高质量发展的关键节点。

党的十九届四中全会通过的《中共中央关于坚持和完善中国特色社会主义制度、推进国家治理体系和治理能力现代化若干重大问题的决定》多次提及"数据",明确提出"建立健全运用互联网、大数据、人工智能等技术手段进行行政管理的制度规则",鼓励将数据作为重要资源要素纳入市场交易与竞争过程,推动数字经济高质量发展,提到"推进数字政府建设,加强数据有序共享,依法保护个人信息",即如何平衡数据保护与数据流通共享,更好发挥和挖掘数据价值的问题。

数据保护不是最终目的,数据的过度保护,甚至以数据保护之名行数据封锁垄断之实,更是不行。只有通过高水平的数据保护推动高效能的数据流通共享,实现数据的复用和价值的再挖掘、数据技术的再创新,才能实现以更高的数据利用促进数字经济更快、更好、更安全地发展。基于此,寄希望发挥法治在实现数字经济下从数据保护到数据共享融合发展中的积极作用,已成为社会各界的共同期待。

在从数据保护到数据共享融合发展的过程中,首先需要厘清数据保护与数据共享的动态平衡关系,在此基础上应明确政府、平台及第三方对数据共享规则体系建设的重要价值与关键作用。通过对数据共享治理理念、规则及模式的探讨,最终实现以高水平的数据保护推动高质量的数据共享,以高质量的数据共享激励高水平的数据保护与数据共享的同步融合发展。

数据共享的核心在于让数据高效安全地流通起来,通过流通使得数据价值得到充分挖掘,以提升数据使用效率,创新数据使用形式。数据保护的核心在于充分保障用户数据隐私或商业秘密,维护生活安定和事业安全。具体到数字经济场景下,数据保护使市场交易稳定和安全,数据共享使市场充满竞争和活力,两者均是市场得以持续发展的基石。在现实中隐私保护和开放竞争并非全然对立的关系,隐私也并非数据共享的对立面,而是对数据共享的控制和边界的设置。数据共享

是数据保护的价值升华,高质量的数据共享其前提一定是稳定和安全的,使得受保护的数据高效稳定流转至各主体,数据价值得以高效释放。

三、建立健全数据保护与共享的动态平衡

在我国,数据保护与数据流通共享的融合发展离不开政府的主导和支持。单纯依赖政府的命令式监管或是经营者的自我管理都不是解决数据保护与共享动态平衡的最优方案。从我国现实出发,在构建"共建共享共治"的数据多元共治系统过程中,并非不分主次,而要从经济社会治理的基础和重点入手,充分发挥政府在现阶段数据共享监管中的基础性和主导性作用。

整理已有法律法规,应尽快建立包含数据共享清单在内的数据分类制度,颁行统一的数据共享行为(示范)规范。《中华人民共和国数据安全法》在第二十一条中规定了国家建立数据分类分级保护制度,根据数据在经济社会发展中的重要程度,以及一旦遭到篡改、破坏、泄露或者非法获取、非法利用,对国家安全、公共利益或者个人、组织合法权益造成的危害程度,对数据实行分类分级保护。这一规定过于笼统,还有待进一步的细化。当前,单维度的数据分类方法预设了个人数据权益与企业数据权益之间可能存在"零和博弈"的假定。故而,在企业收集的个人数据的权属归属上争论不休以致陷入僵局。聚焦数字经济全周期运行中的数据流转,构建以"数据相关行为"为标准的企业数据分类方法,是在竞争法下探讨建立"激励与保护"同步同频的数据保护与共享机制的前提和基础。

经数据采集而得的数据,要在充分保障用户知情同意的情况下,实行"场景化授权"和"一次性授权"并行模式;以数据计算而得的数据,在数据去个人化后,要充分考虑开放平台经营者对数据整合及价值挖掘的贡献,赋予相对应的财产性权益,以激励其进行持续的数据挖掘和数据创新并对外施行数据共享;对在数据服务和数据应用过程中取得的数据,探索建立有偿的数据共享机制和数据交换机制,既有利于激励开放平台经营者进行高质量数据共享,也有利于降低或消解其利用自身优势地位或支配地位实施"不平等"的数据共享政策而招致的反竞争风险。

加大各级竞争主管机构的监管力度,强化对开放平台经营者潜在反竞争效果的评估。在市场支配地位认定、经营者集中等问题上要充分考虑用户体验、技术创新等非价格因素对开放平台经营者市场地位的影响。这一点已经在《国务院反垄断委员会关于平台经济领域的反垄断指南》中予以规定。

此外,还需强化对数据共享各方参与者的信用监管,实施差异化管理。对平台企业建立信用档案,特别是将滥用市场支配地位限制交易、强制签订排他性服务合同等不正当竞争行为记入信用记录,根据信用记录开展公共信用综合评价。以公共信用综合评价结果为依据,对平台企业实施差异化监管,引导平台经营者公平竞争、诚信经营。

未来的竞争是创新的竞争,创新的前提就是实现各类数据的分级定准和有效流通,围绕数据运行的不同环节有条件地施行数据的互联互通,防治数据封锁、数据垄断导致的创新动能不足,抑制初创型经营者的创新机能,在严重的情况下,可能会抑制整个互联网数字经济行业的创新效能。当然,也要充分关注数据保护和数据安全对数据稳定运行的作用,数据创新的前提是稳定和安全,没有了安全做保障,创新发展就失去了意义,甚至会带来巨大的不可承受的风险和危害。

在我国互联网数字经济飞速发展的今天,数据保护与共享构成了经济高质量发展的核心和轴心,一切发展都立基于两者的融合与同步,必须给予足够的重视,尽快建立健全数据保护与流通共享中的兼顾各方利益的动态平衡的法治系统,实现以良法促善治,切实有效推动国家治理体系和治理能力在数据治理领域的现代化建设与应用。

（原文首发于《第一财经日报》2021 年 6 月 10 日第 A11 版,
收录时做了修订）

加快推进数据保护与数据共享的融合发展

互联网数字经济尤其是互联网平台经济的飞速发展,对全球经济社会带来了结构性变化和颠覆性影响。然而,在互联网经济各类新业态不断涌现、为经济社会发展注入新动能的同时,也引发了社会治理、市场规制、国家安全等方面的法治风险,特别是那些具有强大用户锁定效应、巨大经济规模、海量数据资源以及技术创新优势的大型平台企业,正在通过不断强化和持续巩固市场地位及相关竞争行为,放大"赢者通吃"的互联网市场竞争效果。同时,这些大型平台凭借用户数量、经济规模以及不断积累的数据优势,不同程度地涉足金融领域,从起初的支付工具,通过大数据挖掘有针对性地开发用户的普惠金融业务,逐步打造集平台流量、数据及算法于一体的反馈回路,扩大全场景、全领域覆盖的平台生态圈,进而固化其所在的市场竞争结构和经营方式。

在平台竞争不断发展的过程中,平台定位与功能从起初的提供交易信息、场所、规则以撮合和规范交易活动,逐步走向异化。其利用在交易过程中获得的巨大流量和海量数据从事定制化、精细化的用户借贷服务,即所谓的互联网普惠金融,从为终端用户提供消费贷,走向为商业用户提供投融资服务,将整个日益生态化的平台系统作为泛金融化的中台予以定位;从起初的数据科技创新型企业,衍化为具有金融属性且实质性从事金融业务的金融(数据)企业。其在便利和满足平台多边市场用户需求的同时,也在放大"脱实向虚"的系统性金融风险。

平台定位与功能的异化正在成为资本无序扩张的媒介和助力。其中大型平台对用户数据特别是用户金融数据的垄断和滥用,例如,数据原料封锁、拒绝交易,过度采集、滥用用户数据等,正在加剧线上线下金融市场的垄断和不正当竞争危险,侵害消费者的合法权益,使得促进数据流通与数据保护问题更加复杂。因此,科学处理好数据保护与共享之间的动态平衡关系,已成为促进平台经济健康发展乃至保障新发展格局下经济高质量发展的重要着力点。

一、新型生产要素的价值：数据保护与数据共享的正反馈回路

新冠肺炎疫情暴发以来，无接触式经济业态成为人们日常生活的必需品，以消费需求牵引生产供给的局面正在加速形成，其中消费（需求）数据已经成为整个生产、分配、流通、消费系统循环的关键要素，数据特别是大数据已经成为新经济下的一种全新生产要素。

数据作为新发展格局下的关键生产要素，区别于以往生产要素的特点是对其他要素资源具有乘数效应，可以放大劳动力、资本等生产要素在社会各行业价值链流转中产生的价值。数据资产化和市场化进程将不断释放底层数据的价值，促进现代信息技术的市场化应用，推动整个数字产业形成与开放，加速数字经济新产业、新业态、新模式的融合与发展。目前，我国数据要素市场化配置尚处于起步阶段，在数据确权、流动共享及安全发展等方面仍面临阻碍。从全球范围来看，数据权属的划定与交易定价均是巨大挑战，数据作为生产要素的所有权、使用权、收益权、处分权等权益，尚未得到相关法律详细明确的规定。虽然按我国刚刚施行的《中华人民共和国民法典》总则第一百二十七条规定，"法律对数据、网络虚拟财产的保护有规定的，依照其规定"，《中华人民共和国数据安全法》第二条规定，"在中华人民共和国境外开展数据处理活动，损害中华人民共和国国家安全、公共利益或者公民、组织合法权益的，依法追究法律责任"。但是目前尚未有国家层面的专门法就"数据权益"加以明确规定，这也是导致数据保护与数据有序开放、合法共享之间仍存在紧张关系的原因。正是因为数据权属不明，导致其流通共享过程中权责利难以清晰界定。然而，可以肯定的是，数据价值的实现或增进，必须是在数据流通过程中才能完成，数据的生命在于流通。

当前，无论是法院对数据纠纷引发的侵权案件的审理，还是相关地方立法以及行业规范，其总体趋势是在不断提升数据保护的水平和能效。然而，过分强调数据安全与隐私保护，势必对数据开放与流动共享构成妨碍，这在一些平台企业"以数据保护为由，行数据垄断与封锁之实"的行为中可窥一斑。为此，中央及相关部委将数字经济发展的重点聚焦于高质量的数据动态发展，旨在破除数据垄断和滥用，规范数据采集和使用行为，切实保护消费者合法权益，实现数据有效保护与有序共享的融合与共进。数据安全保护与数据发展共享的融合共进，已构成当前包括中国在内的全球主要国家和地区数据治理的核心与重心。

概言之,数据流通共享作为促进数据价值增值的重要环节,是数字经济高质量发展的基础和保障,与数据安全保护一起共同构筑起数字经济向高深领域进军与稳定运行的双轮。数据共享是数据保护的价值升华,高质量的数据共享一定是以高水平的数据保护为前提的,只有保障数据安全高效的流转,才能促进数据共享的有序有效。同时,在数据共享的过程中也会推动数据保护更加科学合理,不断推进数据保护机制和方式的创新与升级。

二、数据保护与数据共享的平衡共赢

在新发展格局下,数据要素的价值得以凸显,如何以数据循环牵引和拉动"双循环"尽快落地,是当前经济发展亟待解决的关键问题。在系统观念的指导下,有效回应我国数据保护与数据共享中亟须突破的困局,需要从法律政策的完善、执法力度的强化、平台企业的自我合规等方面着手。

第一,加大各级竞争主管机构的行动力度。借鉴欧盟《数字市场法》有关大型在线平台"守门人"地位的认定及其相关义务,强化对大型平台反竞争行为及潜在反竞争危险的评估和监管。特别是在大型平台市场支配地位认定、经营者集中等问题上,应充分考虑其数据行为对用户体验、技术创新等非价格因素的影响。这一点在 2021 年 2 月 7 日发布的《国务院反垄断委员会关于平台经济领域的反垄断指南》中有所体现。同时,强化对平台企业采集使用数据行为的全周期动态监管,引导平台企业合规参与数据的采集和使用过程,规范数据保护与数据共享的平衡。

第二,优化平台差异化发展下的数据要素配置机制,促进数据保护与数据共享的有效循环与共进。平台经济是一种以虚拟或真实的交易场所为基础,整合多边资源,向多边市场提供差异化服务的经济业态。随着数字技术和商业模式的不断创新,平台热衷于提供更多差异化商品和服务,以争夺更多的用户和流量,提升自身的竞争力。基于此,平台在不断发展中往往需要具有差异化和精细化的数据资源,从而提高商品和服务开发与推送的精准度。在这一过程中,各平台即便是获得相同的数据内容,由于其开发和经营的商品和服务的差异化,实际仍只是选取相同数据的不同维度和侧面进行计算,即所谓的在边缘计算中所需的数据从母体(大)数据中提取后,其他仍附着在母体(大)数据中的数据信息完全存在可被分享的价值。

为此,应鼓励平台按照各自对数据资源的需求,在必要限度内进行数据的分

解、提存、流通、共享,搭建不同类型、不同功能平台间高效便捷的数据资源配置方案。譬如,以提供搜索服务为核心业务的平台,可以选择在确保自身平台及平台内数据安全的前提下,将自身收集分析产生的运动类数据有条件地打包共享给以提供健身服务为核心业务的平台。这不仅可以实现数据资源的按需配置,也能通过差异化的数据共享,防范和避免某些大型平台数据过度集中的情况。同时,也可以考虑利用各级各地数据交易中心的场内交易模式,鼓励平台企业对与自身经营竞争无直接关联的数据要素,分类提取后在场内进行规范交易,提高数据资源的配置效率,实现平台企业核心竞争力与数据资源共享效率的双提升。在这一过程中,既大力保障了平台企业基于自身竞争利益强化数据保护的需求,又有效推动了平台企业对数据共享或是"数据变现"的关照,最终有助于实现数据多元主体利益的共赢。

（原文首发于《探索与争鸣》2021 年第 2 期,收录时做了修订）

以高质量数据竞争保障高水平数据安全

一、统筹数据发展和安全的现实背景

数据资产化和市场化将不断释放底层数据的价值,促进现代信息技术的商业化和市场化应用,加速数字经济新业态、新模式和新优势的诞生与发展,推动整个数字产业不断发展壮大。区别于以往生产要素的突出特点是,数据对其他要素资源具有乘数作用,可以放大劳动力、资本等生产要素在社会各行业价值链流转中产生的价值。由此,引发新经济发展中各行各业对数据问题的普遍关注,特别是对新技术开发和应用过程中各主体收集、使用、管理数据所带来的涉及数据保护与流通、数据竞争与创新、数据安全与发展等方面问题的关注。

当前,数字经济、智能经济得到迅猛发展,很多数字企业特别是超大型企业在提供商品或服务的过程中,都面临着不同程度的用户数据的收集、使用及管理等方面的新挑战。同时,这引发了社会各界对数据权属、数据安全、数据权力等数据治理相关问题的讨论。在诸多讨论中强化数据监管,维护数据安全,特别是增强国家对数据安全的管控能力,警惕数据霸权的滋生是尤为突出的一种观点。如何客观理性地看待这种要求规范数据相关行为的呼声,特别是在大力规整平台经济领域的各类不正当竞争和垄断行为、强化反垄断与防止资本无序扩张之际,处理好企业特别是超大型平台企业在规范使用数据与合理开发数据之间的关系,对于规范数据竞争、提升数据安全意义重大。基于现实挑战和发展趋势,从构筑国家竞争新优势的战略高度来看,平衡数据竞争开放与数据安全保障之间的关系显得尤为重要。越竞争开放,越安全可靠。只有激发高质量的数据竞争,才能保障高水平的数据安全。

在现实生活中,数据安全不是抽象的,而是具体的,存在于一个个具体的新兴业态和应用场景之中的现实需求,它必须与具体的客观条件结合起来,才能得到真正有效的诠释和实现。在社会主义市场经济蓬勃发展的今天,数据安全必须与市场经济运行的基本规律结合起来。具体而言,数据安全应与市场运行机制特别是竞争机制相融合,通过强化数据竞争,夯实数据安全;其中,强化竞争的前提条件是数据的适度开放共享。换言之,需要厘清其运行机理,并在此基础上制定相适应的安全保护机制;同时,要平衡安全保护与适度开放之间的关系,衡量适度开放的标准则需要基于市场竞争规律,从维护消费者权益、其他竞争者合法利益以及社会整体利益等多方面入手,营造公平竞争的市场环境。基于我国数字经济规模日益扩大、安全制度供给与需求不相适应的状况日益突出的现实,应在平衡数据发展与安全的基础上,以增进数据竞争效能为进路和抓手,科学提升用户选择和享用的数据安全服务的质量;与此同时,规范企业特别是超大型平台企业收集、使用、管理数据的行为,加快推进数据安全治理的"市场化"解决,有效推动数字经济的发展。

二、以有效竞争提升用户数据安全及服务水平

个人数据安全是数字时代个人权益的组成部分,仅靠私法保护存在较大局限性,因此需要改变个人数据安全保障以私法为主的定式思维,引入竞争法来保护消费者权益。保障个人数据安全权益的基础在于安全保障的服务化,即将个人数据安全的保障作为一种服务看待。用户在使用产品和服务的过程中,会向企业提供自己的数据,并与企业订立安全协议,譬如"隐私服务协议",因此企业就需要向用户提供安全保障服务。无论是非法抓取用户数据的行为还是滥用用户数据的行为,均会导致数据安全服务的质量下降,损害用户权益,甚至破坏竞争秩序。另外,安全服务本身也可能构成一个竞争法上的"相关市场"。一家企业安全服务质量的下降会导致消费者转向替代方企业,故此,安全服务也存在不同企业之间的竞争,在此市场上也会出现垄断行为。综上,应将个人数据安全纳入竞争法保护范畴,从反垄断法和反不正当竞争法两方面,强化竞争对数据安全的保障,从而在保障消费者权益的同时,维护市场的竞争秩序。

一方面,应将个人数据安全纳入竞争行为正当性的考量范畴之中。反不正当竞争法对不正当竞争行为认定的核心在于行为正当性的判定,而行为正当性的判定标准应当包括对市场竞争秩序和消费者权益的影响。安全服务是数字市场上企业竞争力的重要来源,损害用户数据安全的行为不仅不利于消费者权益保护,也会导致企业在安全服务质量方面的不正常下降,从而带来企业竞争力的降低,产生破坏市场竞争秩序的潜在风险。当然,二者之间可能并没有必然的因果关系,在某些

案件中损害用户数据安全的行为可能并不会导致市场竞争秩序的破坏,需要结合个案进行具体的分析与评估。总之,个人数据安全是一个值得考量的因素,应当将其纳入竞争行为正当性的标准。

另一方面,应将个人数据安全纳入数字经济背景下垄断行为的判定标准。如前所述,用户数据是数字经济背景下企业竞争力的重要来源。企业为了获取更多数据,便可能人为降低安全服务的质量,从而导致消费者数据安全遭受侵害。商品和服务的替代性是竞争约束得以维持的基础。在一个有效竞争的市场上,企业降低安全服务的质量必然会导致消费者转向。但是,若市场上有效竞争受到抑制,当具有支配地位或优势地位的企业滥用其市场力量,实施了降低安全服务质量的行为,消费者将面临着没有有效的替代性商品和服务的选择,以致难以转向的困境。正如美国众议院在 2020 年 10 月发布的《数字市场竞争调查报告》所指出的,"公司的支配地位使它能够在不失去顾客的情况下滥用消费者的隐私。在没有真正的竞争威胁的情况下,公司提供的隐私保护比其他情况下要少。在这个过程中,它提取了更多的数据,进一步巩固了它的主导地位。当出现赢者通吃的倾向时,消费者要么被迫使用隐私保护不佳的服务,要么干脆放弃该服务"。可见,持续收集和滥用消费者数据是衡量数字经济中市场支配地位的一个重要指标。因此,应将消费者数据安全引入反垄断法体系,并把企业安全服务质量变化后消费者的转向作为市场支配力量和认定垄断行为的一个因素。当然,在此过程中,可能面临着安全服务质量量化分析的问题,对此,目前国家已出台相关的分析标准,譬如《信息安全技术　大数据安全管理指南》(GB/T37973—2019)、《信息安全技术　数据安全能力成熟度模型》(GB/T37988—2019)等。

三、以竞争规范企业数据发展兼顾数据安全

竞争法的目的在于规制竞争行为。在数字经济跨界竞争、多维竞争等特征的影响下,竞争行为的规制日益呈现出多元利益交织的特点,需要平衡创新、平等、秩序等多元价值和目标。因此,应当在衡量多重因素的基础上,根据市场的整体损益来对该类数据竞争行为的性质加以判定。具体而言,应针对企业数据流动中的相关行为和场景,具体问题具体分析,完善相关法律制度。

首先,创新是发展的核心驱动力,创新竞争是数字市场上竞争的新特点。未经协议许可的数据抓取等竞争行为虽然可能产生损害数据安全的后果,但这毕竟也

是互联网经济背景下企业所开发的新技术、新业态、新模式,且还处在不断的更新升级中,因而蕴含着显著的创新内涵。这类创新虽然有可能为非法的竞争活动所用,但是也可为合法行为所用,可对市场整体竞争水平的提高产生积极作用。如果不遵循个案分析的原则将其一概认定为非法竞争行为,就可能对企业正常的数据流动形成障碍,进而打击企业创新的能动性和积极性,不利于激发市场活力。因此,在规制未经协议许可的数据抓取行为的过程中,一方面应保障数据安全,另一方面也应将行为对创新的影响纳入竞争法实施的考量范畴,避免过度规制伤害企业创新的积极性和能动性。

其次,公平是市场经济的核心价值维度之一,实现公平竞争是竞争法规制的核心目标之一。在对竞争行为的规制中,不仅应关注形式公平,还应关注实质公平。譬如前述平台企业与第三方开发者签订的开放协议,表面上是双方平等协商的结果,但是实际上第三方开发者往往力量较弱,面对平台企业选择的余地较小,给平台企业滥用市场支配地位进行数据掠夺提供了可能,这也是当前监管活动中针对平台"二选一"行为案例频现的原因。因此,在对数据竞争行为进行规制的过程中,应当强化实质审查,进行"穿透式"监管,防止规制浮于表面。

最后,安全的实现需要秩序的保障,同时也要充分认识到安全并非秩序的全部,实现发展与安全的高效统筹才是终极目的。数字经济的发展,要求数据价值在流动中更好地实现,只有加强对数据安全的保护,才能为持续健康的数据流动提供有效保障。数据安全与数据流动的统一与实现,是数字经济乃至整个社会良性发展的终极目标。故此,数据发展与安全并非对立,是相互影响、相互关联的统一体:数据安全是发展的前提和基石,数据发展是安全的价值创造和解放,两者应统筹兼顾、融合共进。

简言之,任何妨碍数据发展的不当甚或过度的数据安全都是不适宜的,更不能假借数据安全之名行数据封锁之实,"数据孤岛"与信息茧房都无益于数字经济的持续健康发展;同时任何忽视甚或无视数据安全的基础价值,放弃将数据安全作为数字经济发展重要一环的观念和做法都是不可取的。虽然数据安全需要市场主体持续加大投入,可能短时间内收效不明显,但是数据安全作为数字经济下任何商品或服务的天然组成部分,已成为数字经济商品或服务的内化要素,即数据安全既是数字经济下任何商品或服务质量保障的基石,也是商品或服务提供时必须存在的一部分——安全即商品。因此,当前在大力发展数字经济,促进数字经济融合实体经济高效能可持续发展之际，数据安全问题越发重要，回应和解决数据安全的有效方法，应立足我国经济社会发展的现实，遵从数字经济在我国近十年来高速发展的经验以及该产业和行业发展的科学规律，在强化政府监管的同时，大力推动数据竞争，通过市场机制来提升数据安全的质量能效。

（原文首发于《国家治理》2020 年第 23 期，收录时做了修订）

保障数据安全 筑牢数字经济发展底线

科学构建数据安全监管平台。风险源于未知和不确定性,对信息掌控越全面,洞察力越强,决策越精准,应对风险的能力也就越强,越能确保稳定性。数字经济时代,数据安全风险更多地源于数据运行周期的不可控性。数据安全风险存在于数据产生、存储、分析、共享再到销毁的每一个环节,尤其是数据共享过程中。

以互联网、物联网、大数据、人工智能算法为基础的数字经济高速增长,已成为推动我国经济高质量发展的核心动能。随着数字经济向数据经济、算法经济等人工智能场景的高阶形态发展,数据安全与发展的动态平衡已成为数字经济领域各类新业态、新产业、新模式创新发展的关键。特别是在流量红利向数据红利转化的过程中,对大数据资源和技术的创新开发与广泛应用,有效推动了我国虚体经济与实体经济的深入融合,带来了新业态、新产业、新模式的不断涌现和创新,同时也推高了数字经济高速增长过程中的安全风险阈值。失去安全,发展将无从谈起,统筹数据安全与发展,已成为数字经济持续健康发展的法治底线。

自 2020 年年底中央政治局会议和中央经济工作会议以来,多次强调"要完善平台企业垄断认定、数据收集使用管理、消费者权益保护等方面的法律规范"。2021 年 3 月,中央财经委员会第九次会议更是在聚集平台经济持续健康发展的问题上,进一步提出"要坚持正确政治方向,从构筑国家竞争新优势的战略高度出发""明确规则,划清底线,加强监管,规范秩序,更好统筹发展和安全、国内和国际""强化平台企业数据安全责任""维护好用户数据权益及隐私权"等重要工作指示。

作为当前数字经济发展的主要业态和关键抓手,对平台经济领域提出的系统性、根本性、关键性要求,实质上亦是对数字经济进一步发展提出的要求,特别是统筹发展和安全、国内和国际,构筑国家竞争新优势等重要战略部署与强化数据安全,维护用户数据权益等具体工作内容之间的正相关关系,更是凸显了数据安全问题已成为回应和解决当下和未来我国经济,特别是数字经济高质量持续发展的关键点和"压舱石"。没有数据安全做保障,数字经济发展则失去了底线和依托。

一、数字经济发展显露数据安全风险

数据泄露威胁用户人身财产安全。借助于大数据、云计算、人工智能、物联网、互联网等技术,人类实现了生产生活、消费社交、购物出行、医疗教育、工作娱乐等社会关系的数据化,使得人们的一切皆可被记录,网上浏览内容、浏览时间、浏览地点、购物记录、收藏信息、浏览偏好、运动量、健康状况甚至有关情绪、精神压力起伏的信息都可以被转换成数据存储下来,再经由数据的传输、处理、交换、共享使得广大用户逐渐成为数据化的存在,从数据的生产消费者,俨然成为数据本身,人类社会正在高速迈进数据时代。

实现数据采集、使用、流动的扩围和速率增进,客观上有利于挖掘和释放数据的动态价值,然而,同时也增加了数据开发利用的风险。在实践中用户数据被泄露和滥用的事件时有发生,侵扰了用户的日常生活,甚至侵害用户的人身财产安全,从而可能造成用户对信息安全的担忧,从而降低数据共享意愿,最终影响数字经济的持续发展。

数据跨境流动涉及国家安全风险。数据是最具流动性的基础性资源,数据流动性越高,流动范围越广,数据可资挖掘的价值越大。经济全球化背景下,数据跨境流动成为数字经济时代最重要的特征,并且成为全球经济增长的新引擎。相关研究显示,2009—2018 年十年间,全球数据跨境流动对全球经济增长贡献度高达10.1%。数据流动往往伴随着数据企业的业务扩张与海外市场的合规监管,以国内音乐创意短视频社交软件旗下 T 产品海外扩张为例,自 2020 年始,其已频繁遭到海外国家和地区相关机构就数据安全主题提出的挑战或管制。

当前,数据量级及掌控能力成为一国或地区国际竞争力的重要组成部分,国际竞争的焦点也从对劳动力、资本、土地、知识、技术、管理等生产要素资源的争夺转向对包含数据要素在内的全要素资源的争夺。

数字经济时代,无论是企业还是国家对数据的收集、存储、分析、共享能力远超以往,一国或地区能够通过掌握其他国家或企业数据的方式,实现对竞争对手国家或地区的经济甚至是政治影响。因此,数据跨境流动不仅关系各国或地区的经济利益,而且关系各国或地区信息安全甚至是主权安全。确保数据控制权与跨境流动安全,不仅关乎个人数据安全、产业经济安全,更关系国家总体安全。

二、以数据安全促数字经济发展的必要举措

数据共享的核心在于让数据高效安全地流通起来,通过流通使得数据价值得到充分挖掘,以提升数据使用效率,创新数据使用形式。为此,有必要建立数据安全监管平台,做到对数据全周期监控,确保市场交易稳定和安全,确保市场充满竞争和活力,推动数字经济持续发展。

具体而言,可借助数据交易中心的建设,建立数据安全监管平台,数据交易中心旨在规范数据交易行为,促进数据有序流通,数据安全监管平台则着重关注数据和数据交易过程的合规性和安全性,包括数据本身是否合规、数据交易主体是否合规、数据交易入场与出场行为是否合规等,综合实现对数据全周期监控和实时预警。

细化落实数据出境评估机制。数据跨境流动安全在数据本身层面意味着数据具有保密性、完整性、真实性、可用性;在个人数据保护层面表现为数据安全、个人数据自决,以及数据控制相关方满足个人数据自决而承担的义务;上升至国家或地区层面,还要包括本国或该地区对数据的控制权,以及免遭数据威胁的国家或地区安全的需要。

目前,我国已出台与数据出境评估相关的法律条款、准则或指南征求意见。譬如,《中华人民共和国网络安全法》第三十七条规定:"因业务需要,确需向境外提供的,应当按照国家网信部门会同国务院有关部门制定的办法进行安全评估。"《中华人民共和国数据安全法》第三十一条也规定:"关键信息基础设施的运营者在中华人民共和国境内运营中收集和产生的重要数据的出境安全管理,适用《中华人民共和国网络安全法》的规定;其他数据处理者在中华人民共和国境内运营中收集和产生的重要数据的出境安全管理办法,由国家网信部门会同国务院有关部门制定。"

然而,鉴于数据本身所具有的体量庞大、来源庞杂等特征,在具体落实数据评估环节还存在较大困难。故此,有必要完善数据安全出境评估机制,不仅是就有关数据评估主体进行细分,还应对数据分类分级标准进行相应完善和细化。

激励和支持行业自律与企业自觉合规。数字经济这一新业态、新产业具有高度动态性、多边跨界性及网络外部性等结构性和组织性特征,这就决定了其发展过程中对数据安全与发展的动态平衡的实现,需多元主体多维度多措并举,其中行业

自律和企业自觉合规是不可缺少的组成部分。具体而言,平衡数据利用与数据安全需满足以下两方面的要求:一是保障数据本身安全,包括数据的保密性、完整性、真实性、可用性的实现。二是数据行为合规。从数据的生命周期出发,应用区块链加密溯源,确保数据在各个运行环节的完整、准确、真实、可用。譬如,在数据采集阶段,明确数据采集的目的、用途、方式、范围等,按照相关法律法规和监管要求进行采集;在数据存储阶段,对数据进行分类分级,明确不同数据存储安全防护标准;在数据使用阶段,做好账号权限管理、数据脱敏、异常行为实时监控与终端数据防泄露等;在数据共享阶段,建立数据共享中心,统一审核调配数据,做好数据共享记录与备份等。为此,可以成立数据安全合规部门,作为企业数据合规工作开展的"神经中枢",负责把控全局,包括对数据合规环节、合规内容、合规细则等方面的落实与监督。

此外,加快数据安全合规人员的培训和人才库建设,做好定期数据安全能力提升训练。引导广大用户提升自身数据安全意识。信息的海量获取以及对无关信息过滤能力加推了广大用户的"默认行为"——他们倾向于通过接受默认选项来避免浪费时间。

用户的"默认行为"反过来降低了平台或者企业收集用户数据的门槛,以及用户控制数据使用的能力。于是,在平台或企业与用户之间形成了一种反馈回路。这种反馈回路对于数据的高效流动看似有利,但是对于数据安全的保护却带来了极大的不确定风险。

随着人们工作生活、教育医疗、交通出行、购物社交等方面的轨迹不断被数据化、信息化,越来越多的数据流通在网上,带来了诸多的安全隐患。维护数据安全,促进数字经济发展不只是政府、平台企业以及专门的数据企业的责任,更是每一个数据主体不可推卸的自担责任,关注数据安全,提升自身数据安全防范意识必须时时讲、事事讲。

(原文首发于《第一财经日报》2021 年 4 月 15 日 A11 版,收录时做了修订)

筑牢数据安全底线
推进车联网数据安全建设

交通作为城市发展的主要动力,对促进生产要素的流动、推动社会经济增长有着决定性的影响。近年来随着新一代信息技术与基础设施建设的融合,智能交通开始步入发展的快车道,智慧交通势在必行。

《中国智能交通行业深度分析及发展战略研究咨询报告(2021—2026版)》显示,2018年中国智能交通市场规模达1340.6亿元,同比增长14.87%;2019年中国智能交通市场规模约1520.2亿元。在这一过程中车联网和自动驾驶的融合发展,无疑将推动智慧交通的建设。

车联网(Internet of Vehicles)是以车内网、车际网和车云网为基础,按照约定的体系架构及其通信协议和数据交互标准,在车—X(X指车、路、行人及移动互联网等)之间,进行通信和信息交换的信息物理系统,其概念引申自物联网(Internet of Things)。车联网主要包括人、车、路、通信、服务平台5类要素。其中,"人"是道路环境参与者和车联网服务使用者;"车"是车联网的核心,主要涉及车辆联网和智能系统;"路"是车联网业务的重要外部环境之一,主要涉及交通信息化相关设施;"通信"是信息交互的载体,打通车内、车际、车路、车云信息流;"服务平台"是实现车联网服务能力的业务载体、数据载体。

从功能上看,车联网的体系结构可分为感知层(端系统层面)、网络层(云系统层面)和应用层(管系统层面),其中感知层主要是进行数据采集,网络层主要是进行数据传输、存储、分析、处理和反馈,应用层主要是完成人机数据交互。数据是车联网运行的核心载体和主要内容。但现有的车联网架构都是中心化的,一旦中心化实体被攻击,将会带来严重的数据安全风险。可见,当前数据要素及数据安全已成为国家经济社会发展的重要议题。在此背景下,有必要筑牢数据安全底线,尽快推进车联网数据安全体系建设。

一、车联网产业面临的主要数据安全风险及法治困境

车联网市场参与者众多,包括与车联网产业相关的企业或组织,如产业链中上游包括元器件供应商、通信设备提供商、汽车电子系统供应商等,下游包括传统车企与互联网车企,此外还包括大量服务业角色,如网络运营商、数据服务商、通信服务商、车内软件提供商、负责车联网系统开发流程和上下游开发衔接的车联网供应商,车联网用户以及政府等多方主体。随着以大数据、云计算、人工智能为代表的数字技术与移动出行服务的发展的不断融合以及我国车联网产业规模的不断扩大,车联网的市场结构及数据交换节点会变得更加复杂,其潜在的数据安全风险也将不断增加,主要表现为三个层面:

一是个人层面的数据安全风险。对于车联网来说,数据贯穿于车联网的每一个环节,包括端系统层面的车辆信息采集与获取,管系统层面的车与车、车与路、车与网、车与人的互联互通,云系统层面的数据汇聚、存储、计算、调度、监控、管理与应用。车联网的很大一部分数据源于智能网联汽车用户,智能网联汽车集成了大量的摄像头、雷达、测速仪等设备,可以用来收集包括与驾驶者相关的身份信息(数据)、车辆信息(数据)、驾驶行为数据以及车辆传感器采集的道路等非驾驶行为数据等。前者诸如驾驶里程、时间、位置、速度、路线、驾驶习惯等,车辆行驶后台数据,诸如车速、制动和加速系统、安全系统、电子制动器等,以及车载智能系统所记录和留存的车主或乘客的大量个人数据,如语音、影像等。后者诸如地图、交通流量、周边车辆、行人、非机动车位置、道路状况、信号灯相位、道路预警、气象信息、停车场提示等。

该部分数据与用户个人隐私安全和财产紧密联系,如通过分析该类数据,评估车主车辆保险情况或将该数据提供给缺乏安全资质的第三方企业,诱发用户隐私风险。一旦泄露将会直接影响驾驶者乃至乘客的人身及财产安全,如2020年9月,网络安全公司Q的车联网安全研究员演示通过漏洞击破智能汽车,用远程方式在线开启了一辆智能汽车的车窗、后视镜,随后汽车被启动、上路;2021年4月6日,"国外电动车T车内摄像头高清画面"登上微博热搜榜,热搜相关视频显示,T车内五个座位均被车内摄像头清晰记录,画面质量堪比高清电影。也有报道称智能电动汽车公司W等超过10家汽车公司推出的部分产品均搭载了车内摄像头。

二是社会层面的数据安全风险。随着智慧交通建设的逐步深入以及汽车的普

及与应用,尤其是智能汽车的普及和应用,车联网产业数据信息的采集会变得更加广泛且普遍,数据安全问题也会延伸至社会层面,引发社会层面的安全问题。

一方面,根据国家统计局测算,当前我国新产业新业态新模式逆势成长,全年规模以上工业中,汽车制造业增长 6.6%,目前正处于汽车的爆发和快速推广期。2021 年 4 月 6 日,公安部交通管理局发布的最新统计数据也显示,截至 2021 年 3 月,全国机动车保有量为 3.78 亿辆,其中汽车为 2.87 亿辆。在全国范围内,汽车保有量超过 100 万辆的城市共有 72 个,与 2020 年同期相比增加 5 个。其中,新能源汽车保有量为 551 万辆。

另一方面,我国车联网建设还处在引导和发展阶段,各方面标准和法律规范都不够完善。车联网发展需要与安全保障制度供给不足、行业监管不规范等之间的矛盾,使得车联网行业数据存储使用不规范、敏感数据泄露、数据违规操作访问、数据违规开放共享、数据异常流转等数据安全问题异常突出,车联网数据安全的事件不断显现,《2020 年汽车信息安全报告》显示,从 2016 年到 2020 年 1 月,四年时间里汽车信息安全事件的数量增长了 605%,其中仅 2019 年公开报道的针对智能网联汽车信息安全攻击的事件就达到了 155 起,相较于 2018 年的 80 起增加了近一倍,不仅造成了个人隐私安全风险、企业的经济损失,而且造成了不容忽视的社会影响。

三是国家层面的数据安全风险。从我国汽车的发展历程来看,我国汽车是从中外合资中不断发展起来的。从车联网产业的发展链条来看,其产业链条长,涉主体多元,全球化程度较高。信通院《车联网白皮书(2018)》显示,车联网赖以发展的核心技术,如汽车电子、自动驾驶技术、智能化技术等仍以国外为主,2017 年全球汽车零部件百强榜前 15 名中仅有一家中国企业。我国大部分车辆属于中外合资车辆,且部分车辆直接属于进口汽车,据估计 60% 的车辆数据离岸储存。

我国随着《中华人民共和国网络安全法》以及《个人信息出境安全评估办法》的出台也在积极探索具有中国特色的个人信息出境安全管理路径。2020 年 2 月,国家发改委、中央网信办等 11 部门联合发布的《智能汽车创新发展战略》中,也明确提出要确保用户信息、车辆信息、测绘地理信息等数据安全可控。2021 年 6 月10 日,全国人大常委会发布《中华人民共和国数据安全法》,其中第三十一条规定,关键信息基础设施的运营者在中华人民共和国境内运营中收集和产生的重要数据的出境安全管理,适用《中华人民共和国网络安全法》的规定;其他数据处理者在中华人民共和国境内运营中收集和产生的重要数据的出境安全管理办法,由国家网信部门会同国务院有关部门制定。但综合来看,我国在车联网数据安全、数据出境方面的标准、法律及监管规范尚待进一步完善。

二、车联网产业数据安全建设重点

数据是车联网运行的核心载体和主要内容,数据安全是车联网产业发展的风险底线与合规基石。随着新一代信息技术的发展成熟以及智慧交通的稳步推进,车联网产业也将面临新的发展机遇与挑战,因此,有必要筑牢数据安全底线,推进车联网安全体系建设。具体地讲,可从以下两方面展开:

一是完善车联网产业数据安全标准与规范。2020 年 4 月,工业和信息化部、公安部、国家标准化管理委员会联合印发《国家车联网产业标准体系建设指南(车辆智能管理)》,旨在有目的、有计划、有重点地指导车辆智能管理标准化工作,满足车联网环境下的车辆智能管理工作需求,加快推进现代科技与交通管理的深度融合,促进车联网技术和产业发展。车联网发展涉及众多市场参与者,包括整车厂商、智能终端商、内容提供商、网络运营商、软件系统商、芯片提供商、服务提供商、车主(消费者)、车联网平台商等,不同部门涉及的数据不同,而当前车联网产业相关企业及组织数据安全保障机制良莠不齐,"欲知平直,则必准绳;欲知方圆,则必规矩"。故此,有必要针对车联网产业存在数据安全风险的环节,相应制定完善数据收集、传输、存储、处理、分析与销毁管理标准,确保数据安全。

二是加强车联网产业数据安全监管与协调。车联网数据安全面临的最大挑战便是监管困难。主要体现在两个方面:一是车联网产业涉及主体、环节较多,信息化程度较高,数据变化较快,数据体量较大,使得数据安全隐患难以被监测与识别。二是数据安全监管技术及基础设施不完善,无法满足监管需求。数据安全之于整车厂商、智能终端商、内容提供商、网络运营商、软件系统商、芯片提供商、服务提供商、车联网平台商等而言也比较重要,数据安全直接关系其企业盈利及企业后续发展,然而,车联网各环节的市场参与者对于数据安全的重视程度不同,数据安全"投资大、回报少",因而,有些企业在逐利动机影响下很容易存在"挣快钱"的投机心理,忽略自身数据安全体系建设,使得部分企业的产品存在较多的安全漏洞,无法满足数据安全的发展需求。针对上述问题,建议加快数据相关基础设施建设与区块链技术应用,组建车联网数据安全风险监测与综合管理平台,提高对数据安全违规相关企业的处罚力度,以此倒逼企业提高对数据安全技术的投资力度,加强车联网产业数据安全监管。

同时,应强化行业主管部门、市场安全监管部门、交通运输部门以及网络信息主管机构等多部门多机构的协同联动机制,做好行业监管、市场监管、交通监管、网络监管等工作的统筹与协调,依法建立数据安全领域的联防联控机制,做到立法先行、科学监管、激励守法,鼓励行业内部自律与政府外部监管之间的开放合作。

（原文首发于《第一财经日报》2021 年 4 月 29 日第 A11 版,收录时做了修订）

完善数据安全治理应从三方面入手

数字数据技术的产生和广泛应用推动了数字经济的飞速发展,而以数据为核心的新兴技术,正在加速与社会各个领域深度融合,成为推动经济发展、实现产业转型升级的新引擎、新动力。数据作为数字经济的基础要素,带动各种新业态、新产能的出现;随着数字浪潮的扩展,从虚拟经济到实体经济的各个行业都面临巨大的技术和产业变革。这一变革带来了海量数据的爆发式增长、多样化的数据形态、不断增强的数据流动性和各类不同场景模式的数据应用等巨大变化,同时使得引发数据安全风险的可能性大大提高。

随着我国数字经济和产业的发展,数据安全问题日益凸显。2015年国务院印发《促进大数据发展行动纲要》,部署促进大数据发展的三大主要任务之一是健全大数据安全保障体系,强化安全支撑。随着数据数字技术的延伸和扩展,社会的方方面面对数据的依赖程度日益加深,新的安全挑战不断衍生。如何通过完善制度供给保障数字经济发展中的数据安全,是当前亟待解决的重要课题。

一、数字经济时代数据安全治理面临诸多新挑战

数据作为一种新型生产要素和资源,具有显著的可利用价值,能够在经济发展、社会治理、科技进步、文化繁荣等方面发挥重要推进作用。但数据本身具有多归属性、流动性和多样性等不同于传统生产要素的特性,其安全风险在数字经济和产业动态运行的条件下被不断放大,牵涉的主体范围也更广,不仅关系个人、企业和其他组织等主体的权益,更关系国家利益和社会公共利益,因而其安全治理问题也就更为复杂,面临各种新挑战、新风险。

(一)多元主体共治机制漏洞加剧治理风险

数字数据技术和人类生产生活的深度融合,对经济发展、社会治理、人民生活都产生了重大而深刻的影响。随着大数据的跨界融合、交叉互联,数字经济所涵盖的主体结构日益复杂,政府机构、社会组织、市场主体以及公民等都与大数据安全

密切相关。数据安全不仅关涉个人、企业和其他组织,还牵涉国家和政府。故数据安全不单是某一主体的事务,而是多方主体共同牵涉的事务。也就是说,数据安全不仅需要国家和政府在治理过程中加以保障,也需要企业、公民等多方主体共同维护。

但是根据社会学的"责任分散理论",当不同个体需要共同解决某项问题时,群体中的"匿名效应"将稀释参与个体的责任感,使得单独个体因为观望其他主体的行为而怠于承担自己的相应责任。就数据安全问题而言,多元治理主体的存在在一定程度上造成了责任的分散,因此需要加强不同主体之间的协作,唯有推动每一方主体都参与其中,形成合力,才能更好地解决数据安全治理难题。

现代西方社会治理理论认为,随着公共利益的多元化和公共事务的复杂化,政府作为公共事务的唯一管理主体已日渐力不从心,除政府之外的一些非营利组织和私营部门等公共行为主体也应承担起管理公共事务的责任,并且它们只要得到公众的认可,就可以在各自不同的系统中构成公共权力中心。就数据安全而言,行业组织在其中发挥着协调不同企业利益、担当政企关系媒介、引领行业自治的重要作用。因此,数据安全治理,离不开行业组织的沟通串联。

(二)数据流动引发运行周期各环节安全风险

数字经济以数据的高效开发和利用为基础,涵盖数据的来源、传输、存储、使用、清理等各个环节,不同环节的特性不同,面临的数据安全问题也大相径庭。

数据采集是数据生命周期的第一道环节。数据采集是指从产生数据的源头进行数据记录和预处理的过程。采集过程中的安全风险主要是未经许可或采集对象同意,非法获取数据。例如,企业未经消费者授权自行采集用户数据信息用于经营。

在数据采集完成后,需要将采集到的数据传送到数据存储中心,这就是数据传输。该环节面临的风险主要是恶意拦截、篡改或破坏。数据传输技术的进步在提升传输速度和数量的同时,也使得数据流量更为庞大,数据监控和保护更为困难。

数据存储是指将数据存于特定介质之中。其所面临的安全风险主要来自内部和外部两方面:一方面,数据存储者可能会故意或者因过失而泄露数据;另一方面,外部人员可能通过入侵存储系统,获取、篡改、删除数据。

数据使用是指对数据进行加工处理,既是数字经济的核心环节,也是数据安全治理的最终目的。数据使用阶段的风险主要包括数据系统非法访问、数据库运维管控安全、开发测试安全以及使用权非法转让、非法关联及不当使用等。

数据共享是数据价值实现的重要方式,包括免费和付费两种方式。它主要是通过数据在不同主体间的流动,有效促进数据互联和数据作用的发挥。数据共享阶段面临的风险主要包括非法访问、恶意更改、非法外泄等。此外,数据共享过程中数据产生的价值如何分配也是一个棘手的问题。

数据在经历上述各环节后,面临着销毁的问题。当前数据销毁技术主要有物理和逻辑两种:物理消除包括消磁、腐蚀、粉碎、焚化等方式;逻辑销毁主要包括数据擦除、重写等方式。在数据销毁过程中,同样存在着非法备份、泄露、非法交易等安全风险,也值得关注。

总之,数据所面临的威胁与风险是一个动态变化的过程,在不同环节面临着不同问题,呈现周期性变化趋势。因此,必须坚持整体宏观视野,有针对性地解决不同环节中存在的数据安全治理问题,消除数据安全风险。目前,我国针对数据安全的制度设计缺乏对产业链中不同环节的更为细致的关注,导致无法有效管控各环节的安全风险。这从侧面上更加凸显了加快数据全生命周期安全立法的重要意义。

(三)数据跨境流动催生国家安全风险

在全球化日益深入发展的今天,数据日渐超出国家或地区边界走向世界,进行跨国、跨地区流动。数据安全不仅成为国内建设关注的焦点,也成为国际上各国普遍重视的问题。各国纷纷出台政策法规,加强对数据安全尤其是本国数据安全的保护,尽可能在国际数据竞争中占得先机。在这一过程中,以中国为首的发展中国家面临的风险更大。2020 年以来,一些外国政府以数据安全为由针对中国的第三方支付平台 Z、知名社交软件 W 等进行的管制行为,体现出数据日渐成为国际竞争的前沿阵地,也更加彰显了强化国家数据安全保护的重要意义。从这个意义上说,数据安全问题,不仅对国内的改革与发展具有重要影响,也对国家利益维护和国际关系构建具有显著作用。因此,数据安全治理必须坚持国际视野,统筹国内国际两个大局,基于数据跨境流动的动态发展现状,制定相应措施以应对日益严峻的新型国家安全问题。

国家数据安全所面临的风险主要包括技术和制度两方面。从技术风险来说,数据跨境流动过程中存在非法获取、数据泄露、系统入侵等会带来安全风险的技术行为,面临着安全标准制定、安全技术开发和应用等技术性难题;同时,在数据跨境流动的法律法规构建上,又存在安全审查、跨境执法、规则衔接等制度性问题。前者属于动态风险,后者属于静态风险。动静交织的风险使得国家数据安全保障面临更加复杂的局面。

综观我国的相关制度建设,无论是《中华人民共和国数据安全法》《中华人民共和国网络安全法》等数据安全相关立法,还是《促进大数据发展行动纲要》《国务院关于"互联网+"行动的指导意见》等政策规划,大多缺乏对国家数据安全的系统性规定,即便有所规定,也大多囿于一些原则性、框架性的表述,缺乏具体的制度构建。在数据跨境流动日益迅猛的今天,我国当前的数据安全制度供给已经不能适应国家数据安全保障的需求,必须尽快完善数据安全制度设计,以保障国家的总体安全。

二、完善数据安全治理的体制机制和政策体系

要想充分挖掘数据价值,推动数字经济发展,实现经济发展的提质增效,就必须强化数据安全治理。应从补齐多元主体共治机制"短板"、强化数据生命周期各环节差异化风险防控和加强数据跨境流动安全保护三方面入手,完善数据安全治理的体制机制和政策体系。

(一)补齐多元主体共治机制"短板"

多元主体的共同参与有助于构建良好的数据安全治理秩序,而数据安全的有效维护又反过来使各方主体共同受益,应当根据不同主体自身的特性,在明确治理主体定位的基础上,构建数据安全共治体系。

一是明确政府部门权责。应当厘清政府部门对数据安全的监管权责,构建涵盖数据运行全过程的全方位监管体制,同时还应合理界定政府监管范围,在保障安全的基础上,限制政府公权力对产业发展的过度介入,避免权力滥用。政府还应制订相关政策或者行动计划,从宏观上确定数据安全的治理目标、基本原则、行动步骤和具体制度,细化数据安全的内容。同时,大数据安全并非某一部门或者某一地区的责任,还需要加强各部门、各地区之间的协作,建立中央统一领导、各部委分别负责、各地方具体落实的自上而下的完整治理体系;还可以考虑构建部门、地方之间的联席会议机制,并促使其在大数据安全治理中发挥主导性作用。

二是推动行业自治。企业、行业组织、第三方机构以及其他数据组织或者涉数据主体不仅享有数据安全权益,同时也负有数据安全责任。因此,应当在厘清企业、行业组织等数据组织定位的基础上,通过行业规范、标准制定、内控机制等方式确定主体权责,同时还可以通过第三方机构安全认证等方式激发行业自治的积极性,激励数据市场主体强化安全保障措施,完善内部管理。

三是深化公众在大数据安全治理中的作用。社会公众既是大数据的重要来源，也是大数据应用的受益对象。应当细化公民个人享有的数据安全权利和应承担的数据安全义务，为公民在数据安全治理中发挥作用筑牢法治根基。同时，还应通过政策宣传，提升公众对个人隐私及信息安全的重视，增强自律意识和自我保护意识，为数据安全治理奠定群众基础，并充分发挥公众的监督职能。另外，畅通数据安全群众意见反馈渠道，可以考虑构建政府、行业、公众三方代表协商机制或者听证机制，定期或不定期召开会议讨论数据安全问题，对数据安全治理建言献策，为维护数据安全提供有力保障。

(二)强化数据生命周期各环节差异化风险防控

应当基于数据生命周期各环节的不同特点，制定相应的安全保障策略。

数据采集是数据安全治理的第一道关口。可按照数据的重要程度对不同数据进行分级，从上到下分为涉密数据、敏感数据、重要数据、一般数据。在分级基础上，根据不同级别的数据设置不同的采集程序要求，级别越高的数据，采集程序要求越严格，所需获得的授权标准也就越高，由此保障数据的采集安全。

在数据传输环节，应当以传输加密为核心。将不同数据的专线传输、传输证书、文件内容过滤、网关审查、敏感性检查等内容纳入数据安全法律法规，明确其技术标准、责任主体、监管方式等。

在数据存储方面，应从内外两方面入手加强安全保障。在内部管理上，应当明确数据库的访问主体、访问权限，建立专门的数据库或数据平台管理机制，部署专门的管理人员，防止泄露；在外部防御上，通过加强技术防范，采取有力措施阻止非法攻击和侵入，同时还应赋予用户查看、修改、删除自身数据的权利以及时发现潜在的数据安全风险。

在数据使用环节，应当从数据的加工处理入手，推动数据加工处理的规范化。应当重点解决数据使用的授权认证、权限范围、运维权责、用户监督等问题，在保障安全的基础上推动数据高效合理使用。

在数据共享环节，应当厘清参与共享主体之间的协议制定和履行、风险分担、收益分配、责任界定等问题，加强对数据平台运行和管理的监管，平衡共享主体之间的利益，在此基础上保障数据的安全高效流动。

在数据销毁阶段，重点在于数据是否得到真实有效的销毁。因此，应当着力于数据销毁清单建立和记录保存制度建设，可以考虑通过数据销毁全程录音录像以及不定期检查制度的构建,确保数据得到真实有效的销毁。

(三)加强数据跨境流动安全保护

数字经济时代,数据作为新型基础性战略资源日益得到各国重视,日渐成为国际竞争与合作的重要对象。面对当前跨境数据流动的发展现实,我国应当直面安全挑战,抓住时代机遇,积极推动我国数字经济和产业的发展水平更上一层楼。同时,还应当从具体规则完善、技术发展和国际合作等方面探索国家数据安全保护的制度进路。

首先,在具体规则上,应当细化各项规则内容,增强其可操作性。应在明确部门、地区权责范围基础上,抓紧构建各地区、各部门的数据清单和数据名录制度,合理制定数据的分级分类标准,并加强协调以避免重复和矛盾。具体列举数据跨境流动过程中所涉及的重要领域和行业,针对关键节点和重要领域开展多层次重点保护。同时,加强数据安全风险评估,明确负责数据安全风险评估机构,完善评估主体、评估标准、评估流程、评估频次、费用承担、评估结果等规定,可在规范资质认定、测评程序、责任承担等事项基础上,加强与第三方数据评级机构的合作,以提升评估效果,提高治理效率。此外,还应完善国家数据安全治理体系内部的监督和问责机制,明确监督主体、问责范围、责任处理等方面规定,可通过开展定期巡视、随机抽查等方式,保证国家各部门、各地区依法履行保障数据安全的职责。

其次,应当积极采取措施推动数据安全技术创新。对此,可加大资金、技术和人才投入,推进数据研究院、数据实验室等科研机构建设,加强与国内外科研院所、技术组织的合作,为数据安全治理创新提供技术基础。同时,应鼓励和扶持一些大型互联网或数据企业开展自主研发,通过技术奖励、税收优惠等措施,激发企业创新数据安全技术的积极性。此外,还应加快数据治理人才的培养和引进,加强数据治理人才储备,打造覆盖全方位、多领域的数据人才治理队伍。

最后,应当加强数据安全方面的国际交流与合作,积极参与国际数据安全治理规则体系的制定。可通过建立国际数据安全合作小组、信息交流共享、备忘录签署以及民间组织往来等多元化、多层次形式,推动国家间数据安全治理的交流。还应当在考虑国际通行标准和做法的基础上,制定合理的跨境数据安全执法规则,加强与其他国家或地区规则的衔接,促进数据安全跨境执法合作。积极参与国际数据治理规则的制定,构建国际数据治理多边机制,在国际数据治理中展现大国担当。

三、结语

数字数据技术的发展,在带动数字经济和新兴产业发展的同时,也催生了数据安全风险。数字经济和新兴产业的发展离不开数据安全保障。数据安全不仅牵涉个体权益,同时关系社会整体利益;不仅是国内建设所面临的重大问题,也是当前国际竞争与合作的重要内容。因此,必须不断深化对数据安全的认识,更新数据治理理念,加强顶层设计,完善相关立法,填补制度漏洞。应从数据安全治理的私益与公益动态平衡、国内国际两个大局兼顾的基础出发,加快构建科学合理、高效有序、完整统一的数据安全治理体系,为我国数字经济和产业市场化、规范化、国际化的发展提供有力的制度保障。

(原文首发于《国家治理》2020年第36期,收录时做了修订)

数据要素赋能"双循环"新发展格局

构建"双循环"新发展格局,核心是要畅通国内大循环,降低对外依赖度,以国内大循环为基础参与国际大循环;并利用国际循环促进国内大循环,做到国内国际双循环相互促进,最终实现经济高质量发展。

在这一过程中,最关键的是实现各类市场要素的自由流通,营造要素市场公平竞争的法治化环境。其中,数据作为一种全新的生产要素,其对于经济发展的重要性日益凸显。当前以数据为核心的数字经济发展突飞猛进,推进数据要素市场的高质量发展已成为打通"双循环"堵点,促进"双循环"更加高效运转的切入点与着力点。

一、"双循环"新发展格局的关键

经济循环理论认为:一个国家经济循环能力决定该国的经济发展能力,经济循环是由生产、分配、流通和消费构成的闭环链条,循环往复,经济循环的速度与质量决定了国家的经济发展水平及持续发展能力。当前,我国"双循环"发展战略的提出和新发展格局的构建很大程度上与国际外部大环境激变有关。具体来说,既有正常的国际经贸发展规律的周期性影响;也有特定时期特殊因由的作用,其影响在某些领域可能是短期的,但在核心关键设施领域、基础创新类技术领域大概率会成为新常态。这就要求我们要高度重视以"双循环"为表征和导引的新发展格局的核心内涵与关键节点,即"双循环"发展所要回应和解决的主要问题以及促进"双循环"的有效路径。

"双循环"发展战略的关键在于循环,即推动生产要素公平自由的流动与使用。公平自由的竞争是现代化市场经济运行的基本特征之一,在数字经济时代的要素循环中,以数据为核心的公平竞争不仅要考察数据作为要素、资源及其衍生商品和服务的竞争属性,还要关注基于数据对其他生产要素的融合作用而产生的溢出效应。然而,当前经济循环的各个环节仍然存在诸多堵点,妨碍"双循环"新发展格局的形成。

一是生产环节。虽然我国已建成世界上规模最大、最完整的现代工业体系,但仍存在较多阻碍生产要素市场化的体制机制障碍以及相关制度供给不足的问题,突出表现为供需关系不平衡、产业结构不合理、市场竞争不充分、政府与市场边界不清晰等。

二是分配环节。目前我国经济已由高速增长阶段转向高质量发展阶段,但仍存在收入分配结构失衡、城乡发展失衡、供需结构失衡,以及由于信息不对称所导致的资源错配、市场分割所导致的资源配置效率低下等问题。

三是流通环节。近年来我国流通体系取得较快进展,商品和要素流通环境得到显著改善,但仍存在要素纵向产业链与横向区域间自由流动制度壁垒、政策障碍,以及流通环节多、成本高、效率低等问题。

四是消费环节。消费既是经济循环的终点,也是新的经济循环的起点,是经济循环不可或缺的关键环节。在以投资、消费、净出口为驱动的传统发展格局中,由于消费品质不高、消费内涵不足、消费结构失衡等所引发的消费市场内需不足、循环动力不强的问题亟待进一步解决。

打通经济循环堵点,形成需求牵引供给、供给创造需求的更高水平动态平衡,是构建新发展格局的重要内容。在数字经济时代,数据特别是消费(者)数据的收集与存储、分析与使用、流通与分享、挖掘与应用成为打通经济循环堵点,以需求推动供给,实现资源要素精准配置、高效利用的关键。

二、数据要素对于经济循环的重要意义

当数字经济向以数据、平台、算法相融合的智能经济不断推进时,如何评价数据要素对于经济循环的意义,成为当下理论界与实务界普遍关注且亟须解决的问题,也是理解数据要素赋能"双循环"新发展格局的参照与进路。

在生产环节,借助互联网、大数据、云计算、人工智能、物联网等不断变革的现代信息技术,以数据要素推动生产数字化转型,加快产业结构转型升级,助力我国构建实体经济、虚拟经济与数字经济相融合的现代产业体系,提升我国制造业在全球产业链中的地位。同时,借助互联网和大数据,准确把握市场经济规律,将充分发挥市场在资源配置中的决定性作用和更好发挥政府作用有效衔接,为国内大循环提供公平有序的市场竞争环境。

在分配环节,运用数字技术准确识别居民收入分配信息,与宏观政策协调配合,改善收入分配状况,构建公平合理的收入分配机制,缓解收入分配两极分化和城乡发展失衡状况。针对信息不对称所带来的资源配置效率低下问题,通过高效的数据搜集与算法优化,精准对接供求双方,使生产者能够及时、准确、有效地获取各类需求信息,降低生产者的经营风险,提高资源配置效率和经济运行效率,促进国内大循环的高质量运行。

在流通环节,通过优质数据整合,建立统一开放的大数据信息平台,打破流通环节的制度壁垒,避免因环节过多、标准不一造成流通效率低下。此外,充分发挥各地区优势,完善中西部地区的通信、交通等基础设施,更好地实现东中西部的信息交流与共享。在数字经济较为发达的东部地区的带动下,将中西部地区的资源优势转化为国内大循环中的经济优势,缩小地区间的发展差距,这既有利于中西部地区发展,也有助于减轻我国产业向外转移的压力。

在消费环节,发挥数据要素的引领作用,通过发展以大数据、人工智能为代表的新经济,培育信息消费、智能消费等新消费业态,促进消费方式升级和消费结构优化;在扩大有效需求、释放消费活力的同时,带动国内大循环良性发展,有效解决我国消费市场品质不高、结构失衡和内需不足的问题。同时,鼓励企业依托新型消费开拓国际市场,利用国际循环促进国内循环,实现国内国际双循环相互促进。

坦言之,"双循环"新发展格局的构建与运行实质上是数字经济下各类资源要素的新循环与新配置,因此,亟须打通妨碍以数据要素为中心的资源循环的各个堵点,构建和完善数字场景下的现代化全周期自主型生态产业链,确保数据安全高效流通,释放数据在不同场景下公平合理使用所带来的巨大能量,助力"双循环"新发展格局形成。

三、数据要素市场发展需要法治化推进

数据只有在流通与使用中才能增值,数据的价值在于流通。只有让数据要素在市场上有序有效地流转,充分发挥市场在数据要素配置中的决定性作用,才能最大化地释放数据要素的价值。然而,目前数据要素市场的相关规则还不够完善,除数据权属缺乏统一明确的规定外,还存在以下问题:

第一,数据标准规范不完善。在大数据时代,数据量井喷的同时也产生了巨量的噪声数据,要使数据成为"要素",再转变为"资源",就需要对数据进行标准化处

理,以节约数据相关方收集、沟通和信任的成本,促进数据要素的商业交易和流通使用。当前我国的数据标准规范还存在许多不足,譬如缺乏数据交易标准,致使种类多、格式多的大数据难以成为大规模交易的产品;缺乏数据质量标准,不利于区分大数据时代下的大数据与普通数据,并判断其能否产生实际应用价值;缺乏行业数据应用标准,限制了大数据驱动行业的高速发展等问题。

第二,政府数据共享程度较低。政府拥有海量的数据,特别是大量的政务数据、司法数据、产业数据、行业数据、自然数据、历史数据等,具有很高的实际价值与应用开发潜力,故政府大数据共享是最大化利用政府数据的第一步也是关键一步。然而,长期以来,政府数据大部分始终处于不透明或未开放状态,或是由于缺乏统一的技术标准、开放标准(包括流程、种类、等级、边界等)、接口标准,或是出于数据的安全与隐私保护,或是出于部门或地区利益分割,政府数据不能有效共享,严重阻碍了数据价值的有效发挥,还使得政府信息系统重复建设,造成了社会资源的浪费。

第三,数据市场交易规则不统一。继贵阳大数据交易所成立后,全国陆续成立了诸多大数据交易平台,但由于缺乏统一的市场交易规范,使得市场相关主体缺乏互信机制,数据提供方、购买方、中介方,私自留存、复制甚至转卖数据的现象普遍存在;并且由于缺乏数据生产流通全周期的法律规范与监管制度,相应个人隐私、商业秘密被侵害的风险也日益增加。

可见,目前我国数据要素市场尚未成熟,还处在起步阶段,亟须建立公平有序的市场秩序,以促进数据要素在生产、分配、流通及消费各个环节的顺畅流动,充分释放数据要素的价值,推动"双循环"新发展格局形成。

第一,强化竞争法治,防范数据要素市场反竞争风险。首先,聚焦数据要素开放循环,落实竞争政策基础地位。在法治框架下,构建事前预防与事中事后监管的市场评估机制,营造良好的市场公平竞争法治环境。其次,引入数据要素全周期、全空域、全场景合规审查。构建事前预防、事中事后监管和救济的全周期数据合规治理机制,逐步加强数字经济领域下竞争治理科技水平,借助大数据、人工智能、区块链等先进技术提升治理效能。最后,引导多元主体参与数据共治,自觉提升竞争守法水平。

第二,以数据公平竞争为中心,促进以数据为中心的国内资源要素大循环。尽快建立并规范全国数据要素大市场,充分挖掘国内大循环下的消费(者)数据及数据消费能力,提高数据要素及其融合其他要素的循环效率。包括但不限于,将数据要素市场建设和管理的权力集中于中央政府或由中央政府统一授权;加紧数据要素市场基础设施建设与规范管理;推动政府数据有序开放,等等。

第三,提升数据全球竞争治理能力,维护"双循环"运行安全。当前国际局势复杂多变,不断出现其他国家封禁我国应用软件的事件,我国作为数据大国理应在数据跨境流动的制度构建方面予以足够的重视,尽快在国际上形成我国数据竞争治理的话语体系,以维护国家数据主权。

(原文首发于《国家治理》2020年第43期,收录时做了修订)

以《民法典》实施为契机规范数据使用

数字经济时代的技术进步和商业模式创新给广大消费者与企业带来了前所未有的便利与高效率,特别是在新冠肺炎疫情期间,无接触式交易模式与数字化物流配送系统的融合更是极大地彰显了数字经济相较传统经济的巨大优势。数据是数字经济高质量发展所需的关键生产要素,数据的流通与共享是数字经济领域各类企业经营业务开展与创新的重要保障。然而,数据流通使用与个人信息保护却存在一定程度上的紧张关系。

不同类型的个人信息是数据的重要来源和主要成分,企业通过海量的数据收集可以实现销售目标的精准定位、商品的开发创新,为消费者提供个性化服务,但是个人信息乃至数据的收集与利用不应当是无边界的,个人信息的过度采集、数据信息泄露、数据垄断、数据不正当竞争等问题已经逐渐显露。譬如,媒体报道的取厕纸"刷脸"、进小区刷脸、去看房刷脸、打车刷脸、注册 APP 刷脸等涉嫌过度收集个人信息的事件已经引发了社会对信息安全的普遍关注,甚至在部分信息泄露案件中已经实际招致了消费者的重大财产损失。

2021 年 4 月,中国人民银行、银保监会、证监会、外汇局等金融管理部门联合约谈 M 集团,提出重点业务领域的整改要求,其中"保护个人数据隐私"便是重要一项。反垄断、反不正当竞争,是完善社会主义市场经济体制、推动高质量发展的内在要求。国家支持平台企业创新发展、增强国际竞争力,支持公有制经济和非公有制经济共同发展,同时要依法规范发展,健全数字规则。要完善平台企业垄断认定、数据收集使用管理、消费者权益保护等方面的法律规范。要加强规制,提升监管能力,坚决反对垄断和不正当竞争行为。金融创新必须在审慎监管的前提下进行。

实践中围绕数据权属与数据使用也已经引发了诸多数字企业之间的法律争端。这些事件虽然表征各异,但是究其实质都与数据权属划归、数据的合理采集使用边界、数据安全密切相关。可以说,数据的权属划归、个人信息保护与数据利用、数据流通共享之间紧张关系的妥善处理直接关系数字经济的持续健康发展。在此背景下,通过《中华人民共和国民法典》(以下简称《民法典》)的实施与完善,做好数据确权,在保障合法的数据权益的同时促进数据的流动和开放具有深远意义。

一、有关隐私权和个人信息保护的规定是《民法典》一大亮点

2020 年 5 月 28 日,第十三届全国人民代表大会通过了《民法典》,2021 年 1 月 1 日正式实施。这是新中国成立以来第一部以"法典"命名的法律,是新时代我国社会主义法治建设的重大成果。《民法典》既是诸多民事法律规范的集大成者,又在诸多方面进行了制度创新与发展,有关隐私权和个人信息保护的规定便是其中的一个亮点。

次日,习近平总书记发表《充分认识颁布实施民法典重大意义 依法更好保障人民合法权益》的重要讲话,其中提到"法与时转则治"。也就是说,随着经济社会不断发展、经济社会生活中各种利益关系不断变化,新技术、新产业、新业态和人们新的工作方式、交往方式、生活方式不断涌现,《民法典》在实施过程中必然会遇到一些新情况新问题。在这种情况下,要坚持问题导向,适应技术发展进步的新需要,在新的实践基础上推动《民法典》不断完善和发展。

二、数据权属方面采取开放式立法例

结合党中央、国务院对数据资源整合和安全保护的要求与《民法典》对个人信息保护所作出的制度安排来看,《民法典》体现了完善数据权属、对数据分类分级进行保护及与时俱进的基本精神和具体制度安排。

在数据权属的规定方面,《民法典》采取了开放式的立法例,为经济发展与技术创新进步的要求预留了足够空间,体现了"法与时转则治"的立法理念和实践安排。具体而言,在《民法典》总则第五章即"民事权利"一章中,《民法典》区别于自然人享有的"生命权、身体权、健康权、姓名权、肖像权、名誉权、荣誉权、隐私权、婚姻自主权"等权利及法人、非法人组织享有的"名称权、名誉权和荣誉权",对个人信息并未明确授予"权"之称号。即依据《民法典》第一百一十一条第一款的规定,自然人的"个人信息"受法律保护,此处并未使用个人信息权的表述形式。

另外,《民法典》总则第一百二十七条明确规定"法律对数据、网络虚拟财产的保护有规定的,依照其规定"。这也就为今后数据、网络虚拟财产权属的确立留足了立法空间,也是希望通过建立包含个人人身利益与财产利益在内的权益集合的形式来表达对个人信息权益的保障,等待实践成熟后,上升为相应权利类型或者采

用权利束的形态统合有所涉及个人信息权益的内容。这种"收放自如"的立法安排体现了科学理性的立法态度和立法技术。

三、加强隐私权和个人信息保护

在隐私权和个人信息保护方面,《民法典》在第四编即人格权编中的第六章分别对隐私权的概念、侵害隐私权的典型行为、个人信息的概念、个人信息保护规定与隐私权保护规定的法律适用关系、适度处理个人信息的基本原则和条件、处理个人信息的免责情形、个人对其自身信息所享有的权利、信息处理者的保密与安全保障义务及国家机关、行政机构的保密义务作出了规定。总体来说,可以归纳为个人信息的概念、适度处理原则以及人格权保护措施三个大方面。

首先,在个人信息的概念方面,《民法典》明确"个人信息是以电子或者其他方式记录的能够单独或者与其他信息结合识别特定自然人的各种信息,包括自然人的姓名、出生日期、身份证件号码、生物识别信息、住址、电话号码、电子邮箱、健康信息、行踪信息等"。其中,能否识别出特定的自然人是个人信息的重要特征,为了提高对个人信息的理解,《民法典》列举了个人的姓名、生日、身份证号码等典型的个人信息类别。另外,在个人信息与隐私权规定的法律适用关系方面,《民法典》规定对于个人信息中的私密信息部分,适用有关隐私权的规定。

其次,在个人信息的适度处理原则方面,《民法典》彰显了分级保护的态度,区分信息是否已经合法公开的情形,规定了区别化的保护要求。对于尚未合法公开的个人信息,进行处理时应当遵循合法、正当、必要原则,不得过度处理,并符合四个条件,即征得同意;公开处理信息的规则;明示处理信息的目的、方式和范围;并且不违反法律、行政法规的规定和双方的约定。对于自然人自行公开的或者其他已经合法公开的信息,除了该自然人明确拒绝或者处理该信息侵害其重大利益的情形以外,合理处理相关已公开信息则不承担民事责任。

最后,在个人信息的人格权保护措施方面,《民法典》从自然人、信息处理者及公权力机关三方的角度构筑了个人信息的立体保护模式。从自然人的角度讲,自然人对其个人信息享有查阅、复制、请求更正及在信息处理者违法、违约的情况下请求删除信息的权利;信息处理者则负有不泄露、不篡改、不向他人非法提供个人信息的消极不作为义务,还负有采取措施防止信息泄露、篡改、丢失及在发生危急情况时及时采取补救措施与进行报告的积极作为义务;而国家机关、承担行政职能的法定机构及其工作人员则对于履行职责过程中知悉的自然人的隐私和个人信息，应当予以保密，不得泄露或者向他人非法提供。

四、妥善处理信息安全与信息流通共享问题

数字经济的持续健康发展需要数据法治的保驾护航，妥善处理信息安全与信息流通共享问题是其中的关键。《民法典》为信息财产权（益）的确立留下了立法空间，对个人信息人格权构筑了三维立体的保护模式。然而，也应注意到《民法典》的保护还仅为私法层面上的保护，个人信息乃至数据的全面保护，在私法以外还需要公法及社会法层面上的保障与支撑。与此相呼应，2021 年 6 月 10 日，第十三届全国人民代表大会常务委员会第二十九次会议通过《中华人民共和国数据安全法》，自 2021 年 9 月 1 日起施行。《中华人民共和国数据安全法》第一条明确将"保护个人信息权益，规范个人信息处理活动，保障个人信息合法利用"作为立法目的。

2021 年 2 月 7 日《国务院反垄断委员会关于平台经济领域的反垄断指南》印发，其第一条中都明确提出维护消费者合法利益，以及第二十条第一款第六项更是明确规定"经营者集中对消费者的影响。可以考虑集中后经营者是否有能力和动机以提高商品价格、降低商品质量、减少商品多样性、损害消费者选择能力和范围、区别对待不同消费者群体、不恰当使用消费者数据等方式损害消费者利益"。随后，在中国人民银行、银保监会、证监会、外汇局等金融管理部门两次约谈某公司的过程中都提及对消费者数据安全的保护及不得滥用问题。

可见，当前对个人数据信息的有效保护和合理利用已成为经济社会发展各领域各面向亟待回应和解决的问题。《民法典》作为"社会生活的百科全书"统筹社会经济生产生活的方方面面，其施行正当其时，有利于对个人信息提供最权威最及时的保护，特别是在数字经济高速发展的过程中，海量生成的含有各类型个人信息的（大）数据的保护与流通共享更是提供了根本性的定位与定则，这为统筹协调现有多部门法、多保护方式提供了基础性的规范和协商框架，有利于在《民法典》的基础上推动个人信息、个人数据的多元统筹保护与合规开发利用，最终实现个人信息领域安全与发展的统合与共进。

（原文首发于《第一财经日报》2021 年 1 月 11 日第 A11 版，
收录时做了修订）

以数据治理为中心推进新基建

新基建是数字经济时代政府为贯彻新发展理念,适应和推动经济社会生态化、数字化、智能化转型,实现国家治理体系和治理能力现代化的重要内容。然而,由于当前各界对新基建中数据应用场景的了解还不是很充分,相关理论研究也有待深入,致使对该问题的观察和研究在短期内大多呈现为一种现象论,难以准确地发现、挖掘、预判未来真实场景下的问题,有点雾里看花、隔靴搔痒之感。

一、新基建的关键在数据发展

虽然,对新基建在数据应用场景的研究并非是一个虚拟问题,但是,该问题其实与虚拟空间的建设和发展密不可分。随着数字化虚拟经济新业态的高速发展,越来越多的行业向数字化和线上化发展转变,而"新基建"正是推进这一新业态发展的重要引擎和动能。具体而言,工业互联网、5G基站、数据中心、特高压、智能轨道交通等基础设施是新基建发展的重要载体,并为数据要素提供物质基础和应用场景,若没有支撑实体经济运行的各种数字化基础设施,各行各业的数字化发展也难以为继。

客观地讲,目前理论界和实务界已对相关问题做了不少研究和实证工作,尤其是近年来相关立法工作取得了较为显著的进展,譬如,《中华人民共和国民法典》首次将数据、网络虚拟财产纳入民事权利的保护范围,《中华人民共和国数据安全法》有助于进一步规范数据处理活动,保障数据安全,促进数据开发利用。这些法律积极回应了当前数据治理过程中社会各界关切的重要问题,并为此提供了基本的法制框架和实施路径,值得充分肯定。然而,这些重要的法治进展与新基建发展的现实需求尚有距离,还需进一步澄清和明确。譬如,在新基建产业中,由于新基建项目类型丰富,参与主体多元,数据权益诉求各异,造成数据治理体系建立和数据治理权责划分更为复杂,已有的数据权属问题在新基建自身建设和带动上下游产业链发展的过程中将越发凸显,亟待有效回应和科学解决。然而,当前相关立法、政策及制度尚未阐释清楚数据权益及其归属的关键问题,难以有效回应新基建发展背景下,对数据流通、交易和保护所产生的现实需求。

新基建作为推动和促进"大变局"持续健康发展的核心设施和重要抓手,代表着新一轮全球经济社会改革与发展的方向,无论是经济发展换挡调速,新旧动能转换,走高质量发展之路;还是社会治理转变思路,提倡多元共治,打造数字化、智能化、系统化的新治理格局,都离不开新基建作为核心设施和基础平台的关键作用。新基建发展推动的不仅是产业发展的格局、思路、模式、技术的迭代与升级,更牵动着经济社会治理架构、理念、原则、方法的优化与革新,正所谓"经济发展推动社会变革""技术进步促进治理改革"。在这一过程中数据治理法治化不仅是新基建作为一种产业发展与结构升级所需的制度保障,更是新基建作为一种社会治理基础健康有序运行所需的制度规范。换言之,在新基建发展中数据治理法治化既是保障机制和优化机制,也是规范机制与约束机制。

为此,立足新发展阶段,运用新发展理念,构建新发展格局,新基建顺应"三新"时代的发展要求,加快建设步伐,不仅推动产业发展的格局、思路、模式、技术的迭代与升级,更能促进经济社会治理架构、理念、原则、方法的优化与革新,新基建带来的不仅是物质生活层面的极大满足和提升,同时也会更新社会各界人士和广大民众的思维和认知,在推进产业升级发展的过程中,变革治理理念与模式。新基建的蓬勃发展成为我国应对挑战,回应时代需求的关键事业,其中以数据流动和开发为核心的新基建已经成为拉动新发展格局建设,打造数字经济与实体经济融合发展的关键设施,也是持续保持和进一步扩大我国在数字经济应用领域全球领先优势的基础平台和核心动能,尤其是在互联网流量红利接近峰值,数据成为最重要的创新型全要素的场景下,以数据驱动新基建的创新发展已成为时代主题,是我国经济社会发展的必由之路。

二、新基建的难点在数据治理

由于新基建事业起步不久,涉及面广,变化速度快、形态多、问题繁,在研究和总结新基建中数据治理问题时,仍然只是处于"盲人摸象"的状态,很多问题的提炼和总结仍然停留在现象观察之上,缺乏系统的专门性、专业性的研究,特别是对在新基建中由技术应用和创新所引发的数据治理问题,尚未予以充分把握,尤其是对那些具有动态性、系统性、工程性的问题,还需要假以时日跟踪观察,方可得出客观准确的答案。为此,聚焦数据运行全周期与新基建的具体场景相结合的视角,以问题为导向,以现有制度的完善为主线,科学慎思地推进制度创新,以此高效安全地推动新基建。

然而,一方面囿于现实的素材较少且不稳定,更多的新基建场景在不断涌现,其中有关数据治理的挑战还需要进一步观察、提炼及总结。其中,有些挑战可能是需要通过技术的更新和创新予以解决,现在可用的方法和有效的治理手段尚不能满足需要,至多是维持现有的状态;而有些挑战是可以通过法制优化和治理革新予以应对的,这就需要加大对现实需求的理论研究投入,将理论研究植根于现实实践,通过制度创新和机制改革释放法治,对新基建中数据价值的保护、挖掘、开发及数据的创新功能做深入的研究。基于此考量,希望能在有限的知识储备和研究经验下,探寻法治回应新基建发展需求的可能性及实现路径。

另一方面,囿于研究者知识结构和研究能力,难以驾驭"科技与法治"交互这一研究主题。面对新基建所涉及的七大领域,以及各领域内的数据采集、清洗、分析、使用、流动、分享、挖掘、封存、销毁等数据全周期的相关行为,所带来的数据分级分类、数据权益配置、数据市场竞争、数据绿色发展、数据跨境流动及数据安全等问题,明显感觉知识匮乏、眼界狭窄、研究乏力,为此,必须加紧学习和理解新基建下的各种新技术、新业态、新应用,在学习中慢慢提升研究能力,提高研究水平,希望久久为功,善作善成。故结合目前国内外相关研究现状,新基建过程中的数据权属、数据跨境流动以及数据安全问题尤为关键。

三、新基建的重点在依法治数

我国大力推进的"新基建"并非仅聚焦于我国境内的以数字数据技术和人工智能产业为核心的经济技术项目,而是辐射全球,以"一带一路"倡议为抓手,以建设人类命运共同体为远景目标的全球经济社会发展的战略项目,为此数据要素的跨境流动无疑会给新基建的健康发展带来不可忽视的影响。可以说,数据跨境流动是推动新基建持续发展和进阶创新的必然选择和基础保障。离开数据安全高效、合法有序的跨境流动,新基建就谈不上承载人类命运共同体建设的时代重任,也很难完成新发展格局下促进国内国际经济大循环的历史使命。

因此,从我国现实发展需求出发,统筹国内与国际两个大局,在借鉴美国、欧盟以及英国、印度等国家和地区就数据跨境流动法治模式的基础上,尽快建立我国就数据跨境流动的基本法治框架。可见,在数据跨境流动领域的安全治理和自由流动之间所形成的张力已引起国家主管部门的充分重视,制订了原则性的框架方案,接下来需进一步细化,使之更快更有效地落地施行。

安全是发展的前提,发展是安全的保障,在新基建的环境下,网络安全与发展的核心是数据的安全与发展。新基建的建设与发展就好比是"建在云上、行在云中",其对数据安全的依赖怎么强调都不算过分,没有了数据安全,新基建犹如无根之木、无源之水,无法行稳致远,更谈不上进而有为。因此,新基建中的数据安全治理关系整个新基建产业发展安全和市场运行安全,必须要在通过数据赋能新基建以推动经济发展的同时,针对经济发展中的数据应用的具体场景完善数据安全治理法律法规体系建设,依法做好新基建中数据安全与发展的统筹工作,依法完善数据安全治理。

新基建区别于旧基建的关键就在于前者是完全建立于数字场景下的以数据为核心要素,以模块化、结构化、智能化为基础的云基建,大数据和数据计算成为新基建的核心原料和基础工具,离开了对数据采集、使用及管理等环节的合法性和安全性的保障,整个新基建事业就无法安全高效展开,甚至会走向发展的反面,陷入危险的境地,故在新基建发展过程中必须牢牢抓住数据治理的法治化这一关键任务,在法治框架下推动基于数据治理为核心的新基建事业的发展。

(原文首发于《第一财经日报》2021年7月7日第A11版,收录时做了修订)

大数据"杀熟"重罚可取吗?

近年来大数据"杀熟"行为频现,多个网络购物、交通出行、餐饮服务等APP被曝出就同一商品或服务向老用户索取高于新用户的价格,引发社会各界广泛关注。

2021年4月13日,国家市场监管总局会同中央网信办、税务总局召开互联网平台企业行政指导会,明确提出要严肃整治大数据"杀熟"行为。2021年6月29日,深圳市第七届人民代表大会常务委员会第二次会议通过的《深圳经济特区数据条例》亦对该问题作出了回应。《深圳经济特区数据条例》第九十五条设置大数据"杀熟"的处罚数额5000万元,这是现行法律的100倍。应该说该处罚数额相对于现行法律规范来讲具有突破性,能够对大数据"杀熟"行为具有一定威慑与规制作用。但从当前互联网企业的发展体量来看,大数据"杀熟"重罚是否可取还存在一定的探讨空间。

一、何为大数据"杀熟"

大数据"杀熟"一般指同样的商品或服务,老客户看到的价格反而比新客户要贵出许多的现象。大数据"杀熟"并非专业的学术名词,也无确定的概念或定义。虽然大数据"杀熟"这一名词从2018年才开始进入大众视野,成为"2018年度社会生活类十大流行语",而且逐渐演化为今天需要被讨论"如何进行规制",但大数据"杀熟"这一现象却由来已久。

我们日常所谈的"需要被规制的大数据杀熟",主要表现为经济学上所讲的价格歧视,只不过大数据杀熟将"杀熟"的主体范围限定在能够利用大数据实施价格歧视的企业,并且将"杀熟"的对象范围限定在企业利用大数据实施的价格歧视的受众。

二、从大数据"杀熟"到价格歧视

价格歧视实质上是一种价格差异,通常指商品或服务的提供者在向不同的接受者提供相同等级、相同质量的商品或服务时,在接受者之间实行不同的销售价格或收费标准。经济学将"价格歧视"分为一级价格歧视、二级价格歧视以及三级价格歧视三种类型,其中,一级价格歧视,又称完全价格歧视,是指企业或商家针对每一消费者进行的个性化定价,这意味着企业或商家需要精准把握每一个消费者的消费或其他特征然后实施差异化定价,一般而言一级价格歧视在传统或者非数字经济消费场景下较难实现,不过在大数据场景下,一级价格歧视有了实现的可能,也即大数据"杀熟";二级价格歧视,是指垄断厂商根据不同的购买量和消费者确定的价格,其典型是"数量折扣",即对购买超过某一数量的产品部分给予较低的价格优惠,但不同消费者面临的是同一套价格体系;三级价格歧视,是指企业或商家在销售同一种商品时,根据不同市场上的需求价格弹性差异,实行不同的价格,例如针对不同的群体索取不一样的价格,三级价格歧视是最典型的价格歧视。

价格歧视并不必然需要法律的规制,一般而言,价格歧视作为企业的销售策略,能够帮助企业实现利润最大化,同时增加社会福利。"大数据杀熟需要被规制"的呼声之所以这么高,是因为价格歧视发生在较大的互联网企业之间,并且颠覆了消费者原有的认知——企业利用大数据并非对平台的新客户收取较高的价格,而是对平台的老客户实施了较高的定价。

三、应被规制的大数据"杀熟"的临界点

从企业实施大数据"杀熟"的行为来看,企业之所以会对老客户实施较高的定价而对新客户实施低价或者各种优惠政策,原因在于想要吸引新客户或者新流量。新客户或是新流量的背后其实就是数据,不论是新客户加入时所填写的各种注册信息,还是网上浏览时所留下的痕迹信息都是数据。因此,企业的大数据"杀熟"行为从另一侧面看也是在数据领域展开的竞争行为。

大数据"杀熟"行为是商家基于算法优势,在分析用户喜好、支付能力等数据的基础上进行的个性化定价。不同于动态定价,个性化定价是在同一交易条件下,根据不同用户的购买意愿和支付能力进行的差异定价,而动态定价则是依据不同交易条件,计算交易成本,对交易价格进行的动态调整。交易条件是影响交易价格的重要因素,判断大数据"杀熟"的关键在于判断交易活动是否处于同一交易条件下,这也是认定大数据"杀熟"违法性的立足点。判断是否属于同一交易条件需要分"两步走"。

首先,确定影响交易成本的交易条件。此处的交易条件是指卖家在提供产品和服务时影响交易成本进而影响价格的各类要素,包括但不限于交易时间、交易地点、交易数量、付款方式等。不同的产品和服务,影响交易成本的条件并不相同,如在外卖配送服务中,配送时段和配送地点应当是其重点考虑的影响条件。其次,判断交易条件是否同一。此处的同一条件仅需要前后大致相同即可,无须达到完全相同的程度。且此处仅需要核心的交易条件大致相似即可,无须所有交易条件均满足。

这一方法在实践中也有所应用。在 2019 年"L 诉生活服务电子商务平台 M 案"中,二审法院重点考量了交易时段这一重要交易条件,认为案件中影响价格的交易变量不只有新老账户,还有配送时段,且配送时段是影响配送费的重要因素。L 与其同事下单时间并不一致,两者的配送费并不在同一交易条件下,不具备可比性。因此,此案中配送费的变化并不能完全被认定为是平台依据用户的大数据,针对老顾客作出的价格欺诈行为。在 2020 年"H 与在线票务服务公司 X 纠纷案"中,原告表示 X 平台上预定的酒店价格比酒店实际展出的挂牌价格高出不少。法院认为,各项交易条件均未出现明显变化,挂牌价格不会在短时间内出现大幅度变化,平台存在恶意欺诈用户的嫌疑。同时 X 在提供服务时存在强制收集用户个人信息的行为,此案中造成酒店前后差价巨大的原因明显是 X 在未告知用户产品的真实价格的情况下,利用收集的大数据针对老用户实施的价格欺诈行为,因此支持了原告的请求。

综上,大数据"杀熟"作为一种价格歧视,虽本质上不一定违法,但其多以价格欺诈的方式呈现,仍需进行科学有效管制。因此,规制大数据"杀熟"行为应结合区别定价行为的依据和应用场景进行具体分析,不能简单地将区别定价行为一概定义为价格欺诈。同时,也应考虑行为本身对于市场运行、消费者权益和社会公益的影响。

四、大数据"杀熟"重罚需慎重

应该说该罚款数额具有一定的参考价值,但并不具有普遍参考意义。从当前互联网企业发展的体量动辄上千万乃至上亿元以及大数据"杀熟"行为的规制实践来看,5000 万元相对于部分互联网头部企业来讲微不足道,因此,5000 万元处罚数额的设定在全国范围内仅具有一定的参考作用,无法通过该处罚数额的设置而达到对大数据"杀熟"行为的有效遏制。而且需要警惕的是,对大数据"杀熟"的识别和判定标准,以及具体适用场景下的解释方法需要进一步细化,如适用不当或被滥用的话,该规定可能会引发另一后果,即阻遏中小数据驱动型企业的发展,从而固化和放大当前数据领域头部企业与初创企业基于数据能力上的巨大差距而已存在的极化效应,因此,大数据"杀熟"重罚需慎用。

《中华人民共和国数据安全法》《中华人民共和国个人信息保护法》《中华人民共和国网络安全法》共同构成我国数据保护与发展的三大法治基石。此外,《国务院反垄断委员会关于平台经济领域的反垄断指南》也对大数据"杀熟"这一行为做了规定。

然而,数据治理领域仍存在诸多争议问题,尚未达成统一认识,譬如,信息和数据是否需要区分,数据权属的内涵和外延如何确定,是否需要赋予数据主体以"数据权",政府数据是否应当无条件开放等,这些问题具有一定的复杂性。深圳特区率先探索数据立法,应该说起到了良好的示范作用。

数据立法势在必行,但全国范围内各地区数字经济发展尚不均衡,适用统一数据立法标准,难以兼顾不同地区对数据保护和数据发展的差异性现实需求,尚不宜过急制定数据领域的全国综合性立法,其他地方立法在借鉴《深圳经济特区数据条例》时亦应综合评估本地实际数据发展情况制定相应法规,尤其是在面对大数据"杀熟"这一问题时,更应谨慎借鉴该处罚数额的规定。

(原文首发于《第一财经日报》2021 年 7 月 20 日第 A11 版,收录时做了修订)

如何加强对算法的治理

算法是实现设计程序或完成任务的路径方法,具有可行性、有穷性、确定性和情报充分性的特点,是计算机科学技术的基础。算法是数字时代的核心范畴和基本方法,大数据、人工智能、区块链等先进技术均需依赖各种算法设计或以算法为底层原理。没有算法的支撑以及强有力的算力供给,今天的许多技术愿景都只是空中楼阁。要想把握数字经济高质量发展的脉搏,就必须充分认识算法的必要性与重要性。

一、数字经济步入算法时代

算法本身并非一开始就运用于计算机科学,它早先是作为人工思考和处理的一种方法而存在的。随着计算机的诞生和发展,算法由于具有可抽象化和程式化的特点,逐渐成为计算机运行的基本方式和思想来源。互联网时代许多标志性技术,如人工智能、大数据技术、区块链等,都依赖各种高阶算法和强大算力以实现其作用。

人工智能以算法作为运行规则。人工智能是对人脑智能的模拟,它必须依照一定规则来实现智能化,而算法恰恰提供了这种运行规则。被用于人工智能的算法为智能算法。该算法让计算机系统拥有了自己的"思想",可以在算法规则确立的流程下运用算力求解问题。现如今,算法逐步内化为人工智能的核心和基石,推动人工智能的不断进步。

大数据技术以算法为支撑。大数据技术的本质是在收集、存储数据的基础上,处理、分析数据,并从中提炼有用信息。数据本身并无意义,其背后所蕴含的信息才是大数据技术追求的终极目的和价值所在。而数据不会自动转化为人们所需要的信息,而是要经过提取、处理、分析,这就需要借助算法明确数据应用目的,组成数据含义体系,建立数据提取标准,提供数据处理和分析方法,之后借助于算力,为获取信息奠定基础。

区块链以算法构建基础体系。区块链是一种分散式数据库,其最大特点就是"去中心化",它无须借助第三方机构作为交易保障,通过全网共享交易数据库,仅凭一己之力便可建立信用体系。这一特点是以非对称加密算法和哈希算法为基础的。非对称加密算法通过公钥和私钥保障交易真实性和个人信息安全,哈希算法则通过散列值使区块连接成链。倘若没有密码学算法为根基,区块链技术就不可能存在。

算法是当下数字经济迭代发展的创新基础和核心动能。我国在新基建发展规划中多次提及在算法及算力支撑下推动数字基础和数据新基建的发展。算法时代已然到来,算法算力已成为数据主体,包括个人、企业及政府定位新坐标、把握新动向、选择新进路的关键依托和基础工具。

二、算法运行对现行治理模式提出新挑战

算法在推动信息通信技术与计算科学技术融合创新和广泛应用、积极促进经济社会发展的同时,也对现行经济社会的治理模式和方法提出了新的挑战。

1. 算法精准推送加剧"信息茧房"效应

"信息茧房"效应指在信息传播中,公众由于对信息没有全方位需求,只关注自己关心的信息,将自己束缚于如蚕丝织就的"茧房"中的现象。算法发展加剧了这种效应。网络平台和互联网公司通过自动化决策算法,抓取用户的网络浏览记录和访问信息,掌握用户的需要,之后针对每个用户推出"私人订制",实现信息的"精准推送",从而招揽更多用户资源,取得竞争优势。对于用户来说,这种方式满足了他们的特定需求,有可取之处,但也有明显缺点。具体来说,它使用户长期被同质化信息包围,被"禁锢"在固定信息笼罩的空间之中,剥夺、损害了用户全面了解和获取其他各类信息的权利和机会。但由于这种损害往往是"隐性"的,且外观中立,很难运用现有法律进行规范。

2. 算法数据抓取易泄露个人信息

用户访问和使用网站或平台产生的数据大多属于个人信息的范畴,但现在互联网企业往往未经用户同意就收集和提取用户私人信息,对公民个人信息权利构成了侵犯。而除了直接非法收集、使用公民个人信息的侵权行为外,还有一种间接、隐蔽的侵权行为,即算法预测。当前,通过算法分析合法获取用户数据,并预测公民个人信息,成为侵犯个人隐私的新方式。值得注意的是,与大数据结合后,预

测的准确率越来越高。例如,国外知名社交平台 F 的算法根据用户提供的种族、职业等少量个人信息就能推断出用户的性取向,且准确率高达 80% 左右。如今,日益智能化的算法,同大数据等技术相融合,不断冲击着现有的公民个人信息和隐私保护体系。

3. 算法自动化决策扩散权益损害风险

随着各种新型高端算法的涌现,人工智能逐步被开发出来。依据算法进行自动化决策的人工智能便利了人类生活,也产生了更为复杂的权益损害责任问题,如智能投顾对金融消费者权益的损害责任问题和智能合约的损失责任问题。根据美国证券交易委员会的定义,智能投顾是基于在线算法为客户提供的资产管理服务。智能投顾依据算法自动为金融消费者提供资产管理方案,当智能投顾因算法不合理、系统故障等因素造成金融消费者资产损失时,责任由谁承担、以何种方式承担、损失具体金额如何计算,都是非常棘手的问题。

智能合约的损失责任问题主要来自区块链。交易双方达成合约后,根据算法,系统会将交易记录记入区块,无须当事人操作而自动履行合约。与传统合同不同的是,智能合约一经达成,便不能变更或解除。当事人因情势变化要变更、解除合同时,如何处理系统按照算法继续执行而造成的损失,也是一大难题。

概言之,算法自动化决策在提高人们的生活质量和工作效率的同时,也引发了更加复杂的风险问题,这些问题都是当下难以解决的。

4. 算法合谋引发竞争规制难题

算法合谋大致可分为算法辅助型合谋和算法自动型合谋,而后者已构成当前全球各个国家和地区反垄断法规制的一大难题。垄断协议以经营者之间存在合谋为构成要件。随着"互联网+"经济的深度发展,算法被引入市场,成为经营者合谋新形式。算法合谋中,经营者以逻辑相同或相似的算法,借助大数据技术,收集并分析自身经营状况、其他经营者经营状况和市场行情等数据,得出各经营者利益最大化的合谋条件并传递给其他经营者,根据市场动态变化调整经营行为,同时通过算法识别、察觉偏离合谋的经营者行为并加以打击报复以维持合谋稳定。

算法合谋突破了协议、决定和协同行为等传统合谋形式,经营者间无须作出任何表示行为即可达成合谋。这样一来,反垄断法执法机关就难以识别和处理不良竞争行为。同时,合谋内容是通过算法形成的,与人的意志无直接关联,也为经营者逃避反垄断法的规制提供了借口。总的来说,算法的运用为垄断协议提供了一个极为隐蔽、动态调整和精准迅速的合谋工具,使传统反垄断法面临巨大考验。

5. 算法歧视导致用户陷入保护困境

算法不可能在任何情况下都准确无误,某些情况下算法运行会产生与人类常识和伦理相违背的结果,其中一个问题就是因算法导致对不同人群的歧视。这种歧视问题的产生主要包括内部和外部两种因素。

内部因素是指算法自身不可避免的缺陷。现有技术本身存在局限性,所以算法在现有技术下运行会出现错误。例如,早期的一些人像识别算法由于图像获取技术的局限而出现过将黑人误识为黑猩猩的情况。同时,算法获取、使用的数据中还会包括问题数据,这便会造成误差,当误差积累到一定程度,就会发生质变,导致歧视。这种内部因素所导致的问题往往是不可控制、无法避免的。

外部因素是指算法之外人为导致的问题。基于技术中立性原则,算法本身没有倾向。但算法并非完全客观的产物,其代码是开发者编写的,开发者是有主观意识的人,所以算法自然带有人的主观意识,当主观意识中有偏私并被写入代码中,就会产生歧视的可能性。譬如算法"杀熟"造成的价格歧视,是指算法通过收集、分析消费者消费信息,了解其喜好,当消费者频繁购买某种商品和服务时,算法发出高于正常价格的要约,形成歧视。

三、完善治理算法的法治体系

如果说数据是新时代经济发展的"石油",那么算法就是数据"石油"的"炼油厂",算力就是"炼油厂"的生产、萃取和传输能力,即实质影响数据处理效能与效益的能力。要想充分挖掘数据价值,推动数字经济发展,实现互联网经济的提质增效,就必须加快完善法律规制,使算法算力对经济发展产生正向的引领和驱动效用。为此,应以算法算力从开发到应用全过程为基础,从国家、企业、个人三大主体出发,构建规制体系。

1. 加快相关法律规范的科学有效供给

我国算法的法规制定处于起步阶段,相关规范散见于《中华人民共和国民法总则》《中华人民共和国刑法》《中华人民共和国网络安全法》《中华人民共和国电子商务法》《中华人民共和国数据安全法》等法律以及《数据安全管理办法》《信息安全技术个人信息安全规范》等行政法规和部门规章中。总体来讲,算法法规数量少、内容粗略,规范间缺乏统一衔接,可操作性不强,未形成科学有效、层级合理的规范体系。因此,建议整合现有规范,修改、删除不合理的规范,保留、完善仍有价值的规范,同时补充制定反映算法特征的新规范,形成以一部专门法律为主、其他各级各类规范性文件为补充的稳定性和灵活性相结合的关于算法治理的规制体系。同时,明确算法规制基本原则,建立算法规制具体规范,特别是对算法滥用、算法合谋、算法歧视、算法霸凌等新型侵权甚至是违法行为作出制度规范。针对算法从开发到应用的全过程,构建体系完整、标准统一、权责明确、有机联系的法律规范体系,为算法行业及其产业化的持续健康发展提供法治基础。

2. 坚持政府监管和行业自律相结合

监管算法不仅需要公权力介入,同时也需要民间自律。当前算法行业专业化程度越来越高,对监管部门的专业化要求也越来越高。而许多行政执法机构和人员缺乏相关专业知识,监管时力不从心,且如果完全由政府来监管,不仅会增加行政成本,还会浪费行政力量资源,因此,应坚持政府监管和行业自律相结合。

在体系构建上,应建立以中央和国家网信部门为统筹、国务院和地方各级各主管部门分工协作的行政监管体系,以及涵盖全国各级互联网、数据信息行业协会和第三方专业机构的行业监管体系。将监管部门的审查工作部分让渡给协会或经过认证的第三方专业机构,明确政府和协会、机构的权责边界;在监管方式上,建立算法使用前的第三方专业机构审查机制、算法使用过程中监管部门随机抽查机制以及出现问题后监管部门和第三方机构共同调查追责机制。由此,形成政府与民间合作、内部和外部合力、动态同静态结合的全方位算法监管体系。

3. 划定用户、企业权益及政府权力运行边界

算法不仅涉及开发和使用算法的互联网企业的权益,同时也与使用网络产品和服务的用户权益紧密相关。因此应明晰划分用户和企业的权益边界。具体来说,就是要明确规定用户在使用网络产品和服务过程中有哪些权利和义务、企业在开发和使用算法中有哪些权利和义务、用户和企业违反法律规定应承担何种责任以及责任的承担方式和分配原则等。

除用户和企业外,政府也是算法使用者,政府在社会治理中也需要算法算力辅助。因此,算法规制应在国家和个体之间寻求平衡点;应立法规定政府开发和使用算法的事前审查机制、算法所涉对象的异议提出和处理机制以及权益受损救济和追责机制,从而厘定个体权益边界和公权力行使边界,使算法不仅助力经济社会发展,也为国家治理体系和治理能力现代化建设作出贡献。

四、为算法算力发展筑牢法治根基

综观人类历史上的技术变革,无一不推动生产力水平整体跃升,进而重塑社会上层建筑。金属制造技术和灌溉技术的发明和演进推动了奴隶制的瓦解和封建制度的孕育;蒸汽机的问世引领工业革命,催生资本主义大工业,为打破封建壁垒和确立自由资本主义制度提供了条件;发电机和电动机在使人类步入电气时代的同时,也催生了垄断资本主义制度;半导体、计算机、人工智能等第四次科技革命标志性技术的出现,拉开了信息时代技术高速发展的大幕,促进了社会治理体系向信息化深度发展。今天,高端算法和强大算力的发展加快了科技与法律的深度融合,对法治社会建设提出了更高标准和更严要求,相关法律制度必须与时俱进、革故鼎新,从算法全过程出发,加强对各类主体行为的规范化管理,实现多元利益的统筹兼顾,为算法算力的发展筑牢法治根基。

(原文首发于《国家治理》2020 年第 27 期,收录时做了修订)

重大突发公共事件中数据治理的法治面向

2020 年 1 月 20 日,新冠肺炎被正式纳入我国法律规定的乙类传染病并按照甲类传染病进行预防和控制。在疫情防控过程中,大数据技术和资源的运用起到至关重要的作用。譬如,铁路部门通过实名制车票信息梳理患者行动轨迹、寻找密切接触者。在类似疫情防治等重大突发公共事件中,大数据技术和资源应用的科学性和优越性得以凸显。

一、重大突发公共事件中公民数据(隐私)权益保护的隐忧

与此同时,大数据技术和资源的运用也为重大突发公共事件中公民数据(隐私)权益的保护带来一定的隐忧,特别是在不当使用大数据资源和技术的情况下,很可能导致对所涉公民权益的二次侵害。2020 年 2 月,中央网信办发布《关于做好个人信息保护利用大数据支撑联防联控工作的通知》(以下简称《通知》),及时有效回应了重大突发公共事件发生之际,公民数据(隐私)泄露的现实危险和潜在风险。根据《通知》要求,为疫情防控、疾病防治收集的个人信息,不得用于其他用途。任何单位和个人未经被收集者同意,不得公开姓名、年龄、身份证号码、电话号码、家庭住址等个人信息,因联防联控工作需要,且经过脱敏处理的除外。

大数据时代数据信息技术的运用对推进国家治理能力和水平的现代化有着重要的现实意义和实践价值。近年来,我国着力于推进大数据基础设施建设,各省、自治区、直辖市积极响应,着力推动政府间以及政府与社会主体间的数据开放与共享,促进包括公共数据在内的各类数据的有序开放和有条件共享,尤其在本次抗击新冠肺炎疫情中显示出重要效用。然而,在推动数据治理服务于国家和社会发展总体需求的同时,对于公民个人权利的保护也不容忽视,在海量的多样化数据中包含着大量个人信息。以本次疫情涉及的主要信息为例,在《信息安全技术 个人信息安全规范》中,个人身份信息和个人健康生理信息均被列为个人敏感信息,对于该类信息在收集时应当取得当事人同意,在传输和存储过程中应加密,在流通、

分享、使用前,除去标识化处理外,还应再次征得当事人同意。当然,在应对重大突发公共事件时出于对公共利益的考量,依据法定情形,由法定机构在法定程序下可以收集和使用当事人数据信息,但是必须受到严格的法定授权,遵从前述《通知》中所规定的最小范围原则。这一点充分体现了国家和各级行政部门对公民数据(隐私)权益的尊重和维护,牢牢坚持法治思维和法治方式在治国理政中的基础性地位,做到依法抗疫,依法治疫。

2020年2月5日,习近平总书记主持召开中央全面依法治国委员会第三次会议强调,疫情防控越是到最吃劲的时候,越要坚持依法防控,在法治轨道上统筹推进各项防控工作,保障疫情防控工作顺利开展。在疫情防控背景下的数据开放与共享不能超出必要限度,数据的披露与使用需要以公民权益的保护为底线,实现公共治理与公民保护的动态平衡,一方面运用好数据技术优化重大突发公共事件的治理,另一方面严守个人数据(信息)保护边界以免造成不必要且无可挽回的损害。

二、发挥数据治理优势应对重大突发公共事件,应当着眼于两个方面的问题

第一,如何通过数据的进一步开放与分享,尤其在应对重大突发公共事件之际,将数据治理效果最大化。这需要社会成员协同参与,政府、企业、公众在互惠互利的基础上,在对关键信息达成共识的前提下,守住隐私保护的底线完成合作,在最大限度上实现数据治理"取之于民用之于民"的效用。应当明确,在重大突发公共事件中以大数据技术和资源的应用为核心的数据治理活动,要在一定限度内合规合理披露个人信息。大数据技术迅猛发展的背景下,个人信息所代表的私权与维护社会公共利益的公权之间摩擦升级,随着人们对互联网的依赖不断增强,个人信息逐渐数据化,人们的每一次点击、搜索、选择均以数据的形式存在于网络之中,数据中包含的个人隐私无法完全与一般个人信息剥离,隐私权的绝对私法保护遭遇挑战,公众以数据化的方式参与社会活动意味着私权在一定程度上需要为大数据时代的社会治理作出必要让步,特别是在遭遇重大突发公共事件时公益优先的原则必须得到遵从。在重大突发公共事件中,数据治理的主体不应当只局限于政府,企业、研究机构、其他社会组织及公众均应参与数据治理的过程。应当增强数据的归集与流动的合规管理及运行效率,促使大数据技术的优势得到极佳发挥。

大数据技术运用的前提是海量数据的集中,需要整合多层次、多领域的数据资源才能保证决策的科学合理及系统全面。政府作为行政主体在履行行政职能过程中掌握的数据相对特定,具有局限性,此时需要与其他社会主体联动建立数据共享机制,吸纳企业、研究机构等主体在日常活动中收集的相关数据,以实现对治理事件的全面刻画。在此基础上,数据的生命力在于流动,在政府部门和其他社会主体之间还应当建立合理的数据流动通道,畅通数据交流的途径,使各个社会主体均能在公共治理中充分发挥效用,将收集到的重要信息相互补充、相互促进。

第二,如何在基于对公民权利充分保障的法治框架内为数据治理设置合理的边界,动态平衡个人数据(隐私)权益的私人利益与社会治理的公共利益之间的关系。在重大突发公共事件中运用大数据技术和资源的数据治理行为面临的核心问题之一在于对个人信息与个人隐私的区分。个人信息在一定程度上存在于公共领域,是社会公众在大数据时代为了享受更优质便捷的服务所作出的交换,可以供相关机构取用。个人隐私则不同,在数字领域的个人隐私可能因两种途径存在:一种是个人信息中包含的隐私,这种隐私在用户使用互联网相关服务的过程中已经通过用户协议得到授权;另一种则是通过大数据、算法等数字技术在个人信息的基础上对用户进行刻画所获得的新信息,例如用户在电商平台购物的喜好、周期,在社交平台关注的主要领域等,这类衍生信息事实上未经当事人授权,但是却可能包含着当事人都没有意识到的重要隐私信息。对于前者,因该类隐私信息已经得到授权,因此可以在用户协议允许的范围内使用;对于后者,该类隐私信息的保护则更为棘手,一方面当事人并未授权,另一方面由于收集主体的技术投入,这类信息实际上已经经过技术处理,是否仍然属于用户隐私也存在争议。这一争议引发了大数据运用的深层次法理问题,即数据权利(益)的归属问题。对数据的使用涉及授权问题,但是基于用户个人信息和在线活动产生的数据应归属于谁始终存在争议。

在重大突发公共事件治理的场景中,治理活动的公益性质为数据使用设置新的场景,因此也不宜以经济活动中的标准带入衡量社会治理中的数据权属问题。为了使公共利益得到保障,在社会治理语境下,数据持有者应当在合理限度内实现最大限度利于治理目标实现的让利。由此,在重大突发公共事件的数据治理中最重要的一个环节,即为私益向公益让利的边界应当如何设置。换言之,如何动态平衡私益与公益的关系成为重大突发公共事件中数据治理的重点与难点。对公民、企业等社会主体数据的收集是为了将其更好地应用到决策当中,增强治理的科学性,在此过程中进行的披露需要遵循比例原则,即披露数据、个人信息等造成的风险不得超过必要限度,且需要采取与风险匹配的保障措施。英国法律中对数据控制者进行隐私风险影响评估时采取"场景中合理使用"作为标准,即"场景正义"基准,我国在重大突发公共事件中的数据治理也可以适当引入这一标准,将数据开放与分享的边界置于特定场景下进行具体考量,灵活调节信息披露的程度,平衡好社会治理与公民隐私保护之间的关系。

三、特殊时期更要尊重法律权威,在法治框架下平稳有序推进各项治理活动

新冠肺炎疫情防控工作中,数据治理在显示优越性的同时,也暴露了些许不足。在大数据时代,各项数字数据信息技术的发展为当前社会治理提供了新的发展机遇。与此同时,数据的力量不容小觑,应当警惕因对数据不加限制地信任与利用而滋生的"数字利维坦",过于依赖数据进行决策治理可能造成信息的误读,反而弱化政府的行政能力,对政府的公信力造成打击。此外,还需要在数据治理的过程中以对公民合法权益的保障为底线划定合理的隐私界限,在特殊时期更应当尊重法律的权威,在法治框架下平稳有序推进各项治理活动。

针对重大突发公共事件中数据治理暴露出的系列问题,应当加紧数据治理规则的科学制定。在国家层面,尽快以法律法规形式确定数据治理的规则,完善数据收集、处理、流通、使用过程中的各项标准,对涉及公民隐私保护、企业商业秘密等数据设置合理可操作的强制性保护规定,为敏感信息的应用划定底线。同时,应在各项专门立法中对数据使用与信息披露进行场景化的特别规定,譬如可以尝试在《中华人民共和国传染病防治法》中针对疫情防控特殊时期,相关卫生防疫部门对数据的获取、应用及披露作出更加精细化的规定。对于其他社会主体来说,应当基于行业特性的需要制定合理的数据收集使用规则,明晰流程与标准,同时在国家规定的最低保护标准的基础之上设定信息保护制度。此外,各社会主体还应当着力搭建与有关部门畅通数据开放共享渠道的桥梁,做好数据的交换交流,特殊时期针对数据需求做好预案,切实高效地参与到社会共享共治的过程中。

落实到数据保护与分享实际操作的微观层面,需要就在数据源头上如何确定权属、及时有效实现授权,在使用过程中如何进行数据脱敏等隐私保障措施进行进

一步研判。针对数据权属问题,当前对于数据性质问题尚处于激烈讨论之中,就数据权应当作为财产权抑或是人身权处理还存在争议,同时对于原始数据、衍生数据等不同种类数据的权利归属应如何认定也仍无定论。在此背景下,就数据治理过程中出现的问题可以将数据持有者对数据的权利边界作为讨论对象,数据持有者对经过处理的衍生数据在一定条件下可以直接授权,对原始数据的授权使用则可以充当中间人的角色,对提供数据的用户进行是否许可使用的授权征询,此种方法也可大幅降低授权征询的成本。针对数据中携带隐私等敏感信息的保护问题,应当在设置严格、细致的个人信息分类标准的前提下对涉及个人隐私的、不需要披露的有关信息进行匿名化处理,遵循最小范围原则和比例原则的要求在适当限度内,为保障公共利益的实现适当公开。此外,还要考虑在重大突发公共事件结束后,有关政府部门和相关社会主体对在此公共事件中依法依规所收集、分析、整理、存储的涉及的公民数据信息的封存、销毁或者是为了科学研究、公共防疫等公益事业再利用数据等行为,作出科学合理的严格规范,防止大量个人数据的泄露或滥用。

《中华人民共和国数据安全法》第三十八条规定,国家机关为履行法定职责的需要收集、使用数据,应当在其履行法定职责的范围内依照法律、行政法规规定的条件和程序进行;对在履行职责中知悉的个人隐私、个人信息、商业秘密、保密商务信息等数据应当依法予以保密,不得泄露或者非法向他人提供。第三十九条规定,国家机关应当依照法律、行政法规的规定,建立健全数据安全管理制度,落实数据安全保护责任,保障政务数据安全。在数字经济快速发展的大数据时代,海量多样化数据的收集、分析及使用为推进国家治理体系和治理能力的现代化带来了机遇。社会方方面面由数据联结沟通,国家的各级各类治理活动渠道显著畅通,决策的科学性和效率明显提升。推动数据的有序开放与有条件共享将是当下和今后努力的方向。与此同时,数据的开放与分享需要在法治的轨道上进行,在应用数据进行公共治理时,需要以维护公民的合法数据(隐私)权益作为边界,特别是在重大突发公共事件发生的背景下,更需严守法治底线和红线。

(原文首发于《人民论坛》2020 年第 Z1 期,收录时做了修订)

如何看待"数据垄断"

随着数字经济向纵深发展,数据作为一种新型生产要素,已然成为数字信息时代先进生产力发展的重要驱动力,成为互联网企业的核心资产,甚至构成互联网行业整体创新的基础性关键原料,"得数据者得天下",已成为互联网经济下半场创新发展的真实写照。

在国家新一轮基础建设所涉及的七大领域中,数据中心建设成为重中之重。其中就关乎如何看待数据市场化与产业化过程中已然出现的数据竞争与垄断的治理问题,毫无疑问,其法治化对科学有序高效合规开放数据市场至关重要。数据的生命在于流动,只有在流动中才能被准确定位,才能产生源源不断的价值,才能真正成为拉动和推动新时代先进生产力不断创新发展的关键抓手和主要推手。

数据具有多属性,在以所有权归属为基准的维度上至少包括私人(含个人与企业)、社会和国家三类,在动态流动中产生的价值可涉及私人利益、社会利益及国家利益;数据具有多样态,不仅包括以主体和功能为依据的个人数据、工业或商业数据、社会数据等多样的数据来源,还包含与数据相关行为中的采集(原始)数据、计算和分析(衍生)数据以及应用(创生)数据等围绕数据全周期流动下的动态多样性数据类型。基于此,对数据垄断的探讨首要应基于数据的多属性和多样态特征,结合数字经济的动态与静态两方面的分类综合分析。目前,社会各界对数据垄断争议不断,尚未达成一致意见。

一、对数据本身的结构性垄断

如果以数据所有权的归属结构为基点,则数据垄断是指对数据本身的排他性占有和绝对性控制。这种垄断与数据的来源紧密关联,互联网企业只有控制数据产生的源头,才可能排他性占有数据及派生利益。

产生数据的源头包括个人、企业、政府、团体。个人数据源于个人信息和实施行为,企业能够借助产品和服务获取用户个人数据,也可能通过合作共享获取非用户的个人数据;企业数据包括企业自身信息和实施行为所产生的数据以及从其他主体处获取的数据;政府在实施行政管理和社会治理行为过程中也会产生数据,其数据一般向全社会公开,任何个人和单位均可获取;企业、政府以外的单位和组织,概称团体,譬如科研机构、学校、医院、协会、基层群众自治组织等,也会产生数据,诸如学校的教育数据、科研机构的研究数据、医院的诊疗数据等。

除以主体为基准划分的各类基于人类生产生活产生的社会数据外,自然环境在不断演变中产生的大量自然数据也构成了数据的重要来源。通过对自然地理环境的特征和流变、自然资源的分布等数据的分析,能够帮助互联网企业对产业布局、产品生产和改进等方面作出合理规划,吸引更多用户,提升经济效益,因而自然数据对于互联网企业同样有着重要意义,其权属制度的明确及流通机制的合理同样有助于数据竞争结构和行为的识别。

来自不同源头的数据对互联网企业的发展均具有一定价值。如果某企业想要实现对数据的独占,排除其他竞争者对数据的获取,就必须有效地控制数据来源,然而,现实中数据来源的多元决定了企业不可能控制所有数据来源,譬如,由国家机关统计公布的各类公开的社会数据和自然数据就不可能被某一企业控制。此外,数据的复用性使之与其他资源要素不同,不会因其使用而被消耗,相反会因不断使用而逐渐增值,这种特性使数据天然地就具有被不同主体多次利用的倾向,某一企业对数据的使用并不直接影响其他企业对数据的再使用,这在客观上削弱了企业对数据来源的实质上的“有效”控制,逐渐弱化了企业对数据来源进行垄断的意愿,而将对数据的竞争引向了与数据相关的动态过程或场景。

诚然,当前互联网企业,特别是拥有强大的计算能力的超级平台企业在实践中并不需要掌控所有数据来源,可通过其优势算法和强大算力提高自身数据使用的能力和效果,只需控制其中主要来源或者标识意义最大的那一部分数据即可,有的学者将其称为厚数据(Thick Data),通过小样本分析找出特定人群的需求,实现数据的深度挖掘。当然,厚数据缺乏数据来源广泛的缺点也是十分明显的。因此,只有将大数据与厚数据相加,即注重数据来源的广度和深度相融合时,数据之于企业的价值才能得到最大化体现。

可见,对数据来源的分析和把握,并不能简单地等同于传统经济下对一般生产要素的理解与控制,获取数据的入口和具体数据的需求场景之间存在动态匹配的关系。换言之,如何获取数据,获取哪一类数据,对于数据主体来说,并非一成不变,这就导致就数据类型和来源的维度而言,数据垄断的结构性问题并不存在,数据及其结构始终处在流变状态下。所谓的"数据垄断"更多的是在数据流动中对基于数据展开的竞争过程或场景的一种动态垄断。

二、借由数据实现对竞争过程或场景的垄断

数据赋能竞争是数字时代市场经济运行的典型特征。尽管如此,企业仅拥有海量数据并不一定就能提升产品和服务的质量,二者之间不存在必然的因果关系。数据能量的释放一定是在流通中得以实现的。

客观全面地讲,数据不仅是推动数字经济发展和产业转型升级的重要动力,同时也可能为垄断提供新的介质和方法。企业通过海量的多样化数据分析,特别是将大数据技术与人工智能算法相结合能够有效把握市场的动态运行规律,更精准有效地施行各项竞争行为。可将"数据垄断"看作基于数据实施的垄断行为,在数据流动中出现的积极或消极的限制、排除竞争的违法行为。依照我国现行《中华人民共和国反垄断法》框架大致可分为基于与数据相关的垄断协议、滥用市场支配地位和经营者集中三种主要垄断行为。

当然,也存在与数据相关的行政垄断,这一数据垄断违法类型在我国数字经济高速发展的背景下,政府基于对各类数据的强大控制力和巨大占有量,更容易诱发为不同形式的经济型垄断。党的十九届四中全会报告中特别强调了政府对数据的有序开放,国务院相关文件中也提出,要加强政府部门与平台数据共享等。这对防止和消解与数据相关的行政垄断事件或案件具有积极意义和现实作用。

垄断协议的核心要件之一是经营者之间存在明示或暗示的意思联络。数字经济下新型垄断协议的认定也应围绕这一要件展开。通过输入数据特别是大数据,借助于相同或者类似的算法,相关市场上的各经营者可在无须联络的情况下共同作出使彼此都能获益的经营决策,联合消除竞争,借助于数据的反馈机制,联合限制、排除偏离协议的其他经营者,由此产生反竞争效果,涉嫌构成垄断。

滥用市场支配地位也可借由数据实现。为巩固、维持或扩大现有市场地位,实现效益最大化,排除、限制现实或潜在的竞争对手,已取得相关市场支配地位的企业会利用数据实施各种滥用行为,其中既包括剥削性滥用,譬如基于消费数据分析的价格歧视,通过不公正协议条件获取用户隐私,为减少成本支出而降低产品和服务的质量,也包括排斥性滥用,譬如"二选一"、封锁屏蔽行为等,扭曲甚或破坏正

常的市场竞争秩序,损害消费者、用户的合法权益,以及抑制中小企业公平参与创新的能力,最终减损社会创新发展的整体福利。

现行的经营者集中审查基准通常以经营者在相关市场上的市场份额或营业额为主要指标,作为一种事前审查机制,经营者集中审查主要是为了预防通过集中的方式扩大和增强经营者在相关市场上的力量,以达到防止不当抑制竞争效果的出现。故可被观察的市场结构和力量的改变成为经营者集中审查机制主要考察的现象。

然而,当前互联网领域却出现以增加数据拥有量和强化数据控制力为目标的数据驱动型经营者集中,这种集中往往并不会导致某经营者市场份额或营业额的显著提升,但是能够增强其市场竞争力或支配力。通过横向或者非横向的集中,在不触发经营者集中审查基准的条件下使经营者能强化对数据的掌控,形成数据优势,且将数据优势传导至其他市场,并与其他市场上所获取的数据,形成持续性的双向数据交换和开发利用,不断放大互联网领域"赢者通吃"的竞争效应,由双边或多边市场结构走向双轮或多轮动态市场垄断。

在以上过程中围绕数据展开的计算、反馈、预测、调整等行为,既可理解为各项数据行为,也可看作是基于数据展开的经营行为,由此所形成的反竞争效应,既可认为是由数据垄断行为引发,也可看作是基于数据展开的某类新型垄断行为导致的,关键在于选择如何看待数据垄断的内涵,及数据行为与围绕数据展开的行为之间的界分。

因此,对数字经济下诸多新型垄断行为的分析及其竞争效果的研判,不能简单化和形式化地生搬硬套现有规范和逻辑,需结合数据动态运行的不同样态和基本规律,重点关注数据在有序开放、安全流通、公平利用、合作开发等环节中的各类行为的法律属性与权利义务定位,形成对数据垄断概念与形态的科学、全面、合理的认识。

对数据垄断的分析不能仅局限于单一视角,而应结合经济社会发展的现实状况,予以综合的整体理解。数据处于不断流转之中,不能仅关注数据本身的静态结构,更应聚焦数据运行的基本规律。

（原文首发于《第一财经日报》2020 年 7 月 28 日第 A11 版,
收录时有修订）

科技战"疫"与个人数据信息保护

新冠肺炎疫情暴发以来,数字数据信息技术在抗击疫情的各个场景中得到广泛应用,对疫情防控作出了重大的贡献。然而,在运用大数据、云计算等数字数据信息技术辅助各级各类机构精准施策,科学战"疫"的过程中,也要重视对个人数据信息保护。

一、数字信息技术在抗"疫"中发挥关键作用

自新冠肺炎疫情暴发以来,各级政府及其医疗机构与各大数据巨头迅速借助大数据、人工智能、云计算等数字数据技术和网络信息技术对疫情进行联防联控,采取并实施了一系列以获取和利用个人数据信息为核心的数据行为,在疫情监测分析、病毒溯源、资源调配、防控救治等方面尽显科技抗"疫"的重要性和优越性。

2020年1月27日,《关于印发近期防控新型冠状病毒感染的肺炎工作方案的通知》强调各地应充分应用"大数据+网格化"等手段,抓好疫情监测、检测、排查、预警等工作。同年2月4日,中央网络安全和信息化委员会办公室发布了《关于做好个人信息保护利用大数据支撑联防联控工作的通知》,鼓励在疫情防控中积极应用数据分析和共享技术,但同时强调了在数据利用过程中个人信息保护的重要性。

通过梳理目前已实施的主要数字数据技术及相关数据行为发现,在抗击疫情的过程中所采取的数据行为以加强数据共享和利用为主,强调全周期、多场景的数据技术动态化应用,目的是实现全国数据的互联互通,建立起一体化的联防联控疫情防控机制。数字数据技术和网络信息技术的融合应用为精准施策、重点防控、阻止疫情进一步在全国蔓延提供了强大的技术保障,为赢得抗"疫"、战"疫"的最终胜利提供了有力支撑,这也是新科技时代国家治理的新方向和新尝试,国家机构同技术巨头的合作协同所形成的超级治理主体,在此次新冠肺炎疫情抗击和治理中发挥了关键性作用。

二、抗"疫"期间个人数据信息的有效保护

在疫情战中个人数据信息被泄露、被滥用等现象频发,个人数据信息特别是涉及隐私的有关数据信息需要得到有效保护。首先,目前我国尚未形成统一的以应对数据时代的个人数据信息保护的法律,有关个人数据信息保护的规定散见于相关法律文本之中。在现行多部法律中均涉及个人信息保护的相关条款,然而以原则性、宣誓性规定居多,致使在法律实践中可操作性不强,未能形成对个人数据信息的有效保护。其次,随着数字数据技术,特别是大数据、云计算、区块链等人工智能底层技术的迅速发展与广泛应用,使得传统的信息收集及利用方式发生了根本性改变,个人数据信息、非个人数据信息及(准)公共数据信息的边界日益模糊,特别是在大数据下如何准确界定个人数据信息的内涵、特征及外延成为各类数据保护与利用的重点与难点。

在此次科技战"疫"中,深度利用各项数字数据技术和网络信息技术有效追踪、预测、防控密切接触者、疑似患者或无症状的病毒携带者以及处于高风险中的地域或社区人员等,以及时发现传染源、阻断传染源、切断传播途径,防止疫情进一步扩散具有重要意义。从这个角度来看,做好个人数据信息,包括重要的隐私信息,如姓名、家庭住址、手机号、身份证号、行踪轨迹、位置定位、交际交往、购物医疗等采集工作尤为重要。然而,需要警惕的是,在疫情防控中全周期、多场景的数字数据技术与网络信息技术的应用,很可能给公民个人数据信息尤其敏感信息的有效保护带来严峻挑战。这类行为的频发一方面可能在于涉事人员和机构负责人员的个人数据信息保护法律意识淡薄,缺乏有力的约束机制;另一方面与当前法律制度供给不足,难以对个人数据信息内涵与范畴精准划定,以及缺少针对线上数据信息运行特征的数据保护实施机制等不无关系,这些因素致使个人数据信息保护在抗击疫情初期一度失控。在一定程度上造成对特定地区民众的歧视,甚至影响后续信息采集时公众、机构对采集方的信任度,使运用大数据等高科技技术助力疫情时期社会治理的效果可能大打折扣。

幸运的是,在疫情防控中党和国家及时充分意识到平衡数据信息开放利用与数据信息有效保护工作的重要性,中央网络安全和信息化委员会办公室于2020年2月4日发布的《关于做好个人信息保护利用大数据支撑联防联控工作的通知》(以下简称《通知》)中,积极鼓励有能力的企业提升数据利用和数据共享水平,为疫情防控工作提供技术支撑,规定"鼓励有能力的企业在有关部门的指导下,积极利用大数据,

分析预测确诊者、疑似者、密切接触者等重点人群的流动情况,为联防联控工作提供大数据支持"。但同时也严格限制了收集和使用个人信息的权力机关以及个人信息的使用范围,明确指出"为疫情防控、疾病防治收集的个人信息不得用于其他用途。任何单位和个人未经被收集者同意,不得公开姓名、年龄、身份证号码、电话号码,家庭住址等个人信息,因联防联控工作需要,且经过脱敏处理的除外",可以说《通知》的出台在一定程度上缓解了个人数据利用与个人信息保护之间的失衡现象。

三、完善个人数据信息的保护与利用

在疫情防控的过程中,现行法律法规对个人数据信息保护的不足与乏力,凸显了数据时代尽快构建数据利用和数据保护动态平衡机制的重要性与必要性,其背后所体现的是确保科技战"疫"与依法抗"疫"的平衡。

(一)加快个人数据信息保护专门立法

加快建立系统专门的适应数据时代发展的个人数据信息保护法,是解决个人信息泄露、滥用问题,动态平衡数据信息科学利用与有效保护的基石。

首先,在个人数据信息界定上,应扩围"个人身份可识别"标准,即增强关联性验证,对于通过交叉验证获取的明确指向特定个人的用户画像,应赋予画像主体以信息控制的权利,建立统一的信息安全等级保护管理规范,对公民、法人和其他组织实行分等级保护。其次,在个人数据信息采集上,除对数据使用的目的进行明确和限制、遵循数据最小化的限制利用原则外,还应保证采集的数据仅限于相关且实时更新的数据,在此环节应确保数据主体或通过交叉验证等方式获取特定用户画像的主体以修正、删除数据或画像的权利。再次,在个人数据信息储存上,应提高相关从业人员的信息安全保护意识。通过将数据信息保护工作纳入政府绩效考核或定期业务培训等措施,增强相关责任主体保护各类用户数据信息安全的意识和能力。复次,在个人数据信息开放分享上,建立畅通的数据通道,通过及时、有效、高速、规范的数据分享平台和通道,实现数据信息快速交换,减少不规范的信息泄露和滥用行为。最后,将个人数据信息的安全保障作为一个整体看待,定期更新和测试现有的数据信息安全保障技术,避免未经授权的采集、访问、披露、使用等行为的发生。通过对数据信息全周期的整体立法,在促进数据信息有效流通和利用的同时,保障个人对数据信息所享有的基本权利和利益,推进对个人数据信息的专门化和系统化保护,特别是针对个人数据信息保护建立应急机制,确保在发生突发重大公共事件时,在保护公民个人基本

数据信息权益的前提下,充分发挥和挖掘个人数据信息的利用价值,从制度规范层面,尽快构建一套动态平衡的个人数据信息保护和利用法律体系。

（二）引导多元数据主体积极构建数据治理规范

在数据时代,除应在顶层设计层面,构建统一的数据信息立法保障体系外,更应加强对数据主体,特别是数据巨头积极构建自律标准与规范的引导,鼓励和支持多元数据主体共同参与个人数据信息的保护与利益,打造个人数据信息保护和利用的共建共治共享的格局。在个人数据信息保护专门法的指引下,建立多元主体共同参与制定和实施的带有自律属性的治理规范,将对个人数据信息提供更为直接、高效、及时的保护。我国现已出台《互联网个人信息安全保护指南》《中华人民共和国数据安全法》来指导互联网企业在数据获取及适用中的数据保护行为。然而,算法和区块链等技术的快速发展和广泛适用,使得当下用户个人数据信息泄露事件时有发生,不仅限于攻击者主动窃取,还包括信息控制单位从业人员泄密,以及数据管理不善造成的失密等行为。故此,有必要从数据企业自建数据安全规则的角度出发,提高信息泄露的行业惩罚力度,倒逼企业增强安全防范意识。

（三）增强个人数据信息保护意识

数据信息的价值在于流转和利用,这一点在此次科技战"疫"中已经得到充分的体现和证明。同时,为了实现数据信息的价值的持续增加,设定并实施安全可靠的数据信息保护机制就显得十分重要。基于数据信息的海量、多样性、瞬时性及单一数据信息的价值低密度,要求政府、企业抑或第三方机构,对每一个公民的个人数据信息提供及时、充分、高效、全面的实时保护并不可能,这就需要作为数据信息的原始提供者的个人必须主动增强对自身数据信息的安全保护意识。增强个人对数据信息的防护意识,是保障个人数据信息安全的第一步,也是数据时代公民自身应承担的义务和责任。"聪者听于无声,明者见于未形",数据时代已经到来,数据信息安全已成为社会生活和社会治理的重中之重,相对于通过事后的法律救济或是事中的数据企业或其他数据控制主体的信息安全防范规章和技术来杜绝个人数据信息泄露,公民个人自身的数据信息安全保护意识尤为重要,正所谓预防是最好的治疗,防控胜于救治,事前安全预防应该受到更多的重视,这一点在个人数据信息保护法治系统的建设中理应放置首位。

（原文首发于《深圳特区报》2020 年 3 月 24 日第 B04 版,
收录时做了修订）

第 三 篇

平台经济治理的法治定位与定向

互联网平台经济竞争治理向何处去?

互联网平台经济(以下简称"平台经济")是利用互联网、物联网、大数据等现代信息技术,围绕集聚资源、便利交易、提升效率,构建平台产业一体化、生态化及智能化,推动商品生产、流通及配套服务高效融合、创新发展的新经济形态。

工信部的统计资料显示,2020年我国规模以上(上年度互联网和相关服务收入500万元以上)的互联网和相关服务企业完成业务收入11466亿元,同比增长12.7%。其中互联网平台服务企业,主要指提供生产服务平台、生活服务平台、科技创新平台、公共服务平台等为主营业务的企业,实现业务收入3856亿元,同比增长14.2%,占比达33.6%。

平台经济在给生产生活带来巨大效益的同时,也带来了诸多问题,譬如,平台"二选一"、大数据"杀熟"等已成为平台企业饱受争议的热点与焦点问题,这类问题不仅关系平台领域公平竞争与自由交易的正当竞争利益的实现,更与广大的平台普通用户的利益息息相关,平台经济的深入发展呼唤竞争法治的变革。

一、平台经济呼唤竞争法治变革

近年来,发展平台经济成为我国建设社会主义现代化市场经济体系、发展"互联网+"行动计划、深化市场经济体制改革转型升级的重要抓手,也是我国市场要素和资源流通领域深化供给侧结构性改革、推动经济高质量发展的一项重要举措。

为落实党中央、国务院有关决策部署,加快推进商品市场以发展平台经济为重点开展优化升级,2019年2月,商务部等12部门联合发布了《关于推进商品交易市场发展平台经济的指导意见》。2019年7月17日,国务院总理李克强主持召开国务院常务会议,确定支持平台经济健康发展的措施,壮大优结构促升级增就业的新动能。

会议指出,平台经济是生产力新的组织方式,是经济发展新动能,对优化资源配置、促进跨界融通发展和"双创"、推动产业升级、拓展消费市场尤其是增加就业,都有重要作用。要遵循规律、顺势而为,支持推动平台经济健康发展,一要发展平台经济新业态,二要优化发展环境,三要按照包容审慎要求,创新监管方式,探索适应新业态特点、有利于公平竞争的公正监管办法,推进"互联网+监管"。

2019 年 8 月,国务院办公厅发布《关于促进平台经济规范健康发展的指导意见》(以下简称《意见》)。《意见》指出,为促进平台经济规范健康发展,需要多项政策措施的保障,其中便涉及公平竞争市场秩序的维护。而维护公平竞争的市场秩序则需要由市场监管总局来负责制定出台网络交易监督管理有关规定,依法查处互联网领域滥用市场支配地位限制交易、不正当竞争等违法行为,严禁平台单边签订排他性服务提供合同,保障平台经济相关市场主体公平参与市场竞争;维护市场价格秩序,针对互联网领域价格违法行为特点制定监管措施,规范平台和平台内经营者价格标示、价格促销等行为,引导企业合法合规经营。

二、法治建设对平台经济的响应与不足

我国有关市场行为规制的法治建设明显早于平台经济的发展。为了规范价格行为,发挥价格合理配置资源的作用,稳定市场价格总水平,保护消费者和经营者的合法权益,促进社会主义市场经济健康发展,早在 1997 年我国就制定了《中华人民共和国价格法》,其中明确了经营者进行价格活动享有自主制定属于市场调节的价格的权利。为了促进社会主义市场经济健康发展,鼓励和保护公平竞争,制止不正当竞争行为,保护经营者和消费者的合法权益,1993 年我国制定了《中华人民共和国反不正当竞争法》。为了预防和制止垄断行为,保护市场公平竞争,提高经济运行效率,维护消费者利益和社会公共利益,促进社会主义市场经济健康发展,2007 年我国又制定了《中华人民共和国反垄断法》。结合立法当时的经济发展状况来看,以上三部法律均不是在平台经济高度发展的时代背景下制定的,欠缺针对平台经济特征的规制条款。

为了适应平台经济发展的时代背景,在 2017 年修订的《中华人民共和国反不正当竞争法》中新加入了互联网专条(第十二条)来规制经营者利用技术手段,通过影响用户选择或者其他方式,实施妨碍、破坏其他经营者合法提供的网络产品或者服务正常运行的不正当竞争行为;在 2019 年 6 月 26 日国家市场监督管理总局公布的《禁止滥用市场支配地位行为暂行规定》当中,则考虑到互联网等新经济业态的特点,新加入了诸如"网络效应""锁定效应""掌握和处理相关数据的能力"

等适用于互联网领域市场支配地位认定的因素。而2018年制定、2019年1月1日起施行的《中华人民共和国电子商务法》则更是针对"通过互联网等信息网络销售商品或者提供服务的经营活动",即"电子商务"而制定的专门性的法律规定。

在《中华人民共和国电子商务法》第二章第一节的一般规定当中,要求电子商务经营者因其技术优势、用户数量、对相关行业的控制能力以及其他经营者对该电子商务经营者在交易上的依赖程度等因素而具有市场支配地位的,不得滥用市场支配地位,排除、限制竞争。然而,下文中既没有列举电子商务领域中可能构成滥用市场支配地位的典型性行为,也没有阐释所谓"排除、限制竞争"的认定方法。

《国务院反垄断委员会关于平台经济领域的反垄断指南》也对平台领域的垄断问题进行了规定。事实上鉴于界定相关市场与认定排除、限制竞争效果方面的困难,通过现行的《中华人民共和国反垄断法》或者《中华人民共和国电子商务法》等法律文件中禁止滥用市场支配地位的规定,来规制平台领域出现的一些新型竞争战略行为,是存在乏力之处的。譬如,案件中涉及互联网双边市场条件下对相关市场及支配地位的认定,现行法律法规并不能有效解决这一问题。

在互联网平台领域现行滥用市场支配地位相关规定的适用性遭遇障碍的情况下,有必要对《中华人民共和国电子商务法》第三十五条的规定予以高度重视,即电子商务平台经营者不得利用服务协议、交易规则以及技术等手段,对平台内经营者在平台内的交易、交易价格以及与其他经营者的交易等进行不合理限制或者附加不合理条件,或者向平台内经营者收取不合理费用。

该条规定明显是以平台经营者和平台内经营者的纵向交易条件为规制对象,此处列举的各项行为均以"不合理"为限定条件,那么何为"不合理"? 只有揭示"不合理"的认定标准,才能使法律条文落到实处,提高执法的可预测性,有效地规制平台领域"不合理"的交易行为。

三、我国平台经济竞争治理的新维度

我国平台经济领域所取得的巨大经济效益有目共睹,但近年来有关互联网领域各种竞争乱象的报道也不绝于耳,互联网平台给人们的生产生活带来巨大便利的同时,也将一些负面影响强加给了用户,譬如价格歧视、隐私侵犯、流量造假、数据垄断等问题。最近引起社会广泛关注的某视频Y平台"超前点播"案便是平台借助自身在影视剧播放行业的优势地位损害用户观看权益的案例,凸显出规制平台行为、保护用户权益的重要性。

结合近期韩国的立法动向和执法进展来看,在平台经济的竞争治理方面,适时调查归纳平台领域具有典型性的争议竞争行为,研讨探明行为的违法性认定标准,对我国的平台经济竞争法治是具有借鉴意义的。在韩国被作为理论研究和实践执法重点违法类型的平台自我优待、阻碍用户多归属、要求最惠国待遇行为,对我国的竞争监管执法和企业合规治理都具有启示意义。

在互联网平台这一新领域出现的新行为类型既有可能属于排除、限制竞争的滥用市场支配地位行为,也有可能属于不正当竞争行为,还有可能属于不合理的交易行为,在这种情况下有必要根据具体的市场状况、具体的行为特征来灵活运用法律规定来加以全面立体的规制。对平台领域竞争行为的治理不应囿于任何一部单行法律,综合灵活适用对限制竞争、不公平竞争、不公平交易的各项法律规范应成为平台经济领域竞争行为规制的新维度。

在现行法律规定和实务经验的基础上,结合《国务院反垄断委员会关于平台经济领域的反垄断指南》,有针对性地考虑互联网平台领域双边市场的特征,进一步研究探讨指明平台领域相关市场的界定方法、市场支配力的认定标准,具象化互联网平台领域涉嫌违反竞争和公平交易相关法律法规的典型行为,进一步明确行为违法性的判断基准,譬如《中华人民共和国电子商务法》第三十五条“不合理”的交易条件的判断基准,提高执法的可预测性可以说是目前我国互联网平台竞争法治的当务之急。

完善相关配套法律法规建设、及时纠正互联网平台领域限制竞争行为、不正当竞争行为、不公平交易行为,方可树立良性、公平的竞争环境与交易秩序,助力平台经济的持续健康发展,使广大消费者真正从平台经济中受益。

(原文首发于《第一财经日报》2020 年 6 月 17 日第 A11 版,收录时有修改)

政府工作报告强调依法规范发展平台经济

2021年3月5日,李克强总理在政府工作报告中指出:"国家支持平台企业创新发展、增强国际竞争力,同时要依法规范发展。强化反垄断和防止资本无序扩张,坚决维护公平竞争市场环境。"支持平台经济发展,强化反垄断和防止资本无序扩张,在政府工作报告中同时凸显,两者联系紧密、相辅相成,共同构成未来一段时期内经济发展的重要着力点。

随着春节前夕《国务院反垄断委员会关于平台经济领域的反垄断指南》(以下简称《指南》)的发布,我国平台经济领域的反垄断工作迎来新的热潮,本次政府工作报告中则进一步明确顶层设计,结合两会期间的一些提案议案,可以预测未来反垄断工作中的重点方向。

一、明确支持平台企业创新发展

"国家支持平台企业创新发展",有两个重要方面与此相呼应。首先,强调平台经济发展对增强国际竞争力的作用。我国平台企业在国内的发展取得显著成绩,同时也在世界范围内表现亮眼,此次报告将增强国际竞争力作为重要面向之一,实际上是对平台经济发展提出了新的期望与要求。此前,国内平台经济领域的相关法律法规及监管体系正在逐渐完善,但是我国平台"走出去"以及应对国际发展"引进来"这两方面的工作尚需努力,欧盟已然发布《数字市场法》及《数字服务法》两部法案应对国际数字经济发展局势,构建起适应本区域发展需求的规则体系,我国也应当放眼国际市场,加快补充和建立能够支持我国平台企业取得更广阔发展的监管体系。

其次,突出"依法规范发展"的要求。此处传递的信号可以解读为平台经济要发展,更要在法治轨道上发展,这与此前发布的相关文件中"促进平台经济规范健康发展"的内核一脉相承,但是区别于此前文件中"包容审慎监管"的要求,面对飞速发展的平台经济,需要适时转变监管思路,将监管链条前移,强化平台企业自身

142

合规意识,激活社会组织的监管活力,构建多维度监管体系。同时,随着《中华人民共和国反不正当竞争法》互联网条款的施行,反垄断法修订进程的加快推进,以及《指南》的发布,竞争法律体系对于平台企业的监管趋于精细化,可以预见未来一段时期,以反垄断法和反不正当竞争法为代表,平台经济领域的竞争法治体系将更加完善。

二、要求强化反垄断和防止资本无序扩张

此次政府工作报告进一步肯定了2020年年底中央经济工作会议所强调的"强化反垄断和防止资本无序扩张"的工作重点,对提高经济高质量发展效能提供了思路和抓手。特别是平台企业所具有的"赢者通吃"的垄断特性与互联网金融服务相结合,为金融监管带来一定的挑战,滋生出"大而不倒"的风险,需重点关注。

反垄断法并非反对企业具有强大的市场力,而是反对企业滥用市场力扰乱市场公平竞争的秩序。当前,垄断隐患在平台经济领域尤为突出,体现为互联网平台头部企业趋于固定,市场竞争秩序受到一定影响。一方面,平台企业借助大数据和算法等技术,充分利用自身所在双边或多边市场上的直接和(或)间接的网络效应获取流量和用户,实现精准营销和开发,将市场力量传导至新的市场,企业市场力量因"雪球效应"不断增强,逐渐出现损害消费者权益和市场公平竞争秩序的现象。另一方面,头部平台企业借助资本,扩张其在各个领域的持续布局,通过公司并购、股权收购或 VIE 架构等方式实现资本控制,相关市场在实质上能够保持有效开放,市场活力和市场创新能力能得到有效保障存在疑虑。

此外,平台特别是那些超级平台的线上力量可延伸至线下市场的现象已然出现,近日出现的"社区团购"大战正是这一隐忧的一种呈现方式,头部平台企业利用既有资源可以轻松实现市场下沉,不断挖掘潜在市场和用户,进一步巩固自身力量,形成强者愈强的局面。然而,这却对实体经济造成了一定冲击,故此,对平台企业市场竞争影响的评估已经不能只局限于线上市场,而应关注于相邻或不相邻的整体市场。

三、两会后促进平台经济健康发展的着力点

2021年3月举行的全国两会上,多位代表委员的议案提案涉及数字经济、平台经济发展与治理的诸多方面,足见当前数字经济下平台发展对国家经济社会的

重大影响。可以看到此次两会后平台经济的市场竞争治理将重点聚焦以下方面：

第一，数据治理或成为平台经济市场竞争治理的重中之重。数据已成为平台经济发展的核心原料，平台企业发展需要海量且优质的数据。当前，我国数据产权制度尚未明确，数据归属的相关问题也无定论，这已成为制约我国数字经济乃至国家整体经济高质量发展的关键，特别是在数据要素成为一种全新的创新型生产要素之后，科学合理界定数据产权问题已迫在眉睫。故此，为了更好地把握新发展机遇，应尽快根据现实需要，构建科学精致的数据产权及利益分享体系。

首先，有序实现数据开放共享，推动建立数据要素市场化、法治化、国际化体制机制。当前政府数据、企业数据及社会数据，以及域内外数据间的流通与使用渠道并未畅通，数据"孤岛现象"仍然存在，需要进一步打通堵点，实现数据共享。

其次，数据垄断问题仍未得到解决，虽然，数据本身具有非竞争性和可共用性，但是以平台企业作为支撑后，数据在运行中的垄断特性逐渐显现。当前平台企业规模日益增大，平台"封禁"现象频发，客观上反映出平台逐渐具备基础设施或必要设施的特性，因而，数据并非如以往所认为的可以供需要者自由收集，数据封锁行为、拒绝交易行为不断发生，已引起竞争监管机构的关注。

最后，数据驱动型并购的产生也是当前国内外竞争监管机构面临的一大难题，由于数据难以估值，因此基于数据产生的并购，无法以传统的价格或市场份额等方式予以评估。

第二，平台企业反垄断治理的范围将扩大。依托《指南》的发布，处理平台经济领域的垄断问题有了更详细的依据，但是《指南》删除了较多内容，这也预示着我国平台经济领域的反垄断工作仍采取较为审慎的态度。《指南》突出强调个案分析的原则，在今后的执法及司法实践中对不同案件展开的论证说理也值得期待。当前一段时期，对平台企业涉嫌垄断行为的治理多集中于金融领域，随着《指南》的出台，今后一段时间内为社会所普遍关注的"二选一"大数据"杀熟""封禁"等行为也将逐渐涌现案例。

第三，平台经济下零工经济等民生问题的解决。平台经济的快速发展催生了零工经济这种新的灵活就业形式。特别是在疫情期间，越来越多的就业者选择经由平台推荐和匹配实现就业。譬如，网约车司机、外卖送餐员、直播主播、保洁、家装工人等，零工经济的兴起虽然在很大程度上纾解了就业资源的分配不均，然而，随之而来的是此类就业者的基本保障应当如何实现的问题。又如，劳动关系如何认定,各类保险、税费如何缴纳等系列难题,这些问题均涉及民生保障。

　　近日,欧盟地区的监管机构正在针对平台经济中灵活就业者各项权利的保障问题进行立法,国外交通出行平台 Y 的首席执行官也曾表示将为零工经济从业者采取更加完备的保护措施,改善其工作环境。因此,平台经济下灵活就业者的相关权利保障也应引起足够重视,唯此方可促进平台经济可持续健康发展。

　　　　（原文首发于《第一财经日报》2021 年 3 月 10 日第 A11 版,
　　　　收录时有修改）

以共建共治推动互联网平台经济健康发展

在疫情影响下,线上购物已经从一种可选择的消费模式上升为最优选择模式,远程会议已经从一种非常态办公模式上升为必要的工作状态,无接触模式从经济领域迅速进入社会领域,平台作用不断凸显和强化。

在平台对经济社会的影响力不断强化和持续扩张的背景下,建立和维护平台领域自由公平的竞争秩序和互信互赖的交易环境的必要性越发凸显。为促进互联网经济的创新,实现互联网平台经济的持续健康发展,需要多方主体共同行动,推进互联网平台经济的共建共治。

一、平台经济健康发展需多方努力

在疫情发生前的常态经济环境下,互联网平台就以其高速、大量、高透明度的信息优势为广大消费者、经营者带来了巨大福利,在线上交易的促成、小微型经营者创业、物流业的快速发展等方面发挥了积极作用;在疫情期间互联网平台也发挥其"零接触"式交易的优势,在生产物资、生活物资的生产、流通方面立下了"汗马功劳"。各界经营者、广大消费者普遍在不同程度上依赖于互联网平台,在搜索引擎平台、社交平台、在线购物平台、出行打车平台、外卖平台等各种互联网平台上俨然已经形成了相对独立的生态系统,但平台之间又存在或多或少的竞争关系。

自平台经济高速发展以来,涉嫌限制、排除竞争、不正当竞争及不公平交易等行为时有发生。这类现象并非仅涉及相关互联网经营者的利益问题,更切实影响广大消费者用户的利益,是典型的竞争利益与消费者利益相融合的问题。为此,对平台经济的科学治理需对平台经营特征、行业惯例、商业模式等做充分深入的了解,实现行业自律自治、行政部门有效监管及经营者与消费者正当维权相结合的共建共治。

二、平台企业与行业协会自律自治

企业是创新经营和市场竞争活动的主体,企业的自觉合规对平台秩序的树立和维护至关重要。2020 年 7 月,在国家市场监管总局牵头下,20 家国内主要互联网平台企业代表签署了《互联网平台企业关于维护良好市场秩序促进行业健康发展的承诺》,此次承诺的签署正是企业加强自律的良好诠释。值得注意的是,企业的自律性承诺在很大程度上还是对《中华人民共和国电子商务法》《中华人民共和国反垄断法》《中华人民共和国反不正当竞争法》等相关条文的重申,当争议行为发生时其违法性最终还是需要执法机构来认定。因此,企业自律承诺守法固然重要,但其仅构成平台共治的一元,平台治理还有赖于执法机构在与企业充分沟通、总结实务经验、强化理论研究的基础上制定更加明确的行为违法性判断指南,从而为企业自律守法提供准绳。

行业协会作为由行业经济组织和个人组成,行使行业服务和自律管理职能的社会团体,在互联网领域也理应成为平台治理的重要主体。行业协会对市场竞争能够产生正反两方面的影响。从积极方面讲,行业协会可以正向发挥其自律管理职能,通过制定行业自律规范等方式维护促进业界公平自由的竞争秩序。从消极方面讲,行业协会有动机也有可能为了本行业经营者的利益,作出限制商品或服务定价、限制产量、分割销售市场等方面的决议,从而限制竞争,最终影响消费者福利。故此,互联网平台秩序的维护需要行业协会的自律规制,又不能完全依靠自治调节,还需要有关行政部门的科学有效监管。

三、相关行政部门有效监管

互联网平台企业的经营活动既要接受作为行业监管部门的工业和信息化部(以下简称"工信部")的监管,也要接受作为市场监督管理部门的国家市场监督管理总局的监管。当年曾一时间造成互联网社交平台秩序混乱的"3Q 事件"正是由于工信部及时介入才得以迅速平息,可见行业监管部门的行政指导在维护互联网市场秩序、定分止争方面,具有非常高的实效性。然而,行政指导的行使具有较大的任意性,存在法律依据不足的问题。在互联网信息服务竞争日益激烈,违法事件逐渐增多,不规范经营、侵害用户权益的行为时有发生的现实背景下,可适用的法律法规不健全、具体行为规范缺失等问题更加凸显。鉴于此,工信部于 2011 年 12

月发布了《规范互联网信息服务市场秩序若干规定》,其中对"恶意干扰""恶意不兼容"等互联网信息服务提供者侵犯其他互联网信息服务提供者合法权益的行为、侵犯用户合法权益的行为都有所涉及。遗憾的是该规定的效力层级较低,规定内容较笼统,难以对互联网平台经营者的违规行为起到有效的震慑作用。

在狭义的法律层级上,对互联网领域的竞争活动规范作出回应的当属 2017 年《中华人民共和国反不正当竞争法》修订过程中新加入的网络经营专项规制条款和 2018 年通过的《中华人民共和国电子商务法》,《中华人民共和国反不正当竞争法》和《中华人民共和国电子商务法》的行政执法均主要依靠市场监督管理部门来进行。国家市场监督管理总局于 2019 年发布了《禁止滥用市场支配地位行为暂行规定》,立足于互联网领域经营的实际情况,指出互联网等新业态中市场支配地位的认定可以考虑相关行业的竞争特点、经营模式、用户数量、网络效应等诸多因素,从而从部门规章层面上表明了对互联网领域适用《中华人民共和国反垄断法》特别是其中的滥用市场支配地位条款的可能性。

执法上,虽然行业监管部门(如工信部)对主管领域具备信息和技术上的优势,能够全面深入专业地把握行业特征,更为敏锐地处理造成本行业市场秩序混乱的行为,进行事前指导与事中事后的及时有效治理,迅速恢复市场秩序。然而,在市场机制发挥作用的场景下,行政力量介入市场运行需具备科学充分的法律根据,注重执法的可预见性与一致性。从这个角度来说,市场监督管理部门则持有更有力的法律武器,可对涉嫌违法行为起到有效的事前威慑与事中事后查处的作用。实现有效竞争是行业监管和市场监管的共同目标,故互联网领域的行业监管机构和市场监管机构的基本治理目标具有一致性,行业监管部门与市场监管部门加强交流、信息共享、联合共治将有助于提高互联网领域的执法技术和执法效果。

四、平台与用户正当维权

平台(经营者)与用户(消费者)在维护互联网平台经济市场秩序方面,具有相辅相成、共同合作的内在一致性和外在可行性。譬如,在"双 11"等年度购物节中,电商平台与广大消费者用户之间就存在强烈的治理联动需求,平台企业需要加强平台内营商环境治理,消费者从平台外部监督的维度进行科学合法维权,两者之间存在一致性和协同性。然而,在共同合作推动平台经济市场秩序治理的过程中,需要讲求科学合理的方式方法,行为有度有节。

首先,从平台的角度来说,国内某著名互联网平台企业在 2010 年的"3Q 大战"和 2019 年与某视频社交 APP 的不正当竞争纠纷中就采取了两种截然不同的维权措施,对市场秩序产生了不同影响。法院通过判决对经营者正确维权起到引导作用,维护了互联网平台市场秩序。可以窥见互联网平台经营者的合规竞争,科学正当维护平台市场秩序的意识和水平在逐步提升,行政机关与司法机构的实践指导已初见成效。

其次,从用户的角度来说,平台用户通常是最先感知不正当竞争或垄断等行为带来不便或损害的群体,是平台经济治理的天然在场者。在互联网经济时代,广大消费者已从传统经济中产销价值链的末端逐渐走向前台,通过提供信息、共享评价等方式参与生产、流通、消费的全过程。因此,消费者也可以通过科学正当的维权方式成为平台经济市场秩序共治的主体之一,共同参与建设和维护健康有序的平台经济秩序。

最后,用户若发现在网络平台上发生有损自身权益的行为,可积极与平台平等协商,诉诸消费者协会调解、向有关行政部门投诉,或向人民法院提起诉讼、向有关部门申请仲裁等合法正当的方式来维权。鉴于互联网市场上消费者侵权案件通常具有受影响的消费者范围广、个体消费者的受损经济数额较低等特点,消费者个人主张自身权益的激励不足,在这种情况下,消费者协会作为对商品和服务进行社会监督、保护消费者及群体合法权益的社会团体,有必要发挥其作用,向有关部门进行反映,在必要时还可以依据《中华人民共和国消费者权益保护法》《中华人民共和国民事诉讼法》的相关规定对侵害众多消费者合法权益的行为向人民法院提起诉讼。

(原文首发于《国家治理》2020 年第 31 期,收录时有修订)

合力行业与市场监管　规范平台经济健康发展

2021年3月15日,中央财经委员会召开第九次会议指出,近年来我国平台经济快速发展,在经济社会发展全局中的地位和作用日益凸显,我国平台经济发展的总体态势是好的、作用是积极的,同时也存在一些突出问题,一些平台企业发展不规范、存在风险,平台经济发展不充分、存在"短板",监管体制不适应的问题也较为突出。

会议强调,要坚持正确政治方向,从构筑国家竞争新优势的战略高度出发,坚持发展和规范并重,把握平台经济发展规律,建立健全平台经济治理体系,明确规则、划清底线、加强监管、规范秩序,更好统筹发展和安全、国内和国际,促进公平竞争,反对垄断,防止资本无序扩张。要加强规范和监管,维护公众利益和社会稳定,形成治理合力。要提升监管能力和水平,优化监管框架,实现事前事中事后全链条监管,充实反垄断监管力量,增强监管权威性,金融活动要全部纳入金融监管。

同日,国家市场监督管理总局出台了《网络交易监督管理办法》明确了网络交易监督管理坚持鼓励创新、包容审慎、严守底线、线上线下一体化监管的原则,市场监督管理部门引导网络交易经营者、网络交易行业组织、消费者组织、消费者共同参与网络交易市场治理,推动完善多元参与、有效协同、规范有序的网络交易市场治理体系。

一、市场监管部门与行业监管部门合力共治

平台经济的持续健康发展不仅需要市场监督管理部门引导下经营者与消费者等市场主体的协同参与,还需要加强和提升市场监督管理部门与行业主管部门的协同效能。以金融领域监管为例,2021年2月初,中国人民银行发布政策研究《大型互联网平台消费者金融信息保护问题研究》(以下简称《政策研究》)指出,大型互联网平台是我国信息技术创新的重要力量,也是信息和数据的关键使用者,对推进金融科技进步和数字普惠金融发展发挥了积极作用。但现阶段,大型互联网平

台上消费者金融信息保护总体状况不容乐观,尤其是某些头部互联网平台在格式条款、信息收集和使用、营销宣传方面存在一些问题和争议,对广大消费者用户的数据安全和合法权益产生了现实损害和(或)潜在危害。

《政策研究》建议综合运用各种监管手段,实现穿透性监管,督促大型互联网平台树立负责任金融的理念。在借鉴域外信息保护立法与监管经验的基础上,从我国实际出发,依法将大型互联网平台的金融业务全面纳入监管,增强业务信息披露全面性和透明度,有效控制共债风险,不断完善金融信用信息基础设施建设,严格规范金融营销宣传行为,切实保护金融消费者长远和根本利益。其中一项重要举措便是要加强对大型互联网平台企业的反垄断审查与规制。

在金融领域平台反垄断规制的完善方面,《政策研究》建议完善平台企业垄断认定方面的法律规范,将利用算法实施价格共谋、滥用市场支配地位不当收集和支配数据等行为纳入反垄断法规制范围。完善大型互联网平台企业的并购审查制度,制定符合数字经济特点的营业额标准,增加交易价格相关标准,避免其通过高价收购竞争对手达成垄断目的。同时,将隐私作为非价格竞争的重要参数予以考虑,评估并购是否对高隐私偏好消费者的福利产生影响。这一点在中央财经委员会第九次会议上,再次得以强调,"要加强平台各市场主体权益保护维护好用户数据权益及隐私权""充实反垄断监管力量,增强监管权威性"等,这充分表明加强行业监管与市场监管合力施行的必要性与重要性。

同时,《政策研究》已经注意到由于大型互联网平台广泛覆盖多个业务领域,在金融领域之外,又通过其关联企业涉猎电商、物流、营销等领域,涵盖了购物、出行、住宿、支付转账、投资理财、生活、公益等数以百计的场景。若电商交易与金融场景结合,对信息交互环节的监管就会因监管领域的转变而被切断,使得监管部门难以掌握信息共享和使用的全貌。因此,建议加强信息共享,探索监管执法合作机制。

二、推进反垄断合作机制

2021年两会之后,中国人民银行在2021年3月18日召开的2021年金融法治工作电视会议上,再次强调了非银行支付机构条例修法的重要性,为积极参与打好防范化解金融风险攻坚战,稳妥有序处置金融风险提供法律支持。这也为协同金融领域的行业监管与市场监管提供立法保障作出了尝试,充分发挥举国体制优势下对国家和民众共同关注的重大问题作出及时有效的科学处置,提升新时代监管体制效能,提供了改革思路与具体方法。

首先,作为"市场支配地位预警措施",若一个非银行支付机构在非银行支付服务市场的市场份额达到三分之一,或者两个非银行支付机构在非银行支付服务市场的市场份额合计达到二分之一,抑或三个非银行支付机构在非银行支付服务市场的市场份额合计达到五分之三,中国人民银行可以商请国务院反垄断执法机构对其采取约谈等措施进行预警。

其次,在"市场支配地位情形认定"方面,若一个非银行支付机构在全国电子支付市场的市场份额达到二分之一,或者两个非银行支付机构在全国电子支付市场的市场份额合计达到三分之二,抑或三个非银行支付机构在全国电子支付市场的市场份额合计达到四分之三,中国人民银行可以商请国务院反垄断执法机构审查非银行支付机构是否具有市场支配地位。

最后,作为"市场支配地位监管措施",若非银行支付机构未遵循安全、高效、诚信和公平竞争原则,严重影响支付服务市场健康发展,中国人民银行可以向国务院反垄断执法机构建议采取停止滥用市场支配地位行为、停止实施集中、按照支付业务类型拆分非银行支付机构等措施。

通过上述金融行业监管部门与市场反垄断监管部门协商机制的推进,可以实现信息的及时、有效共享,呼应了中央对提升监管能力和水平,优化监管框架,实现事前事中事后全链条监管,充实反垄断监管力量,增强监管权威性,将金融活动全部纳入金融监管的要求,是金融领域平台反垄断监管的有益尝试。在此基础上,可以就专业性强、行业特征明显的平台经济领域不断涌现的各新业态、新产业,加快推动和协同行业监管与市场监管合力共治的步伐。

(原文首发于《第一财经日报》2021 年 3 月 24 日,收录时有修订)

互联网平台经济应实现
"强监管"与"促发展"并重

自 2020 年下半年以来,党中央不断释放出要强化反垄断监管的信号。2020年 11 月 30 日,中共中央政治局就加强我国知识产权保护工作举行第二十五次集体学习,习近平总书记在主持学习时强调"要完善知识产权反垄断、公平竞争相关法律法规和政策措施";2020 年 12 月 11 日,中共中央政治局召开会议分析研究2021 年经济工作,其中提到"强化反垄断和防止资本无序扩张";2020 年 12 月 16日至 18 日,中央经济工作会议将"强化反垄断和防止资本无序扩张"确定为 2021年的重点任务之一,并且指出"反垄断、反不正当竞争,是完善社会主义市场经济体制、推动高质量发展的内在要求";2021 年 1 月 9 日至 10 日召开的中央政法工作会议提出"加强反垄断和反不正当竞争执法司法"。2021 年 3 月 15 日召开的中央财经委员会第九次会议强调推动平台经济规范健康持续发展,并指出要"加强监管,规范秩序,更好统筹发展和安全、国内和国际,促进公平竞争,反对垄断,防止资本无序扩张"。

与此同时,我国监管部门也接连发布新规。2020 年下半年,国家市场监管总局陆续发布《规范促销行为暂行规定》《关于加强网络直播营销活动监管的指导意见》等文件;2021 年 2 月 7 日《国务院反垄断委员会关于平台经济领域的反垄断指南》印发,对限定交易、大数据"杀熟"、附加不合理交易条件等进行了界定。在反垄断执法方面,市场监管总局在 2020 年年末首次对互联网企业开出反垄断顶格处罚罚单,同时对国内互联网平台企业 A 实施"二选一"等涉嫌垄断行为进行立案调查。

党中央和监管部门接连出台涉及互联网反垄断政策以及实施针对互联网垄断行为的监管举措,释放出党中央加强互联网市场反垄断监管的强烈信号。对互联网平台进行合理监管,是促进平台经济健康、安全发展的重要手段。

一、加强互联网反垄断监管是形势所需

互联网反垄断监管的浪潮不仅发生在中国,也席卷全球主要国家和司法辖区。2019 年 2 月,德国联邦卡特尔局以国外著名社交软件 F 滥用其在在线社交市场上的支配地位侵害用户数据隐私为由,予以反垄断处罚,由此拉开了对互联网超级平台反垄断调查和处罚的大幕;2020 年 10 月,美国司法部对国外著名互联网公司 G 发起 20 年来最大规模的反垄断诉讼;同年 11 月,欧盟认定国外知名互联网公司 Y 涉嫌滥用垄断地位"自我优待";同年 12 月,美国联邦贸易委员会和多个州检察院向国外社交软件 F 提起反垄断诉讼,指控 F 滥用其在社交网络领域的优势,以压制较小的竞争对手。而由此产生的疑问是,为什么在平台经济蓬勃发展的背景下,各国会掀起反垄断监管的浪潮呢?

其中的缘由需要先从互联网市场的垄断倾向说起。互联网市场在网络效应的作用下,往往具有"天然"的垄断倾向,大型平台企业能够凭借用户、技术以及数据等方面的优势,在网络效应的影响下形成自我强化的"反馈循环",致使资本、流量、数据等资源不断向大型平台集中,而由此产生的巨大竞争优势能够使其获取并维持垄断地位。当然,动态竞争也是互联网市场的主要特性,在创造性破坏理论下,竞争者能够通过创新颠覆垄断者,使得市场中的垄断往往是短暂的。然而,由于现行反垄断法在互联网新商业模式和特性下存在适用乏力的问题,且在互联网平台经济发展初期,监管机构由于缺少经验未能及时有效地识别和干预扭曲市场竞争的各类新型垄断行为,往往对平台企业持宽松的监管态度,致使一些具有垄断地位的平台企业实施的反竞争行为未得到有效的监管与规制,创新并不能发挥其应有的积极效果。例如,在互联网市场中,数据已成为互联网市场竞争的关键,而原有的法律制度并没有充分将数据作为一种标准考虑在内,使得一些平台巨头能够在未触及合并审查门槛的情况下顺利收购新创企业,获得数据和技术,同时扼杀新创企业带来的竞争威胁。

平台企业在缺少有效监管的环境下野蛮生长,反垄断工作的形势也就越来越严峻。尤其是近年来随着平台已遍及人们生活的方方面面,逐渐形成庞大的平台"生态系统",平台巨头滥用垄断地位的行为日渐增多,出现了"自我优待"、强制"二选一"、扼杀式收购等一系列行为,严重破坏了市场竞争秩序,并对消费者利益构成实质威胁。也正是在这种严峻形势下,加强互联网领域的反垄断监管成为一

种现实需求。当然,互联网反垄断监管对于我国的意义远不止于此。在新发展阶段,若要深化供给侧结构性改革,充分发挥我国超大规模市场优势和内需潜力,构建国内国际双循环相互促进的新发展格局,必须通过加强反垄断监管,消除垄断行为对市场竞争的威胁,才能有效发挥市场在资源配置中的决定性作用。

二、互联网反垄断监管应避免陷入"硬监管"的困局

2021年3月的中央财经委员会第九次会议指出,"我国平台经济发展的总体态势是好的、作用是积极的,同时也存在一些突出问题",其中,监管体制不适应的问题较为突出。在当前互联网反垄断监管的热潮中,不仅需要强调加强互联网领域监管的必要性,同时也应对互联网平台企业行为的监管与规制保持冷静思考,以避免从宽松监管走向另一个极端,出现"一管就死",过度干预市场的"硬监管"局面。

(一)完善适应互联网平台的反垄断法规

应当认识到现行反垄断法律制度和框架在互联网领域存在适用困难,易导致监管机构出现误判。现行反垄断法主要源于工业经济时代,互联网市场具有多边结构、零价市场、商品服务多样化和个性化等新特性,这对传统的相关市场界定、市场支配地位认定方式带来了新挑战。虽然近年来我国针对互联网平台经济的特点,对现行反垄断法规体系作出了适当的回应,但是相关规定在明确性与可操作性方面仍显不足。可适用性法律法规缺位的现实状况容易导致监管机构对平台企业作出失实失范的"硬监管",对市场竞争和企业发展形成不合理的干涉,对平台企业创新发展产生不利影响。

(二)避免"一刀切"

在规制平台经济领域新型竞争行为时,需警惕"一刀切"的做法。在复杂多变的互联网平台市场竞争中,相似甚至相同的竞争行为在不同场景、不同行业、不同时间以及不同主体上都可能产生不同的竞争效果,需要注重个案分析。经营者具有市场支配地位本身并不违法,而经营者特定行为的违法性认定需要对该行为是否具有限制竞争效果进行分析。监管机构在实践中需充分意识到,我国反垄断法并不反对垄断地位,而是反对具有违法排除、限制竞争效果的垄断行为,应避免陷入"大即是坏"的惯性思维——垄断企业的行为皆是基于垄断地位而实施的滥用市场支配地位的行为,从而陷入"先入为主""一刀切"的监管困境。

(三)避免过度监管

互联网反垄断监管过程中,应避免步入过度监管的极端。包容审慎是我国对新业态、新产业、新模式进行监管应恪守的基本原则,在早期发展中正是因为坚持了这一原则,才有了我国互联网经济的高速发展。如今在坚守"包容审慎"的前提下,需要克服和改变由此而生的"不监管、弱监管"的心态与做法。虽然,在实践中因"过度包容"而出现对互联网市场监管缺位的情况,出现"借包容之名,行逃避之实"的监管惰性,但是,也不能因此在监管过程中放弃"包容审慎"的基本原则,否则可能会对互联网平台经济市场造成过度干预的危害。

反垄断执法机构对平台经济领域开展反垄断监管的基本原则:(1)保护市场公平竞争;(2)依法科学高效监管;(3)激发创新创造活力;(4)维护各方合法利益(2021年2月7日《国务院反垄断委员会关于平台经济领域的反垄断指南》)。

平台经济作为互联网市场的新业态、新产业、新模式,其在创新驱动下拥有巨大的发展前景。若在监管过程中对平台企业的新模式、新应用直接"管死",很可能对平台企业基于创新形成的合理经营行为和商业模式造成规制偏差,进而挫伤平台企业创新的积极性,甚至会对互联网经济市场的发展生态产生不可逆的影响。因此,监管机构应在监管过程中正确处理政府与市场的关系,对尚未明晰竞争效果的新行为、新应用、新模式保持"包容审慎"的态度,避免仓促干预或过度监管对平台经济市场竞争机制和创新激励机制的破坏;在市场调节优于政府调控的前提下,科学有效介入平台经济市场竞争规制之中。

从当前中央顶层及相关监管机构的明确态度和有关举措可见,对互联网领域的监管目的并不在于要限制个别平台企业的发展,而是为了防止资本借由平台垄断及其跨界传导实现无序扩张,避免公平自由的市场竞争秩序受到威胁,为平台经济健康发展提供市场化、法治化及国际化的营商环境,且为消费者合法权益提供有力保障。这也意味着对互联网领域不仅要强调监管,同时也要注重发展,由此特别需要清晰地意识到,在强化监管的过程中,应避免出现使监管变"硬监管"情况,从而真正落实支持和监管并举的互联网平台经济发展思路。

三、实现"强监管"与"促发展"并重

党中央以及监管机构已多次谈及监管与发展的问题,这不仅符合构建新发展格局的需要,同时也是疫情影响下促进国内经济发展的必然要求。我们需意识到,

监管平台并不是要针对个别企业,而是为了优化营商环境,督促企业合规经营,为健康的市场竞争秩序提供有效保障。加强反垄断监管与促进互联网平台发展并不矛盾,因为有效且合理的监管能够为平台企业发展和创新提供有力保障。要真正实现"强监管"与"促发展"并重,避免出现"硬监管",可从以下四个方面着手:

第一,尽快完善和细化反垄断法律制度和框架。目前,反垄断法律法规针对互联网领域作出的规定仍比较笼统,在不少方面的可操作性不强,相关配套规章及规范性文件的"立改废释"工作尚未完全跟上。因此,需加快反垄断法的修订进程,为监管提供充分且可行的法律依据。诚然,法律的调整和完善需要一个过程,在此过程中仍需采取适当且科学的监管。而当在监管过程中遇到适用法律困难或者缺少法律依据的情况时,应注重互联网市场发展状况、发展规律与自身特点,时刻以反垄断法的基本目的为基准,而非停留于行为或者形式等表面;需要遵循个案分析原则,根据具体场域、具体企业、具体行为进行分析,判断企业是否在相关市场内具有市场支配地位,进而分析行为是否具有反竞争效果,同时明确其是否存在抗辩事由。尤其是在如今互联网平台企业已形成平台生态系统,若不精准且合理地进行规制,仅根据行为表征而直接作出认定,将可能对市场竞争和创新形成不合理干涉,进而背离反垄断的初衷。监管机构需紧密结合中国经济的发展需求和发展特征,结合反垄断的目标,实现反垄断监管和平台经济发展的同步推进。

第二,加强反垄断执法机构和队伍的建设。互联网领域涉及范围较广,且具有很强的技术性和专业性,对反垄断执法部门及其人员提出了非常高的要求,而当前我国反垄断执法机构的设置,以及执法工作人员的数量方面仍然存在问题。在这种情况下,不仅不利于进一步强化监管,且难以避免在监管过程中出现误判的情况。因此,需优化反垄断执法机构的设置,增加专业工作人员,同时合理配置监管部门内的反垄断执法权,采取切实措施强化反垄断执法能力建设。

第三,在坚持包容审慎为基本原则的前提下,科学有效实现"强监管"。包容审慎监管与"强监管"并不矛盾,两者相辅相成可促成支持和监管的并进。虽然包容审慎有助于避免过度干预影响互联网市场的健康发展,但是仍需要监管机构加大对互联网市场的现实危害和潜在风险的关注,使其能够更早、更快、更准识别和规制对市场竞争秩序和消费者权益构成威胁的反竞争行为,提高监管效能,避免因"包容"而出现的监管缺位。在此过程中,不仅需要监管机构对互联网市场中的竞争行为保持积极态度,同时也需要不断更新监管理念、监管思路及监管方法,积极开展市场调研活动,主动了解互联网市场中新行为、新应用、新模式对市场竞争秩序产生的现实作用和潜在影响,避免被动地等待损害效果实际发生时才进行事后规制。

第四,加强培育竞争文化,引导经营者竞争合规,促进构建多元共治格局。对互联网领域的监管不能仅仅靠政府,还需要多主体的参与和配合,重视消费者和经营者在反垄断监管过程中发挥的重要作用。反垄断法的宣传与普及将有利于民众提高反垄断法律意识,提高民众对平台企业垄断行为的敏感度,有利于强化社会对平台企业的监督。竞争文化的培育同时也有利于企业自律,以促使互联网平台企业贯彻以人民为中心的发展思想,主动承担更大的社会责任,在增创经济发展新动能,促进科技创新,维护公共利益,保障和改善民生等方面体现更多作为、更多担当。

（原文首发于《国家治理》2021 年第 11 期,收录时有修订）

平台反垄断面临多个突出问题

我国头部平台企业拥有巨大流量和海量数据,通过算法优化与算力提升,已打造"流量、数据、内容、推送"一体化的平台生态系统,在国家治理现代化建设和经济高质量发展中发挥了重要作用,特别是在各类重大突发公共事件中提供了准公共设施的基础保障功能,具有较好的经济效果与社会效果。中央财经委员会第九次会议上指出,"近年来我国平台经济快速发展,在经济社会发展全局中的地位和作用日益凸显。我国平台经济发展的总体态势是好的、作用是积极的,同时也存在一些突出问题,一些平台企业发展不规范、存在风险""要坚持正确政治方向,从构筑国家竞争新优势的战略高度出发,坚持发展和规范并重,要坚持'两个毫不动摇',促进平台经济领域民营企业健康发展"。

当前,平台经济领域也出现了一家独大或寡头结构的市场格局,其中部分平台企业脱离实体经济,走向数据金融平台的趋势越发明显,平台经济发展中"脱实向虚"的风险依然很大。故亟须对平台经济发展中的各类现象做全面系统和客观细致的分析与研判,透过对现实存在的平台反垄断的各类问题进行类型化爬梳,区别平台反垄断与其他领域反垄断之间的特殊性与一般性,从国家政策导向与反垄断执法司法客观实际出发,以反垄断法规体系为依托,设计和完善科学有效的法治方案,以法治思维和法治方法积极应对平台垄断和不正当竞争行为,促进平台经济新业态的持续健康发展。

一、反垄断法基本思路亟待廓清

无论是在传统经济领域的反垄断抑或以平台经济为代表的新经济领域的反垄断,通常都涉及反垄断规制的宏观与微观两个维度。在宏观上体现的是政治和政策的指导与分析,微观上则侧重于相关经济和法律的技术方法的选择和使用。两者相互影响,共同作用于反垄断规制的合理施行,在平台反垄断领域亦不例外。

从反垄断规制的宏观维度看,关涉平台经济纷争已实质性影响了中央"强化反垄断和防止资本无序扩张"决策部署下的相关政策及立法活动。2020 年 12 月 11 日中央政治局会议首提"强化反垄断和防止资本无序扩张",同年年底召开的中央经济工作会议更是将这一议题列入 2021 年八项重点工作任务之一,明确了强化反垄断的目标、方向和工作要求,释放出对平台经济领域的"强监管"信号。

需要强调的是,即便是在"强监管"的趋势下仍要坚持科学审慎的常态化监管,不能走向运动式的选择性执法。反垄断的目的在于"保护市场公平竞争,提高经济运行效率,维护消费者利益和社会公共利益,促进社会主义市场经济健康发展",加强对平台的反垄断监管并非针对平台企业的运动性执法,而是为了更好地促进平台经济乃至国家整个经济的高质量健康发展。若仅关注平台企业行为对具体竞争对手的现实损害或潜在威胁,忽视平台对市场竞争秩序、经济运行效率、消费者利益以及社会公共利益产生的积极影响,无疑会对平台经济的健康发展产生负面影响。

从反垄断规制的微观维度看,面对平台经济领域的新行为、新要素、新场景、新模式,现有反垄断相关法律和工具面临现实转换与优化的需要。有的专家学者从反垄断法经典理论出发解释平台经济领域的新现象,认为当下的一些热词、新词并未超出现行法律的涵摄范畴,现有法律框架和工具足以应对平台垄断带来的挑战。譬如,对平台"二选一"行为,认为其本质上就是滥用市场支配地位限定交易行为,或者称排他性交易行为;对于屏蔽或者封禁行为,就其他经营者而言,可表述为拒绝交易行为;相对于普通消费者用户而言,则可解释为限定交易行为。

然而,上述分析尚处于仅就平台企业某一具体行为的外观情态展开的初步研判,譬如针对平台"二选一"行为的发生原因不同,就不能简单地将其归类为限定交易行为,在有些情况下可能是不公平交易行为、协议行为甚或是正常的商业模式及经营行为等,如果不加区分草率地套用现行反垄断法律法规上有关某一行为外观要件的规定,缺乏对行为及效果的发生机理及其技术性特征的系统性和综合性考察,将导致在实践中经常发生平台企业经营行为看似符合某类排除、限制竞争行为的外观,然而具体分析下来又很难精准地适用反垄断法规制的现象。再如,平台企业大数据"杀熟"、平台"封禁"行为的争论,就是典型的例子。

此外,由于平台经济发展中数据和算法双轮驱动的特征日益显现,数据和算法已成为平台生态系统运行的核心原料及运行机制,对数据和算法之于平台企业竞争的意义越来越重要。然而,目前在反垄断法律法规体系中对数据和算法的规范仍然不清晰,缺乏系统性、专门性和体系化,各级执法和司法机关基于利益考量的不同存在差异,倾向于选择有利于自身角色定位的解释论和适用方法,致使"同案不同处"的情况时有发生。这又进一步加剧了反垄断法在面对平台经济领域具体问题适用上基本思路的混淆不清,故此亟须廓清平台经济领域因技术创新引发的反垄断法适用的基本思路。

二、反垄断法适用场景越发复杂

当前,平台企业的经营范围不断扩张,并覆盖于民众日常生活的衣、食、住、行、交、用、游等领域,同时也涉及金融、保险、医疗、教育、数据等关乎国计民生的重点领域和基础行业,发挥着越来越重要的经济发展与社会治理作用。鉴于平台企业这种跨界多元经营、跨界动态竞争的特征,平台经济领域的反垄断法规制必然面临着更加繁复的类型化场域界分与适用方法匹配的问题,单纯依靠反垄断法与市场监管部门恐怕难以有效应对灵活多变的平台经济新业态、新模式及新场景,需要市场监管部门与行业监管部门在反垄断法项下的协同与联动,在正视平台经济下反垄断法适用复杂性、多样化、类型化的基础上推动反垄断规制的有序有效展开。

以网约车新业态场景为例,社会各界普遍反映网约车平台企业存在抽成比例高、分配机制不公开透明、随意调整计价规则,以及平台企业垄断运载信息、恶意压低运价、随意上涨会员费等问题,其中大数据"杀熟"现象引发的质疑与批评声音尤为强烈。由于这些问题涉及行业定位、信息管理、交通运输、服务定价、劳务关系等诸多问题,在现有体制机制下所涉的中央主管部门,包括但不限于国家发改委、工信部、网信办、交通委、人社部、市场监管总局等,这在很大程度上导致了平台经济发展中可能面临的多头监管,甚或过度监管的风险在不断衍生和扩大,单纯依靠市场监管部门在整个网约车服务市场上的综合监管的定位及执法力度非常有限,难以有效地系统纾解网约车平台服务市场上不断出现的问题。类似问题同样存在于平台企业所涉及的金融、保险、直播带货、灵活用工、游戏直播、线上教育等具有多业态融合特征跨界经营场景下的反垄断法适用。

为此,近年来有关部门先后发布了《关于规范校外线上培训的实施意见》《网络直播营销管理办法(试行)》等政策法规文件,旨在及时回应社会各界普遍关切的平台经济跨界运营的热点、重点及难点问题,但是效果并不是十分理想。这一点从当前不断收紧和加强的行业运行与监管政策和治理过程中可窥见一斑。必须承认,平台经济领域新业态、新产业、新模式、新技术的不断涌现,致使平台企业经营的细分市场难以穷尽和预判,现行的反垄断法适用在很大程度上仍是被动地进行事中事后的个案监管和处理,这在一定程度上制约了反垄断规制积极意义的有效实现。

中央财经委第九次会议在加快健全平台经济法律治理时指出:"要提升监管能力和水平,优化监管框架,实现事前事中事后全链条监管,充实反垄断监管力量,增强监管权威性,金融活动要全部纳入金融监管。"由此可见,面对复杂多样的平台经济领域的新发展,反垄断法适用的场景、主体、工具都面临着不断精细化、多元化及协同化,特别是处理好多主体、多工具协同联动的问题,亟待优化现有反垄断体制机制,制定或创设一套能够适应于跨界且复杂场景下的反垄断规制的程序机制,扩宽反垄断法适用的主体范畴,建立多元共治的反垄断法适用框架,在保证反垄断政策与法律稳定、专业、权威的基础上,调动和激励平台经济领域多元主体参与反垄断法适用的积极性和主动性,以有效应对不断涌现的平台经济领域反垄断法适用的多重场景及多样需求。

三、反垄断规制技术相对滞后

当前,平台经济领域的反垄断规制工作,一方面面临着现有法律法规规定过于宽泛和抽象,缺乏可操作性和执行力等制度乏力的问题;另一方面也遭受着源自技术创新和技术应用带来的技术困境的挑战。可以说后者给平台反垄断带来的困难更难识别和应对。面对数据和算法双轮驱动下的平台生态系统的日益完善和强大,回应由此带来的平台双轮垄断可能引发的现实危害或潜在风险,已成为平台反垄断工作不得不直击的难题。

如果说,2019年8月发布的《国务院办公厅关于促进平台经济规范健康发展的指导意见》中提出的对平台经济分类监管、包容审慎监管、创新监管的思路,奠定了中央和各级监管部门对支持和发展平台经济的基本理路,那么2021年3月中央财经委第九次会议则进一步指出了具体落地的方式和方法,其中强调"从构筑国家竞争新优势的战略高度出发,坚持发展和规范并重,把握平台经济发展规律;要加强开放合作,构建有活力、有创新力的制度环境,强化国际技术交流和研发合作;要加强关键核心技术攻关,支持和引导平台企业加大研发投入,加强基础研究,夯实底层技术根基等"。这些都为平台经济领域的科学有效监管提供了具体指引。

平台经济领域出现的新问题和新挑战,从根本上讲是现有监管体制机制及方法与新技术、新应用、新模式在平台经济发展中不匹配所引发的,要有效疏解该类挑战和问题,必须引入技术元素,通过监管技术到技术监管的融通来实现平台经济法治治理的善治。在这一过程中反垄断规制技术的更新与创新显得尤为重要。在实践中,平台经济领域显露的诸多涉嫌违法的不正当竞争行为和排除、限制竞争行为,大多数会聚焦到数据和算法的滥用上。数据和算法作为平台企业的核心生产要素与运营工具,特别是在大数据和算法技术的商业化、市场化应用成熟后,由此带来的反竞争危害和潜在风险随之凸显,譬如,平台大数据"杀熟""自我优待""二选一"等。

相比之下,目前反垄断主管部门无论是在技术工具还是专业队伍上均存在一定滞后,尤其在面临数据和算法双轮驱动下平台生态系统的运行及引发的竞争效果的分析与辨别上,监管效能更是捉襟见肘,这导致大多数基于平台技术性特征而引发的竞争行为脱离了监管部门及时有效、科学有序的监管,这也就更谈不上平台经济领域多主体多工具协同监管的实现。在多数情况下,有关监管部门特别是市场监管部门,只能根据相关竞争者和(或)消费者的举报、申告或重大事件的发生,方才启动反垄断调查执法程序,在事前监管和风险预判上相对乏力。

事实上,随着平台经济向细分领域纵深发展,线上零售、社交网络、短视频等部分行业中的有效竞争状态很难通过经验准确预判是临时的还是长期的,同时,处于市场高度集中状态下的平台经济各产业,其内部的创新动能依旧强劲,对社会整体福利的提升仍具有积极作用。此时,通过传统的反垄断规范分析和行为价值评价,很难客观准确和科学有效地识别和判断某一平台企业的竞争行为与竞争效果之间的单向线性关系,亟须引入和使用科技工具和方法来科学判定和预测平台企业的竞争行为,所能带来的多重效应和长期影响,集中有限的反垄断规制资源进行有针对性的重点监管和工具创新协同,做好监管科技与科技监管在法治框架下的高效融合。

(原文首发于《第一财经日报》2021年8月5日第A11版,收录时有修订)

完善平台反垄断的法治方案

　　近半年来,"平台反垄断"成为经济社会治理领域和网络新媒体领域的热词,不仅被中央各层次会议频繁提及,更是引发了社会各界的普遍关注。一时间"平台反垄断"成为强化反垄断与防止资本无序扩张工作的重心与中心,以平台组织体与资本运作相结合为基础的各类滥用市场支配地位行为案件、未合规申请经营者集中案件不断被查处。这固然有其重要的经济社会法治价值,然而,将强化反垄断过度解读,甚或等同于平台反垄断亦似乎有运动执法和选择性执法之虞。如何准确理解强化反垄断与防止资本无序扩张,精准规制,做好平台领域反垄断工作,亟待科学理性、深入系统的思考。

一、平台反垄断需坚持和完善法治思维与方法

　　目前,我国平台经济发展正处在关键时期,从早期的野蛮增长,到现阶段的提质增效,规范发展。平台经济领域不断涌现的各类新业态、新模式、新应用都面临着规范性与创新性的检视,平台经济必须健康发展在法治轨道上,走高效创新之路。面对早期发展过程中不规范、不安全、创新价值低的业态、模式及应用必须予以整治和清理,为此中央自 2020 年年底始,在多次重要会议上强调平台治理的重要,并以强化反垄断与防止资本无序扩张为工作重心,着力解决平台经济领域的市场监管和行业监管的问题,为平台经济领域的反垄断工作提供了强有力的政治保障和政策支持。与此同时,也需要警惕将强化反垄断等同于平台反垄断,在"强监管"之际,不当扩大监管范围,引发"硬监管"甚或"滥监管"的风险和危害。故此,在平台反垄断过程中必须坚持和完善法治思维与法治方法以实现科学审慎监管和规范有序监管,不能为了"监管"而监管,要以法治思维与法治方法来提升平台反垄断的科学性、专业性及稳定性。

　　当然,基于平台经济发展的特殊性和阶段性,为适应国内外平台经济发展新情势,反垄断法治思维和规制方法也应从恪守经典走向自主创新,更新反垄断法治理

念,兼顾多方主体利益,统筹好平台经济发展中多元价值的动态平衡。

　　基于此,立足平台经济发展的规律与特征,有针对性地扩展反垄断规制工具,创新反垄断规制方法,通过科学审慎的反垄断规制实践,推动和完善反垄断法律法规的修订,为接下来具体的反垄断执法、司法、守法等行为提供确定性和可操作性强的原则、规则及规范,为多维度、多价值下平台反垄断提供科学、全面、系统的规范分析框架、原则及方法已成为刻不容缓的时代任务。

二、以场景类型化为基准推动多部门协同监管

　　通过近期典型的平台领域反垄断执法案件可知,其程序机制通常为"多部门约谈"配合"市监部门立案执法"。譬如,2020 年 12 月 24 日,国家市场监管总局根据举报,依法对国内互联网公司 A 实施"二选一"等涉嫌垄断行为立案调查;2020年 12 月 26 日,中国人民银行、银保监会、证监会、外汇局等金融管理部门便联合约谈了互联网金融集团 M。这也为包括市场监管总局在内的 8 家交通运输新业态协同监管部际联席会议成员单位对国内线上交通出行领域 10 家平台公司进行联合约谈提供了有益经验。然而不同的互联网平台具有不同的功能属性、行业领域以及发展阶段,若忽视这些因素,将导致对垄断行为的误判。对此,需要细分场景类型进行精准监管,并进一步完善上述多部门的协同程序机制。

　　第一,监管对象及内容应以相关平台的经营场景类型为划分标准,涉及反垄断内容的,以市场监管部门为主导,明确平台企业经营场景细目,合理划定反垄断规制范畴;

　　第二,协同部门应根据前述场景类型进行筛选,避免多部门监管权力泛化遏制新业态发展,损害经济效率与创新;

　　第三,多部门约谈的结论或共识应当形成书面材料,并经由法律法规认可,这些书面材料对参与各方具有约束力,亦可作为相关执法、司法活动的证据材料使用;

　　第四,对于涉及国家安全、商业秘密、个人隐私等敏感内容的信息资料,各方应严格履行保密义务,因商业目的泄露上述内容的依法承担责任。

　　具体而言,革新反垄断规制模式,特别是针对平台反垄断规制的现实需求,尽快构建由政府主导规制、社会多元主体合作规制、平台企业自我规制等多元主体参与、多维度规制相融合的平台反垄断全周期规制体系,强调以科学合理的规制方

法,推动开放监管与合作监管在平台反垄断竞争监管中的适用,以发展型监管促进平台经济高质量创新发展。

三、以数据与算法的系统监管提升反垄断效能

在实践中平台领域发生的很多新类型的不正当竞争和排除、限制竞争的行为,很大程度上都源于平台企业对数据和算法的不当使用甚或故意滥用。平台通过收集广大消费者用户的海量数据喂养算法,提高算法定价、算法推送的精准度和匹配度,以此吸引更多入驻商家和广大消费者,进而获得更多数据,形成自我强化的"正向反馈回路"。平台企业还能将其在数据、算法方面的优势传导到相关或相邻市场,迅速提升其在新市场上的竞争力量和市场地位。在数据与算法双轮驱动下形成多轮、多向交互,逐渐形成平台生态系统,不断强化对各端用户的锁定效应,最终形成多轮交互支撑下的生态型垄断结构。如不加以科学有效的规制,滥用其垄断地位很可能引致破坏市场竞争秩序、抑制企业创新、损害用户利益等诸多危害。为此,有必要从平台企业运营的基本特征及关键点面入手,科学扩展反垄断规制的逻辑和范畴,注重从数据和算法系统监管的维度,提升对平台企业科技监管的效能,做好平台反垄断的全周期监管。

对于数据,要从数据采集环节就开始着手,形成事前、事中、事后全周期监管,目前理论界和实务界对数据采集层面的相关法律问题缺乏足够重视,致使数据源头监管乏力,客观上加大了数据流动、使用、分享等环节的管控难度。虽然,在国家层面出台了《中华人民共和国数据安全法》(自 2021 年 9 月 1 日起正式施行),在深圳经济特区制定了《深圳经济特区数据条例》(自 2022 年 1 月 1 日起正式施行),待其施行后在一定程度上有利于缓解对数据全周期监管的压力,但是,由于缺乏对数据权属的明确界定,致使数据市场上的竞争规制无法有效展开,与数据竞争相关的法律问题的明定,须建立在科学适当的数据权属的构造之上,无论是采取私法上的以权利(能)为本位的静态权属制度,抑或采用行为法上的以行为为核心的动态权属制度,都需要定位数据的本质属性及利益归属,只有在此基础上才能有效建立数据要素的市场化、商业化、产业化,规范和发展数据要素市场的竞争秩序和竞争效能。

对于算法,相关监管部门需要协力合作,不仅是在市场监管部门内的各职能机构,还涉及跨部门的联席交流,同时也可以通过政府采购、合作研发等形式联合科研院所来筹建算法治理制度与模式,可考虑引入算法的备案、评估、公开、撤销等制

度,联合算法设计、应用和监测的各类主体设立算法白箱和算法黑箱机制,提高对算法的监测效能。概言之,对平台企业的监管思路和方法应依循:数据和算法双轮驱动,引发平台双轮垄断,为此加强对数据和算法的系统监管的基本进路。唯有对"数据和算法"双管齐下,才能及时有效疏解平台反垄断规制的失灵与滞后的问题。

综上,面对科技创新引发的平台反垄断新挑战,一方面需以科学稳妥的审慎监管,既及时高效防治平台企业走向竞争固化所带来的弊病,也需态度鲜明地持续激励平台企业的创新发展;另一方面也要以科学可靠的技术手段予以回应,构建制度与技术的融合,更好促进新发展格局下我国平台经济的健康发展。

（原文首发于《第一财经日报》2021 年 8 月 31 日,收录时做了修订）

做好相关市场界定　规范平台经济反垄断

2021 年 2 月 7 日国务院反垄断委员会发布《国务院反垄断委员会关于平台经济领域的反垄断指南》(以下简称《指南》),《指南》立足新发展阶段,贯彻新发展理念,以推动平台经济高质量发展为主旨,是贯彻落实党中央、国务院关于强化反垄断和防止资本无序扩张工作部署的重要举措。《指南》对加强平台经济领域反垄断规制,引导平台经济经营者依法合规经营,促进平台经济规范有序创新和健康发展具有重要意义。

平台经济竞争的复杂性和多变性给反垄断执法工作带来了巨大挑战,特别是对现行反垄断法适用中相关市场界定的思路和方法带来了困境,鉴于此,《指南》在总则部分,除对平台经济领域反垄断目的与原则进行明确规定外,还着重对相关商品市场、相关地域市场的界定予以规定,强调相关市场界定在各类反垄断案件中的定位、作用以及坚持个案分析原则的必要性与重要性。

概言之,须运用好个案分析原则,通常需要界定相关市场,坚持以"需求替代"为主,辅以必要的"供给替代",细化影响替代分析适用的具体要素,在将相关市场界定作为各类垄断案件识别的逻辑起点的同时,要关注"不界定相关市场"方法适用的可能。换言之,"不界定相关市场"作为反垄断规制的一种取向,仍值得观察与研判。此次《指南》对平台经济领域相关市场界定的规定,既是对学界、业界及执法部门关于平台经济反垄断工作重点与难点的回应,亦是对下一步亟待解决目标的设定,体现了一种科学开放的立法态度和立法体例。

一、强调平台经济领域相关市场界定的必要性与重要性

科学合理界定相关市场是适用反垄断法规制反竞争行为的逻辑起点。针对平台经济领域市场经营行为的多样性、商业模式的复杂性、竞争与创新的高度动态与频繁跨界等特征,《指南》第四条(三)规定"坚持个案分析原则,不同类型垄断案件对于相关市场界定的实际需求不同。调查平台经济领域垄断协议、滥用市场支配

地位案件和开展经营者集中反垄断审查,通常需要界定相关市场"。这意味着,相关市场界定仍是平台经济领域适用反垄断法判定经营者行为违法性的基本前提。《指南》第四条中采用"通常需要界定相关市场"的表述,从文本逻辑上并未完全否定"不界定相关市场"的可能性,这为特殊情况下"不界定相关市场"预留了空间,执法实践中如何操作仍有待研究和实验。

二、坚持个案分析原则界定不同类型平台所涉相关市场

《指南》规定,界定相关商品市场和相关地域市场,需要结合个案特点,综合考量行业市场和细分市场特征,竞争行为具体发生场景等因素,界定为一个相关商品市场或分别界定多个相关商品市场,抑或根据该平台整体界定相关商品市场。在将平台整体界定为相关商品市场时,须以"当该平台存在的跨平台网络效应能够给平台经营者施加足够的竞争约束时"为要件。这一规定充分体现了平台双边(多边)市场构造的特征,动态跨界竞争的商业模式和市场效果,为科学客观界定不同类型平台下相关商品市场提供了多种可能。这与经济合作与发展组织2018年发布的《多边平台反垄断工具之反思》报告中所提及的"根据跨平台网络效应是否存在重要影响,考虑将相关市场界定为一个独立的双边市场,还是分别界定为两个相互关联的市场"的内容有相似之处,体现了我国在平台反垄断立法和实践中的国际化与成熟度。

三、细化影响需求/供给替代分析要素更好界定相关市场

当前,全球主要各国和地区反垄断实践对相关市场界定通常采用"定性分析+定量分析"来判断不同商品之间是否具有可替代性,以此来划定相关市场的范围。其中,定性分析法主要包括需求替代和供给替代等,定量分析法主要有假定垄断者测试法(SSNIP)、临界损失测定法(CLA)、价格上涨压力测试法(UPP)等。由于SSNIP、CLA、UPP等方法高度依赖商品价格的变化,在平台多边构造下难以有效适用,故在有些竞争法辖区出现了以商品质量变化(SSNDQ)和用户转向成本(SSNIC)为变量的测试方法。然而,无论采取何种方法,在界定平台经济相关市场时,都需结合个案综合考量影响需求/供给替代分析的各类因素,才能科学准确界定相关市场的范围。

我国现行《国务院反垄断委员会关于相关市场界定的指南》(以下简称《相关

市场界定的指南》)第四条规定"界定相关市场主要从需求者角度进行需求替代分析。当供给替代对经营者行为产生的竞争约束类似于需求替代时,也应考虑供给替代"。同时,《相关市场界定的指南》第七条第一款指出"在经营者竞争的市场范围不够清晰或不易确定时,可以按照'假定垄断者测试'的分析思路(具体见第十条)来界定相关市场"。

基于此,《指南》明确了平台经济相关市场界定的思路、原则及方法,仍须遵循需求替代和供给替代相结合的思路与方法进行个案分析。在进行需求/供给替代分析时,需充分考虑"平台功能、商业模式、应用场景、用户群体、多边市场、线下交易等因素",同时,同《相关市场界定的指南》的规定相似,当供给替代对经营者行为产生的竞争约束类似于需求替代时,"可以基于市场进入、技术壁垒、网络效应、锁定效应、转移成本、跨界竞争等因素考虑供给替代分析"。《指南》对平台经济领域相关市场界定方法和具体考量要素的进一步细化,为科学规范执法提供了依据,有助于增强执法的规范性、科学性及有效性。

四、结语

科学合理界定相关市场,对明确市场竞争范围,合理识别竞争者和潜在竞争者,进一步判定竞争行为市场效果及其违法性具有重要意义。《指南》明确了平台经济领域相关市场界定应在总体上坚持个案分析原则,强调在各类垄断案件中通常需要确定相关市场的必要性与重要性,确立了需求替代和供给替代分析相结合的市场界定方法。不仅对反垄断执法和司法具有重要的指引和规范作用,也为平台企业合规发展确立了行为准绳。未来如何针对不同平台的竞争行为进行类型化研判,如何在具体个案中科学选择和评估不同因素的权重与影响,引入更多适宜平台经济领域相关市场界定的思路与方法,提升具体案件中相关市场界定的精细化和精准化,仍有待理论和实践的深入探索。

(原文首发于《市场监督研究》2021 年第 5 期,
收录时有修订)

完善平台企业滥用市场
支配地位行为违法性认定标准

近年来,随着数字经济和平台经济的快速发展,一些平台企业在利用互联网"赢者通吃"特性,不断壮大自身市场力量的同时,开始实施诸如强制"二选一"、平台自我优待、拒绝交易、滥用相对优势地位等在内的反竞争行为。为此,我国进一步加大反垄断和反不正当竞争力度。2020年年底召开的中央经济工作会议明确要求,要完善平台企业垄断认定、数据收集使用管理、消费者权益保护等方面的法律规范。要加强规制,提升监管能力,坚决反对垄断和不正当竞争行为。2021年年初,中共中央办公厅、国务院办公厅印发《建设高标准市场体系行动方案》,再次强调要加强和改进反垄断与反不正当竞争执法,坚决反对垄断和不正当竞争行为,推动完善平台企业垄断认定等方面的法律规范,加强平台经济、共享经济等新业态领域反垄断和反不正当竞争规制。

在平台经济领域竞争治理法规政策紧锣密鼓出台的大环境下,反垄断监管机构和平台经济领域经营者均表现出积极的态度和行动。2021年2月,国内音乐创意短视频社交软件D向北京知识产权法院正式提交诉状,起诉互联网公司T涉嫌垄断。2021年4月,市场监管总局公布了对国内另外一家互联网公司A垄断行为的行政处罚决定。

然而,由于互联网平台企业所提供商品或服务的复杂性,以及跨市场竞争和优势传导等特性模糊了市场边界等原因,相关市场界定及市场支配地位的认定仍面临严重挑战。加之互联网平台企业掠夺性定价、拒绝交易、搭售、差别待遇以及自我优待等滥用行为,表现形式更复杂,规制难度更大,造成对平台企业滥用市场支配地位行为的违法性认定越发困难。必须清晰地认识到,虽然具有市场支配地位的平台企业的行为并不必然都构成反垄断法上的违法,但基于平台经济领域反垄断监管的常态化和执法的严厉化已成为趋势,有必要进一步明确和细化平台企业滥用市场支配地位行为违法性的具体标准,完善平台企业垄断认定,科学审慎监管,以避免过度执法,造成执法"假阳性"损害。

一、明确滥用市场支配地位行为违法性认定标准的必要性

随着我国平台经济迅猛发展,相关市场竞争状况发生变化,市场份额的高低与持续时间、潜在竞争者的存在与否、市场进入的活跃程度、市场当中实际竞争者的数量与竞争能力、用户黏性及商品或服务转换的现实可能性等方面都有待重新考量。

2021年2月7日,国务院反垄断委员会印发《国务院反垄断委员会关于平台经济领域的反垄断指南》(以下简称《指南》)。其中,第四条第一款规定,平台经济业务类型复杂、竞争动态多变,界定平台经济领域相关商品市场和相关地域市场需要遵循《中华人民共和国反垄断法》和《指南》所确定的一般原则,同时考虑平台经济的特点,结合个案进行具体分析。同时,该条也规定,"当该平台存在的跨平台网络效应能够给平台经营者施加足够的竞争约束时,可以根据该平台整体界定相关商品市场"。这里对是否存在"足够的竞争约束"的探明,实际上就需要辨明涉嫌损害竞争行为的实际损害效果,以及如何认定或者如何举证"损害效果"存在与否。这已经成为判断涉嫌竞争违法之行为的基准。

二、滥用市场支配地位行为违法性认定标准的实践展开

(一)法律依据

《中华人民共和国反垄断法》第三章对"滥用市场支配地位"做了专门规定。其中,第十七条第一款列举了禁止具有市场支配地位的经营者从事的七项滥用市场支配地位的行为。而该条款中除了第一项"以不公平的高价销售商品或者以不公平的低价购买商品"及第七项兜底条款之外,其余皆采取了原则禁止、正当理由除外的立法方式。仅从第十七条第一款的法律文本来看,具有市场支配地位的经营者在没有正当理由的情况下,只要实施了该条款中所列举的拒绝交易、限定交易、差别待遇等行为便构成违法。

然而,《中华人民共和国反垄断法》第六条还规定了"具有市场支配地位的经营者,不得滥用市场支配地位,排除、限制竞争"。该条文是否意味着排除、限制竞争效果是滥用市场支配地位的认定要件,在司法实践与行政执法实践中给出了肯定答案。

（二）司法实践对效果要件的肯定

2014年9月2日，上海市第二中级人民法院对"TH与国内移动通信集团Z上海有限公司滥用市场支配地位纠纷案"下达的一审民事判决书中，就曾强调《中华人民共和国反垄断法》第六条的规定是判断争议行为是否属于滥用市场支配地位的垄断行为的原则性条款。该判决明确指出，"只有具有市场支配地位的经营者所实施的行为，具有了排除、限制竞争的后果，才属于《中华人民共和国反垄断法》所禁止的滥用市场支配地位的垄断行为"。对于该阐释，二审法院予以支持，并且明示，"认定具有市场支配地位的经营者实施的行为构成滥用市场支配地位的垄断行为，应当以该行为具有排除、限制竞争的效果为前提"。

该案原告（二审上诉人）对上海市高级人民法院的终审判决不服，向最高人民法院提出了再审请求。最高人民法院将该案争议焦点归纳为行为、效果及原告损失三个方面，即被控行为是否属于没有正当理由、拒绝与交易相对人进行交易，或者没有正当理由、对条件相同的交易相对人在交易价格等交易条件上实行差别待遇的垄断行为；被控行为是否具有排除、限制竞争的后果；被控行为是否实际造成了再审申请人所主张的损失。由此看出，在滥用市场支配地位行为违法性的认定方面，最高人民法院对效果审查持肯定态度。

在"3Q"反垄断纠纷民事诉讼审理当中，最高人民法院指出，"即使被诉经营者具有市场支配地位，判断其是否构成滥用市场支配地位，也需要综合评估该行为对消费者和竞争造成的消极效果和可能具有的积极效果，进而对该行为合法性与否作出判断"。可见，在司法实践中，对平台经济领域滥用市场支配地位行为的违法性认定以限制竞争效果为要件。

（三）行政执法实践对效果要件的肯定

国家发展改革委于2015年2月9日对美国互联网公司G下达的行政处罚决定书和原工商总局于2016年11月9日对国外包装公司L下达的行政处罚决定书中，均对滥用市场支配地位行为进行了效果分析。近日，市场监管总局对国内某药业公司X滥用市场支配地位拒绝交易行为下达的行政处罚决定书，也在行为审查之外另行进行了效果分析。最终，结合当事人是下游市场的潜在进入者，下游企业因无原料药供应而停产，当事人通过拒绝供应原料药的方式迫使下游制剂企业向其出售股权、退出市场等事实情况，认定了行为的排除竞争效果。

三、明示限制竞争效果认定标准建议

鉴于平台经济领域具有双边或多边市场特征以及存在跨平台竞争等客观情况,给相关市场界定与市场支配地位认定带来的困难,有必要将考量重心向市场效果方面倾斜。不管对行为人是否具有市场支配地位的初步认定如何,最终,争讼行为的违法性认定应该回到限制竞争效果分析上来。然而,无论现行的《中华人民共和国反垄断法》《禁止滥用市场支配地位行为暂行规定》,还是 2021 年 2 月国务院反垄断委员会发布的《指南》,均未提及限制竞争效果的含义与认定标准。如何判断市场竞争机制是否受到扭曲或者破坏,亟待以法规文本的形式予以澄清。只有明确了限制竞争效果的认定标准,才能为经营者在反垄断民事诉讼的举证提供方向,为经营者的自觉合规提供指引。

在滥用市场支配地位行为的限制竞争效果评价要件的法规完善方面,韩国实践可以借鉴。韩国禁止滥用市场支配地位法律文本与我国《中华人民共和国反垄断法》第十七条第一款的规定具有相似性。韩国《垄断规制与公平竞争法》第三条之二(禁止滥用市场支配地位)第一款规定,具有市场支配地位的经营者不得从事下列行为,即不当决定、维持或者变更商品或服务价格的行为;不当调整商品销售量或者服务供应量的行为;不当妨碍其他经营者经营活动的行为;不当妨碍新竞争者进入市场的行为;以不当排除竞争者为目的进行交易的行为,及不当显著危害消费者利益的行为。该法所禁止的滥用市场支配地位行为以"不当性"作为违法性判断标准。何为"不当性",如何判断"不当性"存在与否,韩国实务界与学术界也曾存在争论。对此,韩国大法院在浦项(POSCO)案判决中提出了明确的限制竞争效果要件要求。其阐释的法理为,当今企业战略性经营行为具有多样性,可能出于多种理由拒绝交易。其中,对于危害竞争的拒绝交易行为应当确定其违法性。但是,对于完全没有限制竞争意图或目的,或者限制竞争意图目的不明了的拒绝交易行为,仅以特定经营者遭受不利为理由,将相关行为视为反垄断法规制对象的话,那么,反垄断法就会从竞争保护法转化为竞争者保护法。申言之,在拒绝交易行为中,以维持、强化垄断为目的,客观上可以招致限制竞争效果的行为,才具有反垄断法上的不当性或者说违法性。具体说,主张市场支配经营者的拒绝交易行为构成滥用市场支配地位行为的一方应当承担举证责任,可以通过结合拒绝交易行为的背景与动机、拒绝交易行为的具体方式、相关市场的特征、因拒绝交易行为交易相

对方所受损害的程度、相关市场上是否出现价格或产量的变化、创新是否受阻碍，以及商品多样性是否减少等，证明行为的限制竞争性和行为人的限制竞争意图。

韩国浦项(POSCO)案判决以后，一系列滥用市场支配地位行为判决当中基本延续了上述限制竞争效果的分析方法。韩国竞争执法机构公平交易委员会及时总结实务经验，在《滥用市场支配地位行为审查基准》中增加了限制竞争效果的判断标准，并明示限制竞争效果包括但不限于商品价格上升或产量下降、商品或服务多样性的减少、创新受阻、封锁效果、竞争者成本上升效果等。在对各项限制竞争效果阐释的过程中，韩国公平交易委员会还列示了各项相关典型案例以增加审查基准的可读性。

尽管我国未必照搬其他法域的法规文本，但其及时查漏补缺、总结经验完善法规文本、提高法规文本可读性的做法值得借鉴。当前，《中华人民共和国反垄断法》已规定了对限制竞争效果的要求，在司法与行政执法实践中也充分体现出对行为效果分析的肯定。因此，有必要进一步阐释适合我国平台经济领域市场状况的损害效果，以增加《中华人民共和国反垄断法》适用的可预期性，给经营者更加明确的指引。

（原文首发于《中国市场监管研究》2021年第4期，收录时做了修订）

科学合理规制"二选一"
规范平台经济健康发展

　　2021 年 4 月 10 日,国家市场监督管理总局(以下简称"市监总局")对国内互联网公司 A(以下简称"当事人")下达行政处罚决定书,认定其"禁止平台内经营者在其他竞争性平台开店或者参加促销活动"的行为构成《中华人民共和国反垄断法》上所禁止的滥用市场支配地位行为,责令其停止违法行为,对其处以 2019 年度中国境内销售额 4% 的罚款,计 182.28 亿元。对于"二选一"这一网络热词来说,法律上虽然尚未对其进行明确的定义,但是大多数网民并不陌生。"二选一"一词可简单描述为在电商促销中,一些电商平台经营者为了保证自身利益的最大化,要求入驻商家只能在一家平台参加促销活动的行为。平台强制"二选一"遭受损害的并不只是入驻商和与之有竞争性关系的平台,"二选一"还可能损害消费者的自主选择权、公平交易权、知情权等。平台"二选一"行为本身是一个中性行为,其既有可能影响互联网竞争秩序,但也可能是平台定向扶植特定入驻商家的行为,因此对待平台经济领域"二选一"行为,应结合相关行为发生背景、行为意图与效果、交易双方权利义务的分配等事实来进行综合的个案分析。本次处罚决定建立在合理分析的基础之上,对涉案行为的违法性认定有理有据,在相关市场界定、市场支配地位认定、涉嫌垄断行为分析及限制竞争效果判断的全过程当中既遵循了现行《中华人民共和国反垄断法》的相关规定,也关注了互联网平台经济领域的特点,体现了对实证性证据的重视,彰显了我国反垄断执法水平的发展。

一、相关市场界定

　　在相关市场界定方面,市监总局根据《中华人民共和国反垄断法》和《国务院反垄断委员会关于相关市场界定的指南》的规定,以替代性分析为基本方法,同时考虑平台经济的特点,分别从平台内经营者一端与消费者一端进行了替代性分析,并且结合该案的具体情况,将该案相关市场界定为中国境内网络零售平台服务市场。

二、市场支配地位认定

在市场支配地位认定方面,市监总局根据《中华人民共和国反垄断法》第十八条、第十九条的规定,综合考虑当事人的市场份额、相关市场的集中度(赫芬达尔—赫希曼指数)、当事人控制市场的能力、当事人的财力与技术条件、交易相对方对当事人的依赖程度、相关市场的进入难易度及当事人在关联市场上的优势,从而认定了当事人具有市场支配地位。其中,市监总局对平台经济运行要素的准确把握,对网络效应和锁定效应的精准分析及对平台生态化布局的关注,可谓本次市场支配地位认定的三大亮点。

1. 准确把握平台运行要素

在市场支配地位的认定过程中,市监总局始终围绕对平台经济运行要素的把握,对当事人所拥有的流量优势、数据、算法、算力优势均进行了分析。首先,市监总局关注到了当事人控制平台内经营者获得流量的能力,即当事人可以通过制定平台规则、设定算法等方式,决定平台内经营者和商品的搜索排名,及其平台展示位置,从而控制平台内经营者可获得的流量,对平台内经营者的经营活动具有决定性影响;其次,市监总局还关注到了当事人在数据、算法、算力方面的优势,即当事人凭借网络零售平台服务市场的先发优势,积累了大量的平台内经营者和消费者基数,拥有海量的交易、物流、支付等数据,加之以先进算法的运用,可以实现个性化搜索排序,针对性定制化地满足消费者需求,并精准监测平台内经营者在其他竞争性平台上的经营情况;最后,市监总局注意到了当事人的强大算力,当事人是中国境内最大的公有云服务提供商,具有强大的算力,为其网络平台服务提供大规模计算、大数据分析等一整套云服务,从而巩固和增强其市场力量。

2. 精准分析网络效应和锁定效应

市监总局并未从直观上或者理论上推断当事人平台所具有的网络效应和锁定效应的程度,而是结合当事人的财务报告、工作总结、与部分平台内经营者签订的协议,以及国家统计部门的统计数据、第三方机构的统计数据,平台内经营者相关人员的调查询问笔录,竞争性平台的经营数据,及其相关人员的调查询问笔录等证据,进行了相关效应分析。

具体而言,市监总局从高达98%的跨年度留存率,得出了当事人的消费者用户黏性很强的结论,而从平台内经营者一端来看,平台内经营者在当事人平台获得了众多固定用户,积累了大量的交易、支付、用户评价等数据,并依赖这些数据开展经营活动,用户和数据是重要资源和无形资产,难以迁移到其他竞争性平台,因此平台内经营者转换至其他竞争性平台具有很高成本。与此同时,基于间接网络效应,广大消费者用户也很难摆脱对当事人平台的交易依赖,用户黏性持续增强。在此类网络效应和锁定效应不断强化且智能化的场景下,不仅削弱了其他竞争性平台与之抗衡的力量,排除、限制了中国境内网络零售平台服务市场上的有效竞争,而且损害了平台内经营者和消费者合法享有的自由交易与公平交易的权益。

3.关注平台生态化布局

考虑到平台跨界竞争、生态化布局的特征,市监总局并没有把考察范围局限于相关市场之内,而是对物流、支付、云计算等关联领域进行了综合考察,从而得出结论,认为关联领域的生态化布局为当事人在中国境内网络零售平台服务市场上的竞争提供了强大的物流服务支持、支付保障和数据处理能力,进一步巩固和增强了当事人的市场力量,由此形成并强化了当事人在中国境内网络零售平台服务市场上的生态型正向反馈回路,进一步使该相关市场上的有效竞争得以排除。

三、涉嫌垄断行为分析

在行为分析方面,市监总局结合当事人相关人员的调查询问笔录、内部钉钉群聊天记录、电子邮件、与部分平台内经营者签订的合作协议、各业务部门发展规划、工作总结、"双 11""6·18"招商规则、会议简报等文件、当事人自查报告,以及其他竞争性平台和平台内经营者相关人员的调查询问笔录等证据,认定当事人实施了禁止平台内经营者在其他竞争性平台开店或者参加促销活动的行为。

同时,市监总局还结合三个方面的调查结果认定相关行为没有正当理由。其一,大部分含有"二选一"内容的合作协议并非出于自愿签订,平台内经营者往往具有多归属意愿,倾向于在多个平台同时开设店铺;其二,部分平台内经营者并未因执行当事人的口头要求而获得对价,取消对价只是当事人对平台内经营者进行处罚的手段之一;其三,排他性交易并非保护特定投入所必需,当事人在日常经营和促销期间投入的资金和流量资源是平台自身经营所需的投入,并非为特定平台内经营者进行的投入,而且,当事人采取的激励性措施可以通过多种方式得到回报,实施"二选一"行为并不是必需选择。这里体现出市监总局对竞争行为正当性与必要性的充分考察,凸显执法过程就平台"二选一"垄断违法行为所做的科学精细的法律分析。

四、限制竞争效果判断

在限制竞争效果判断方面,市监总局同样是将判断结论建立于实证可信的证据之上,体现了对平台经济网络效应和规模经济特点的科学把握。从横向竞争的层面考虑,有证据表明,当事人出于竞争需要,有针对性地对部分品类经营者或重点品牌经营者提出"二选一"要求,压制其他竞争性平台相关业务发展或阻碍其品牌升级,并实现了相应效果。基于平台的网络效应和规模经济特点,平台内经营者的流失或者合作关系建立受阻,会反馈影响平台另一端消费者的数量,那么"二选一"行为的实施就不仅具有削弱既有竞争者竞争能力的效果,也具有封锁市场潜在竞争的效果。从纵向交易层面考虑,"二选一"行为损害了平台内经营者的经营自主权,不当减损了平台内经营者的合法利益,同时抑制了一定程度上有利于增进消费者利益的品牌内竞争行为的展开。

基于此,市监总局认定当事人限制平台内经营者在其他竞争性平台开店或者参加其他竞争性平台促销活动,形成锁定效应,以减少自身竞争压力,不当维持、巩固自身市场地位,背离平台经济开放、包容、共享的发展理念,排除、限制了相关市场上的有效竞争,损害了平台内经营者和消费者的利益,削弱了平台经营者的创新动力,阻碍了平台经济规范有序创新健康发展。平台领域公平自由的交易环境关系各个平台经营者、平台内经营者、广大消费者的利益,最终需要经营者的自觉合规,交易相对方、竞争者、广大消费者的理性行为,监管机构的合理规制来共建共治,各方利益方能和谐共生。综上,市监总局对滥用市场支配地位行为的违法性判断,兼顾了经营者利益、消费者利益及对平台领域持续创新动力的维护。本次的处罚决定更加明确了平台经济领域的反垄断执法并不是要阻碍平台经济的发展,而是为了保障平台经济可以在规范有序的法治轨道上持续健康发展。

(原文首发于《中国价格监管与反垄断》2021 年第 6 期,收录时做了修订)

如何看待互联网平台
滥用"优势地位"行为

2021 年 2 月 8 日,浙江省金华市中级人民法院(以下简称"一审法院")对国内互联网餐饮平台企业 E 与公司 M 不正当竞争纠纷一案下达了一审民事判决书。一审法院认定 M(以下简称"被告")实施了不正当竞争行为,损害了 E(以下简称"原告")的合法权益,判决被告赔偿原告经济损失 100 万元。从行为违法性判断标准的角度来说,一审法院试着阐释并运用了一种滥用"优势地位"的法理及规则,这既区别于我国现行《中华人民共和国反垄断法》上写入的滥用"市场支配地位",又不完全等同于反不正当竞争法学理上所标定的滥用交易关系上"相对优势地位"的内涵与特征,如何看待法院所认定的"优势地位"行为,值得关注与思考。

一、争议行为——诱导独家交易与强制独家交易

该案中,原告起诉被告实施的不正当竞争行为包括:一是通过调整收费优惠比例的方式,诱使商户与被告独家开展经营活动;二是通过不允许附加被告外卖服务和不签协议等方式,迫使商户签署只与被告进行外卖在线平台合作的约定,以限制、排除商户与原告等同行业竞争者的合作;通过强制关停与原告平台有合作关系的商户在被告外卖的网店并停止客户端账户使用的方式,迫使商户终止与原告平台等同行业的竞争方合作。

从本质上来讲,两项诉争行为可以概括为以给予费用优惠的方式来实施的诱导独家交易行为及以胁迫方式来实施的强制独家交易行为,二者同属于"二选一"或者"三选一"的范畴,但是,两项行为的核心差异在于强制性的存在与否,亦即入驻商的自主选择权是否受到限制。

二、对诱导独家交易的违法性判断——滥用(市场)"优势地位"

对于以收费优待的方式诱导商户独家交易行为违法性的判断,一审法院指出,

"互联网餐饮交易平台是立足于本地生活的线上服务,面对的是本地的餐饮商户和本地的消费者,同时亦受限于线下的配送范围、消费者日常生活半径,因此,互联网餐饮平台所能有效涵盖的地理范围往往是有限制的,某一区域内往往可以形成一个相对独立和封闭的市场,在该市场区域内,如具有优势地位的互联网餐饮交易平台要求某区域内商户都与之达成排他交易,即可能对其他平台产生排除、限制竞争的效果"。

这里出现"优势地位"一词,在该语境中显然是指相关市场当中的优势地位,是相对其他竞争者而言的相对优势地位。继而,一审法院进一步阐释被告仅基于商户是否忠诚,所实施的收费优惠在商户之间构成差别待遇,并由此推定受到价格歧视的商户也会和被告达成独家交易,从而在客观上造成排挤其他具有竞争性平台的效果。鉴于此,一审法院认定被告以价格优惠来诱导商户独家交易的行为违反公平竞争的基本原则。

三、对强制独家交易的违法性判断——滥用(相对)"优势地位"

对被告以强制性手段来实施的强迫"二选一"行为违法性的认定,一审法院表示"平台与平台内经营者在自愿、平等、公平基础上达成独家交易或者排他性交易,并非为法律所绝对禁止,但在非自愿、平等、诚信基础上达成的独家交易或者排他性交易则应为法律所禁止"。

一审法院进一步指出"在市场经营中尊重他人的经营自由和合同自由,不干涉他人的合法经营行为,亦为最基本的商业道德。对大多数商户而言,三快公司经营的被告所掌握的资源以及在合作中占据的优势地位十分明显,其金华分公司利用优势地位,违背商户的真实意愿,严重限制商户的自主选择权,导致商户不得不在原告和被告等其他平台之间'二选一''三选一',其动机难谓诚信,其行为难谓正当"。此处,一审法院再提"优势地位",根据语境来理解,这里的优势地位则是相对于商户而言,是指"合作中占据的优势地位",即在平台内交易关系中的相对优势地位。换言之,一审法院在此处实际上运用了滥用相对优势地位的法理,来判断争议行为是否具备《中华人民共和国反不正当竞争法》上的违法性。

然而,我国现行《中华人民共和国反不正当竞争法》中尚未引入滥用"相对优势地位"规定,不过在《中华人民共和国电子商务法》第三十五条中有规定"电子商务平台经营者不得利用服务协议、交易规则以及技术等手段,对平台内经营者在平台内的交易、交易价格以及与其他经营者的交易等进行不合理限制或者附加不合理条件,或者向平台内经营者收取不合理费用"。

可见,在同一判决书中,一审法院所使用的"优势地位"这一概念,糅合了竞争法视阈下反垄断法、反不正当竞争法,以及电子商务法中竞争规制条款上的"优势地位"的概念,这一做法值得进一步厘清和阐明。

四、值得进一步思考的问题

对于以价格优惠方式来实施的诱导商户进行的独家交易行为,一审法院的分析方式极为类似于《中华人民共和国反垄断法》滥用市场支配地位行为的违法性判断方式,即对该行为进行了限制竞争效果评价。然而,限制竞争效果是否可以作为《中华人民共和国反不正当竞争法》上行为违法性的判断标准还值得商榷,而且,一审法院区别于市场支配地位的概念,另行提出了"在该市场区域内,具有优势地位的互联网餐饮交易平台"的概念,即市场优势地位的概念,这不仅在现行《中华人民共和国反不正当竞争法》上没有规定,而且已经突破了《中华人民共和国反垄断法》的规制范畴。

值得说明的是,应注意价格优惠是一种普遍存在的竞争方式,若独家交易是商家在考量价格优惠之后,自愿与平台达成的交易,并不能由此径直推断在相关市场上发生或可能发生限制竞争效果,从而认定行为在竞争法层面上的违法性。任何市场竞争行为都天然地存在一定程度的限制竞争效果,即所谓的竞争损害的中性特征。特别是价格竞争行为在给竞争者造成竞争压力的同时,也可以给消费者带来福利,因此,对相关行为的效果评价还需要综合考量相关市场的竞争状况,价格优惠的程度与持续时间、竞争者进行价格竞争的可能性、对消费者造成的价格影响等诸多要素,如此方可审慎稳妥地判定相关行为是否构成竞争法上所禁止的限制竞争行为。

对强制商家独家交易行为,一审法院运用了滥用相对优势地位的法理,认定平台滥用相对优势地位限制商户自主选择权的行为具备《中华人民共和国反不正当竞争法》上的违法性。然而,需要注意的是在2016年反不正当竞争法的修订草案送审稿中,虽然明确写入了禁止滥用相对优势地位条款,但是由于对该条款的设置在各界别上存在很大的分歧,最终在2017年修订的《中华人民共和国反不正当竞争法》中并没有包含规制滥用相对优势地位条款。那么,此次一审法院在裁判中对滥用相对优势地位理论的适用是否符合立法原意,应予以斟酌。

最后也是最重要的,通过此案再次折射出了平台经济领域"二选一"的普遍性与严峻性,以及目前法律治理工具的不足。即使某一平台在相关市场上未必具有市场支配地位,但是考虑市场竞争构造,类似行为的盛行情况等现实,具有相对优势地位的平台所进行的"二选一"行为也可能会危及公平和自由的市场竞争秩序,同样需要有效且合理的规制。故此,进一步完善相关立法,使司法、执法以及经营者乃至广大消费者的维权有法可依、有章可循,提高平台竞争行为违法性判断标准的透明度和可适性,给平台企业的合规经营予以明确指引是当务之急。

（原文首发于《中国价格监管与反垄断》2021 年第 4 期,收录时做了修订）

第 四 篇

平台经济新业态治理的法治保障与策略

灵活用工新业态需在法治轨道健康发展

保就业就是保民生,稳就业就是稳经济。李克强总理在两会期间强调:中国的灵活就业正在兴起,已经涉及两亿多人。有的人一人打几份工,很辛苦,所以我们应该给他社保补贴,特别是要用机制性的办法来解决可能出现的职业伤害问题,给他们提供基本的权益保障。这也有利于灵活就业市场更加健康、稳定地向前发展。

2020年受疫情影响,劳动力市场一度停滞,传统业态的务工者在严防严控要求下难以便捷就业,总体收入出现较大降幅。但依托互联网平台经济的灵活用工形式却逆势上扬,直播带货、外卖配送、网购物流等领域吸纳了众多短期失业人员,很大程度上缓解了民生压力。由此,"灵活用工+平台经济"模式逐渐形成产业闭环,经由灵活用工平台一站式、多样化的服务串联,个体劳动者、用工企业、政府监管部门各安其职、精准匹配。然而该产业助力闲置劳动力实现高效就业之余,亦引发了诸多社会风险,亟待梳理其类型特征,明确法治思路,补足灵活就业大趋势下用工产业健康发展合规机制。

一、主要法治风险

灵活用工产业的典型主体包括具有新个体特征的劳动者、各类用工企业、灵活用工服务平台以及政府税收、社保、网信等监管部门。相较传统用工模式,灵活用工的主体类型较多、权益关系复杂、监管依据模糊。尤其在既有法律法规框架下,新个体劳动者和灵活用工服务平台两类主体的定位问题最为突出。

其一,新个体劳动者在劳动权益保障与提升就业机会上的矛盾加剧。在灵活用工代表性场景中,网络主播、外卖配送员、家政装修工人等通过集中办理个体工商执照,成为"收益自决、风险自担"的市场主体,享受国家在共享经济等方面实施的税收优惠政策,能够较为直观地提升劳务报酬。但同时,因新个体同用工企业等劳务需求方间为市场化的"合作关系",而非传统劳动法下的"劳动关系"或"劳务关系",故当劳动者出现人身伤害或第三人权益侵害时,缺乏企业连带责任的劳务行为极易引发赔偿纠纷。货拉拉坠车事件、外卖员事故频发、网络博主过劳早逝等均在一定程度上反映出当前新个体缺乏明确法律属性定位及保护的困境,应当引起社会高度重视并在法治框架下予以完善。

其二,灵活用工服务平台在降低用工成本与获取政策红利间的界限不明。不同于通常理解上的平台企业,灵活用工服务平台提供的信息撮合范围更广、承担角色更多。目前较有代表性的云账户、薪行家、薪福社等能为骑手、保洁、主播等劳动者个体提供自主择业、收入支付、税费代缴等一站式服务,其用户涵盖 C 端(新个体为主)、B 端(用工企业)、G 端(政府监管部门),并实质性地承担了各端的部分属性功能,如承接外包劳务、分派用工订单、代缴个税社保等。此外,该类平台具有一定体量的"资金池"以便定期支付报酬或储备劳务保证金。此类平台在确实缓解就业压力、降低用工成本之余,其依托短期政策红利的合法性基础、代行公共管理职能的正当性依据亟须更加权威的制度设计进行回应与厘清。

二、灵活用工需要法治引导

2021 年两会期间,全国人大代表马化腾在《加快推动新就业形态发展、助力稳就业的建议》中指出,平台化、灵活性的新就业形态是实现稳就业的重要载体,占城镇就业人员总量的 40%以上,其中大部分选择了依托互联网的新就业形态。进一步完善相关配套法治机制和服务体系已刻不容缓。尤其针对前述灵活用工的两类新兴主体,在总体方向上,应按照互联网应用场景、具体行业领域、专业技能类型等标准进行"分级分类分策"治理,以此作为 C 端、B 端、G 端和服务平台助力灵活用工产业健康发展的基本思路。

对于新个体劳动者,可根据其性别、年龄、文化程度、技能工种等"劳动标签"进行初步分级。家装、外卖、物流等高危行业强制提高用工安保义务,至少应以劳动法认定的"劳务关系"为准签署用工协议,室内保洁、带货主播和网课老师等对应灵活劳务等级逐次承担用工风险,引导劳资双方在适配的权责界限内达成合意。

灵活用工服务平台按照其从事的业务领域与掌握的数据体量进行分类管理。对于单纯从事信息撮合、提供交易机会的平台,以现有网络平台服务管理相关法律法规进行包容监管;但对用户较多、市场份额较大且主营业务具有公共管理属性的头部用工平台,则应严格执照审批核查标准,尤其对代征代缴个税社保、管理用户闲置资金等行为须进行事前事中审慎监管，严防敏感信息泄露、挪用资金洗钱等违法风险。

用工企业与政府相关部门须及时跟进灵活用工行业新情势，调整经营决策与监管政策。重点针对吸纳了大量灵活就业的外卖和直播行业，企业端要加强从业人员的素质培养、引导灵活就业人员关注自身健康和长远发展，帮助其从业者解决只能吃"青春饭"的问题；税收、社保、网信等部门在调整灵活用工产业政策时，在法治程序下最大限度保持政策的延续性和稳定性，对确需更改的就业指导政策应同新个体劳动者、用工企业、服务平台等多方代表进行预先沟通，历经科学论证听证、公开征求意见后再行实施。

三、多措并举助力灵活用工健康发展

立足灵活用工产业新兴主体的核心定位，秉持该产业"分级分类分策"治理基准，可采取多主体"共建共治共享"的实施思路制订具体方案：

第一，完善新个体劳动技能培育及权益保障多维体系。新个体劳动者需主动提升职业自觉和法治素养。当前灵活就业吸纳的大量劳动力受教育程度有限，从业者过度关注实际收入忽视劳动安全，更无长远职业规划。从权利义务对等角度而言，个体经营者在享受市场化高收益的同时不应再要求适配基于人身从属关系的全额劳动权益保障。故新个体劳动者在主观上要对劳动（劳务）关系工作抑或合作关系工作有所辨别，结合自身健康状况、技能水平选择适当的工作强度。

对具有劳动力要素调配功能的服务平台及用工企业，出台灵活就业岗前培训强制规定，进一步帮助新个体劳动明确自身属性定位、可能承担的职业风险。此外，重点解决大龄劳动力群体的"数字鸿沟"问题、高危高强度行业的"青春饭"问题、短期临时用工的"放鸽子"问题。具体可通过用工 APP 为就业困难群体提供免费在线课程和就业指导视频资料，不定期推送供劳动者岗前学习的"数字学堂"或"技能考试"，完善用工评价绩效机制和劳动过程数字记录设施等。

调整现行社保政策法规体系适应灵活用工产业新特点。由社保部门牵头逐步建立没有劳动关系也可以缴纳社会保险的政策法规体系，推动灵活就业人员"应保尽保"。建议对风险类型较大的灵活就业人员强制参保，如工伤、失业保险，风险较小的社会保险通过政策引导鼓励参保，如生育保险。在社保管辖上，破除灵活

就业人员缴纳社保的户籍门槛,参保地可逐步向劳动行为实际发生地或代缴平台所在地倾斜。在缴费周期上,可设计月缴、季缴、年缴等多种缴费方式。此外,依托《政务信息资源共享管理暂行办法》加快建立个人社保账户和建立全国统筹的社保机制和数据库,确保全国社保大数据信息互联互通。

第二,明确用工服务平台多场景合规发展的监管依据。健全灵活用工税收政策法规。中央层面在税收法定、减税降费、社保入税、数据治税等总体要求下,及时制定、出台相关管理办法统一各地个税代征授权的审批标准及督查规程。地方层面,因地制宜设置本地灵活用工平台税收优惠专项扶持政策法规,并根据劳动力就业数据为衡量指标,配合转移支付平衡区域财政收支,避免平台利用税收优惠实施监管套利;技术层面,鼓励灵活用工产业头部平台利用税收大数据辅助有关部门分析、识别新业态潜在高风险行为,及时提出法律应对建议。

适配灵活用工新型劳动关系。建议对现行劳动法体系进行更新,研究制定更具针对性的灵活用工立法,为新个体劳动者的主体资格及行为后果提供认定依据。在厘清不同场景下个体劳动者的收入来源、工种属性、劳动强度、责任分配、侵权救济等评价要素后,划清新个体劳动者与灵活用工服务平台间的权利义务边界,明确平台责任类型及必要限度。此外,通过法律强制规定,提升灵活用工服务平台事前注意义务,平台应根据从业环境分别设置劳动合作协议,对属于高风险职业的劳动者无论为自然人或个体经营者原则上提供劳务合同,在充分提示责任风险后可根据劳动者自愿签署劳务承包合同。

强化灵活用工数据分级治理。深入灵活用工服务平台在数据采集、上报、管理、共享中的具体环节,遵照法律规范要求同监管部门明确数据安保权限。其中,网信部门聚焦敏感数据进行分级分类监管,对平台在数据采集、分析、开发、共享中存在的个人隐私、商业秘密、国家安全信息依照《中华人民共和国民法典》《中华人民共和国网络安全法》强制进行脱敏处理;税收和社保等主要业务部门则对平台数据处理技术及经手人员进行合规审查,平台企业自主评估现有技术手段与人员的安全性,定期向对接税收、社保信息管理机构提出检验请求,补足灵活就业全周期数据治理漏洞。

灵活用工产业应在法治引领下进一步推动政府、个人、企业、社会形成合力。监管部门集中精力把握灵活用工产业健康发展的关键数据要素,放权市场、专精本职、提升服务;新个体劳动者可在政府指导下成立工会组织,代表灵活用工广大从业人员发声、维权;灵活用工服务平台及用工企业成立行业协会组织积极拓宽劳资双方沟通渠道,听取劳动者迫切诉求。在此基础上,建立由监管部门、新个体工会、行业协会构成的灵活用工联动协调机制,充分发挥多元主体共建共享积极性,以"法律+政策"双重制度工具、"法治+共治"双维实施进路,保障灵活用工产业健康发展。

（原文首发于《第一财经日报》2021 年 3 月 16 日第 A11 版,收录时做了修订）

共享经济灵活用工服务平台
如何规范定位与责任

党的十九届五中全会明确提出"要提高人民收入水平,强化就业优先政策"。作为"六稳""六保"重中之重的就业问题,因国内外新冠肺炎疫情的持续多点暴发而越发严峻。为充分激活劳动力市场、保障居民收入水平,灵活用工依托线上数字化平台快速发展,并衍生出共享经济灵活用工服务平台这一新模式、新业态。

目前,该业态中的头部企业已涵盖网约车、众包骑手、直播带货、家政家教等急需灵活用工的共享经济领域,累计服务新个体就业者2亿多人次。从积极角度而言,确实为受疫情影响的闲置劳动力提供了可靠就业机会。然而,从消极角度而言,复工复产后共享经济服务平台对法定用工责任的规避存在着较大风险,不利于该业态及与之紧密关联的新个体劳动者、用工企业、政府监管部门等多元主体持续健康发展。

2021年3月15日,国家市场监督管理总局出台《网络交易监督管理办法》,进一步要求压实平台主体责任。共享经济灵活用工服务平台的核心商业逻辑是精准配置劳动力要素,显著区别于既有网络交易平台所追求的流量规模效应。如何规范共享经济灵活用工服务平台主体责任,引导灵活用工多元主体维护数字经济下的劳动力市场秩序,支持和规范共享经济持续健康发展,成为当前经济社会法治化治理工作的重中之重。

一、共享经济灵活用工服务平台运营显现的主要法治风险

共享经济服务平台相较于传统意义上的网络交易平台而言,参与主体更多、业务范畴更广、资质门槛更高,因此引发的法治风险也相对多样。从理论学界与实务部门的争论焦点来看,共享经济服务平台在灵活用工中的劳动责任问题是当前核心矛盾所在。故现阶段压实相关平台主体责任所面临的法治挑战可进一步归纳为新兴平台主体定位、新型劳动关系认定两个主要方面。

(一)共享经济灵活用工服务平台在现行法律体系中的定位不清

这一点从对该类平台的命名上便能直观地体现出来。在现有理论研究成果及政策法规文本中,相近概念还包括灵活用工平台、零工经济平台、新个体经济平台等。虽在内涵范畴上各有侧重,但聚焦于实际应用场景后均指向共同的客体对象,即平台对劳动力要素的高效配置及由此引发的多主体间社会关系调整。鉴于目前行业整体态势与头部平台对自身的定位,此处着重以"共享经济服务平台"为基础概念进行灵活用工责任的分析和应对。

按照 2021 年 5 月 1 日起施行的《网络交易监督管理办法》(以下简称《办法》)第七条,能够为灵活用工提供网络经营场所、交易撮合、信息发布等服务的共享经济服务平台适用于《办法》所认定的网络交易平台经营者范畴。同时,该条第一款还详细规定了"本办法所称网络交易经营者,是指组织、开展网络交易活动的自然人、法人和非法人组织,包括网络交易平台经营者、平台内经营者、自建网站经营者以及通过其他网络服务开展网络交易活动的网络交易经营者"。参照该《办法》第八条第一款、第二款,以及第十二条第三款第(三)项,可以明确共享经济服务平台上存在的大量的灵活用工服务提供者,应被认定为通过平台展开网络交易的网络交易经营者。

依据《电子商务法》亦可得出与《办法》相同的认定。根据《电子商务法》第二条、第九条、第十条,共享经济服务平台本质上也确为通过互联网等信息网络提供劳务服务的法人组织,与之相对应的是"个人利用自己的技能"依托共享经济服务平台提供服务者理应认定为平台内经营者。

然而,问题症结并非在于平台与平台内经营者的身份认定,及其关系的识别,主要在于共享经济服务平台能够为平台内经营者,具体为提供灵活用工服务的新个体经营者、用工企业及劳动保障部门提供社保税费的便捷化服务。换言之,共享经济服务平台通过代征代缴税费具备了一定程度上的公共管理职能,同新个体经营者间并非完全自愿平等、风险自担的市场化"合作关系";同社保和税收征管部门间又呈现出有限许可的非市场化"合作关系"。故对于该类平台所提供的网络综合性服务,直接套用平台监管一般规定较为不妥,需要国家有关部门在审慎考量后出台针对性政策法规进行明确。

(二)共享经济下灵活用工对劳动责任"二分法"认定模式造成冲击

我国现行劳动法对用工责任的划分通常基于劳动者和雇主间是否具有"劳动

关系"的二分模式:具有劳动关系的全日制用工和劳务关系的非全日制用工两种形态。然而,灵活用工的出现对唯"劳动关系"判断标准产生了极大挑战,其灵活性在工作时长、工资标准、合同解除等主要用工责任认定因素上体现明显。

加之共享经济服务平台的居中参与,一旦发生用工纠纷,"二分法"下共享经济服务平台、实际用工企业与劳务提供者之间的责任划分异常困难:其一,劳务提供者可能为注册成个体工商户的新个体劳动者,是风险自担的市场主体而非劳动法适格主体;其二,劳务提供者与实际用工企业之间可能并未签订用工协议,而是与共享经济服务平台签订协议且对格式化的协议约定内容缺乏了解;其三,即便各方签署的用工协议为"合作协议",但劳务提供者的人身行为受到了平台大数据算法监控,变相受制于用工方的劳动算法管理,实质上丧失了劳动自主权与选择权。

值得注意的是,近期英国最高法院将线上打车软件 U 的司机裁定为享受英国劳动法中部分权益的"员工",介于享受全面保护的"劳动者"与不受劳动法保护的"自雇者"之间,能够在最低工资、休息休假、职业危害防护等方面获得一定程度保障。这种"三分法"的用工认定模式对我国灵活用工具有积极意义:一方面能对参与共享经济的网约车司机、外卖骑手等灵活、高危职业提供相应的劳动权益保障;另一方面能适当降低用工企业人力资源成本,并为可能产生的劳动纠纷提供裁量依据。可适当借鉴其中有益经验,结合我国灵活用工客观实际细化共享经济服务平台在不同场景下的用工责任认定。

二、共享经济灵活用工服务平台的相关法律责任及落实

鉴于现有政策法规对共享经济灵活用工服务平台的主体定位缺失、责任认定依据缺位,建议以"明确主线,分类治理"为指导思想,逐步明确和压实共享经济服务平台的灵活用工责任。

(一)以保障灵活用工服务相关主体利益,促进市场健康发展为主线

重点关注共享经济服务平台、用工企业是否利用大数据算法等技术手段对劳务提供方实施了劳动管理行为。此处,可参考江苏省苏州市中级人民法院判决中对骑手与生活服务电子商务平台 M 构成劳动关系的裁判要旨:即通过考察劳动者是否接受用人单位日常管理、是否接受劳动报酬、是否系用人单位主营业务范围等因素来确定劳动关系,秉持规范企业合法用工、依法保护劳动者合法权益的基本原则加以甄别和认定。

在认定用工方具有"劳动管理"事实时,内容上应考量工作期间是否存在具体服务质量要求、扣罚标准、KPI 考核、用户评价机制等量化因素;形式上,不局限于人工考评,大数据算法系统进行的 APP 应用自动化管理也应纳入劳动管理考察范畴。

当然,对灵活用工服务提供者的保护要视具体情况具体分析,注册为个体工商户的灵活用工服务提供者则应视为与用工企业平等的市场主体,基于此开展的服务活动原则上应按照"各负盈亏、风险自担"划分权益责任,但是共享经济服务平台或用工企业为规避用工责任诱导劳动者转变为个体工商户的,属于违反国家法律强制性规定,其签署的合作协议应自始无效。

(二)以用工场景为导向、行业自律为牵引推动共享经济服务分类治理

对共享经济服务平台自身及其主导下的灵活用工进行分类治理至关重要,可依据平台业务领域、利润来源有效划分平台主体责任,对标新个体劳动者、用工企业乃至社保税务部门在灵活用工中的角色身份,推动我国劳动法由"二分法"向"三分法"的过渡升级。具体步骤如下:

第一,共享经济灵活用工服务平台应根据业务类型积极做好自我合规。目前,行业头部平台可进行证照办理、身份验证、业务分包、收入结算、智能报税、保险缴费等多种灵活用工综合服务。其中,证照办理、身份验证、智能报税、保险缴费为代行公共管理职能的服务类型,开展以上业务的共享经济服务平台应纳入社保、税务等部门的企业监管目录,依照《委托代征管理办法》第十八条的规定及时报送业务数据、接受业务指导监督。

负有收入结算功能的平台则需要严格遵守相关金融管理规定,避免因"整收零付""长收短付"过程中出现的大量资金累积的现象,要吸取长租公寓服务平台经济领域出现的资金使用与管控风险,做好平台经济领域的金融自我合规与外部监管之间的合作。

在服务过程中获取的资金账户、银行征信、身份信息等敏感数据也须严格依照《中华人民共和国民法典》第一千零三十八条采取技术措施和其他必要措施,确保收集、存储的个人信息安全,防止信息泄露、篡改、丢失。

具备业务承揽与分包功能的平台则应遵守前述《办法》,在灵活用工服务业务相关必要信息展示、灵活用工服务交易撮合中规范自身行为。综上,各类共享经济服务平台可对号入座,从其登记的业务经营范围入手依托既有法律法规体系明确

自身主体定位,为划分灵活用工责任奠定前提基础。

第二,共享经济灵活用工服务平台根据服务场景自觉进行责任分类。具体而言,对于外卖、网约车、装修保洁等危险系数高、人员流动性大的职业场景,平台应充分告知灵活用工服务提供者潜在的劳动风险,并对应劳动关系、劳务关系、合作关系"三分法"模式帮助求职者在适配其身体健康、专业技能和知识涵养的范围里选择最优方案。原则上对高危行业优先推荐签订具有劳动关系的用工协议,仅在充分尽到告知义务后允许劳动者转变为个体工商户签订合作协议;对于网络直播、远程教育等危险系数较低的职业场景,平台可以协助求职者以新个体身份与自身或用工企业建立合作关系。

第三,共享经济灵活用工服务平台应组织用户分时分类开展相关法律法规技能培训。由于共享经济服务平台为用工企业分担了责任风险,为促进该业态的持续健康发展,对于基数庞大的灵活用工服务提供者进行劳动法规宣传教育十分必要。鉴于当前灵活用工劳动者受教育水平相对较低的客观情况,平台在扩展业务范围、巩固用户黏性的同时也应注重用户职业素养的培育。尤其是劳动法上对于主体资格、劳动关系、权利救济等方面的认定条件,以及转变为个体工商户后对应权利义务关系的调整等焦点内容,应至少对前述高危职业场景进行全面覆盖。通过APP内显著位置定时推送、业务分包岗前强制培训、用工纠纷典型案例讲座等多时段、全天候劳动法宣传教育活动,不断强化灵活用工各类劳务提供者的法治素养。

在以国内大循环为主体、国内国际双循环相互促进的新发展格局下,灵活用工将日益成为激发国内劳动力市场活力、提升要素资源配置效率的重要途径。由此,衍生出的共享经济服务平台依托互联网信息技术优势,对保障就业民生、降低用工成本、分担社保税管压力具有积极作用和显著效果。同时,作为新兴业态,该类平台在主体定位及用工责任上的违法违规风险亦应引起高度重视。在保障劳动者合法权益、规范劳动力市场秩序的前提基础上,采取分类监管、分类治理、分类培育的思路方案,将有助于规范共享经济灵活用工服务平台依法合理承担相应法律责任,支持且保障其在法治轨道上持续健康发展。

(原文首发于《第一财经日报》2021年5月27日第A11版,
收录时做了修订)

支持和规范零工经济服务平台健康发展

当前在"平台+共享"经济模式下,新兴的各类"零工经济服务平台"(以下简称"零工服务平台")可为灵活用工、增加就业机会、降低用工成本、激活劳动力市场、提高劳动力配置效率等提供专业化、便利性的服务,已成为平台经济、共享经济发展的重要设施与样态。零工服务平台为零工个体、平台企业及监管部门提供劳动服务分包、信息撮合、收入结算、税收筹划、税费代缴、社保缴纳等多种便捷功能,极大提升了灵活用工领域的经济效率与治理水平。

据业内专业机构测算,2019 年灵活用工国内市场规模已达 4787.69 亿元,年均复合增长率达 45%。在疫情影响和政策推动下,灵活用工需求持续上升,预计 2020 年国内灵活用工市场规模约 7258.2 亿元,灵活用工市场渗透率为 8.24%。

在《中国灵活用工发展报告(2021)》蓝皮书中,2020 年中国企业采用灵活用工比例达到 55.68%。可见,灵活用工潜力巨大,对国内经济发展的影响日益凸显,加之灵活用工多见于共享经济领域,故服务于该模式的平台业态迎来爆发式增长亦是情理之中。

目前,全国范围内出现大量年营收超过百亿元的平台,已累计为 2 亿多人次提供共享经济灵活用工服务。其中,行业头部平台 2020 年收入更是达到 380 多亿元,纳税约 25 亿元,缓解了 6400 家平台企业的用工压力,帮助 1000 余万劳动者实现就业脱贫。在疫情防控常态化下,共享经济服务平台对促进就业、保障民生、企业减负、巩固税源发挥了关键性作用。

与此同时,该平台服务行业同质化竞争加剧,临时性税收优惠政策不可持续,国家对平台经济领域强监管趋态已现,大数据信息安全风险频发等现实问题,已成为零工服务平台健康发展过程中亟待解决的现实问题。

譬如,受自贸港政策利好影响,截至 2020 年 8 月海南省累计已有 200 余家平台企业获批税务委托代征资质。但在后续海南省税务局开展的委托代征清理整顿专项行动中,终止了60多家灵活用工平台委托代征协议,退出率高达30%。整顿原因包括平台业务风控不合规、平台业务涉嫌违法违规、公司主动申请退出、同一股东在海南省内有多张代征资质等。

综观全国,天津、湖南、河南、海南、山东、浙江、江苏、辽宁、江西、安徽、甘肃等十多个省份地方税务机关已授权超千家企业开展委托代征业务。其中出现了部分平台企业为了利益频繁触碰监管底线的情况,因此多地已暂停发放委托代征资格证,并相继开始清理整治违规平台。

检视零工服务平台风险频发的特征及原因,发现并不局限于税费代征代缴问题,其核心是互联网新业态发展初期出现的新兴法律关系与现有法律规范及其实施间的矛盾冲突,表现为产业数字化或数字产业化对法治实施体系和政府治理能力与水平的严峻挑战。进一步结合共享经济服务平台的智能报税、保险缴费、业务分包、证照办理、身份核验、收入结算等主营业务,可将主要的风险来源整理为税收征管、劳动保护、数据安全三类风险。

1. 税收征管风险

作为零工服务平台最重要的风控点,虽然宏观政策环境较为包容,但是从严格意义上讲,目前大多数服务平台难以达到合规要求。问题的核心在于,现行税收法治体系在立法文本、征管实践、央地关系上存在堵点,致使税收法定的地方性适用差异明显。各地间的税收竞争加剧了全国性平台向"税收洼地"的转移,加之复杂多样的税收优惠体系,服务平台企业逐利本性下的监管套利行为难以完全杜绝。

为此,建议尽快系统协调央地及地方政府间在财权事权分配上的差异,补充和细化央地税收权限法律依据,以及地方间财政税收转移规范,坚持中央税管方针在地方实施中的落实落地。同时,制定和施行科学合理的相关政策规范,因地制宜设置各地方政府的税收优惠宽宥期,以转移支付形式平衡区域财政收支,保持地方税收竞争的公平性。

2. 劳动保护风险

随着平台经济和技术的高速发展,同时在全球新冠肺炎疫情的防控常态化的趋势下,无接触式经济等新业态、新产业迅猛增长,从事相关行业的个体劳动者数量及需求量成正比上涨,在活化劳动力市场的同时,也引发了诸多新型劳动场景下用工权益保护与救济的问题。

实践中经由零工服务平台聚合的大量劳动者,与平台之间为合作关系,而非劳动或劳务关系,双方类似于"合作共赢、风险自担"的市场主体,在一定程度上打破了现行劳动法对单位职工的权益保护规则,特别是骑手、保洁、装修等高风险职业将很难直接认定用工责任,由此产生的劳动纠纷频现,引发社会各界广泛关注。

故此,针对零工共享模式,明晰不同场景下个体劳动者的收入来源、职业范畴、责任分配、侵权救济等劳务要素,识别劳动者个体与服务平台间的权利义务界限,判断平台责任承担类型及限度,作为补充情形纳入现行劳动法体系。

同时,针对零工服务平台,需区分从业环境,设立契合劳动者基本权益的合作协议,尤其对高风险职业,服务平台应原则上向个体劳动者提供劳务合同,在提示相关劳动责任风险后,方能提供承包合同,两者的最终确定由实际工作承担者自主选择,零工服务平台应尽到事前告知义务。

3. 数据安全风险

零工服务平台在对接 C 端、B 端、G 端的过程中,对其收集、使用、管理的个人隐私、商业秘密、国家安全类数据存在信息泄露和非法利用的风险。特别是零工服务平台通常能够接触到税收、社保这类普通平台难以涉及的敏感数据,其数据安全保护义务应更加严格。

因此,对服务平台可能涉及的敏感数据分类分级治理,应聚焦数据采集、分析、开发、共享过程中存在的个人隐私、商业秘密、国家安全等数据信息的有效保护,制定并优化符合个人利益、商业利益、国家安全、社会公共利益数据的分类分级标准及流转规范。同时,对于治理技术及经手人员合规问题,政府部门及平台企业均要评估现有数据处理技术手段与业务人员的资格和能力,建立符合实际运行需要的具有科学性、规范性、约束性的机制与程序,重点检验区块链等辅助工具的基础架构与控制节点,补足企业内部数据管理规约的机制盲点。

当然,保障零工服务平台健康发展的法治方法,并不局限于事中事后监管与救济,需要重视事前预防与风控,加快社会信用体系建设,建立社会征信评价机制等,亦能有效纾解陌生群体信任缺失、征信成本过高、失信恢复困难等服务平台发展过程中的痛点与堵点。

零工服务平台作为新业态、新产业、新模式在促进国内经济大循环,释放灵活用工模式商业动能,高效配置劳动力资源、社会公共服务资源等方面发挥了积极作用,应对其保持科学审慎的监管姿态,支持和规范其健康发展。

(原文首发于《第一财经日报》2021 年 3 月 1 日第 A11 版,收录时有所修改)

灵活就业服务平台税收征管
面临的风险与纾解

2021 年 5 月 12 日国务院总理李克强主持召开国务院常务会议时指出,目前全国灵活就业人员达 2 亿人,确定了进一步支持灵活就业的三项措施,其中"合理界定平台企业责任",清理和规范灵活就业相关法律法规,"为灵活就业创造好的环境"是重中之重。灵活就业在我国的快速发展,离不开大量涌现的灵活就业服务平台的精细化、科技化、合规化的支持与发展,然而,当前该类平台业务模式混杂、组织结构灵活致使现行税收征管体系出现一定偏差,很可能令税收不公、税基侵蚀、业务违规等风险日益凸显,税务机关加强对灵活就业服务平台科学审慎监管不可或缺,这也是规范和完善灵活就业人员基本权益保障的基础与必需。

一、灵活就业服务平台面临的税收征管挑战

第一,业务模式混杂,税管体系难以覆盖。历经"传统人力资源服务商线上化"到"数字平台型服务商综合化"的业态升级后,具备多重角色身份、提供多样化服务功能的灵活就业服务平台应运而生,成为联结个体劳动者(C 端)、灵活用工企业与新个体经营者(B 端,为便于区分前者代称为 B_1,后者代称为 B_2)、政府监管部门(G 端)的重要平台(P 端)。鉴于各平台的起点和转型程度不一,实践中亦呈现出三种形态(为便于区分现以下简用字母表示各参与主体)。

形态一是提供灵活就业相关信息服务,包括涉税、结算、咨询、商讯等服务。通常 P 端平台基于 B_1 与 C 或 B_2 间自主开展的业务,为双方提供非劳务性技术服务。P 按照服务内容向 B_1 收取"服务费"作为经营性收入,并开具税率为 6% 的增值税发票。

形态二是提供灵活用工外包服务,涵盖劳务外包、以服务外包方式从事生产线管理、人力资源数据处理等。该类 P 自行招募合作人员并对其进行管理、考核、发佣。B_1 支付给 P 的款项属于"业务外包费",P 依据该款项的实际用途,可为 B_1 开

具税率为6%的增值税普通或专用发票,也可通过差额征税或简易计税方式开具发票。

形态三结合了形态一和形态二的经营范围,但全程排除了"劳务属性"。P在承接了B_1的分包业务后,会大量寻求新个体经营者B_2进行合作,B_1、P、B_2间均为"合作关系",不存在管理、考核、发佣的"劳动关系",且P将其外包、分包行为整合为一项"综合服务业务"为B_1开具6%的增值税专用发票。

目前,业内规模较大的P均在一定程度上侧重于形态三,而能否为B_1节约更多的税收成本,防范与化解用工风险,俨然成为P吸引B_1、留住C和B_2的关键。虽然,P的主要收入源于B_1支付的"服务费",但若没有大量合格的C和B_2,P很难将用工需求予以精准分包。进一步而言,相较于较易识别的B_1,大量存在的C和B_2令P在双边市场构造下出现业务模式的混同。故对C和B_2所代表的新就业形态市场如何定位,并基于其新特征制定合理的征税制度、明确纳税权利和义务就显得至关重要。

实际上,形态三下的P难以准确划定"综合服务"与"劳务外包"的边界。目前《中华人民共和国税收征收管理法》《中华人民共和国增值税暂行条例》《中华人民共和国发票管理办法》等尚未作出回应,致使P尚未被税管体系精准定位,其经营行为存在纳征规范缺失的风险。除对P自身纳税行为的合法合规指引外,税基的侵蚀更是不容轻视,相关法律法规亟待明确和完善。

第二,组织结构灵活,税收优惠存在被滥用的风险。虽然,在灵活就业领域P多数依托线上开展具体业务,但在税务管理登记上依然遵循属地原则,受注册所在地税务机关监管且在符合当地优待条件时享受税收优惠。经整理国内目前规模较大的P及其开展税务活动的控股公司登记地后发现,P组织结构的灵活性容易引发地方税收竞争,各地"税收优惠政策"存在异化为"税收洼地乱象"的风险及诱因。

表4-1　灵活就业平台母公司及有关控股公司税务登记地统计

灵活就业平台	母公司税务登记地	涉及纳税服务的控股公司税务登记地
YZH	天津市滨海高新区	天津市、贵州省毕节市、西藏自治区昌都市
HH	北京市密云区	浙江省昆山市、山东省淄博市
XFD	宁波市保税区	上海市、浙江省绍兴市、福建省厦门市
GDKJ	深圳市南山区	安徽省合肥市、广东省深圳市
AYG	广州市天河区	湖南省长沙市、广东省深圳市

续表

灵活就业平台	母公司税务登记地	涉及纳税服务的控股公司税务登记地
YYZB	海南省澄迈县	海南省澄迈县、北京市
XXJ	海南省澄迈县	海南省澄迈县
ZX	北京市朝阳区	天津市、湖南省株洲市、甘肃省兰州市
ZHX	深圳市宝安区	海南省海口市、安徽省六安市
ZBJW	重庆市渝北区	重庆市、北京市
LB	北京市顺义区	河南省安阳市、湖南省株洲市
XZDDX	宁波市江北区	浙江省嘉兴市、福建省福州市
HDD	海南省陵水黎族自治县	海南省陵水黎族自治县、云南省昆明市
GM	杭州市余杭区	浙江省宁波市

资料来源:笔者整理。

从表 4-1 可知,P 的母公司多登记在经济发达城市,而控股公司则多集中于二线城市等"税收洼地";海南、云南、甘肃、西藏等因其独有的税收优惠政策,受到 P 及控股公司的高度青睐;P 及控股公司多聚集在东南经济发达省市,少数选择在西北、西南地区。

对 P 而言,为扩大知名度选在一线城市注册,为降低运营成本在税收优惠政策丰厚地区成立全资子公司已成为常规操作。其中,海南省因自贸区利好成为了 P 的首选,根据《关于海南自由贸易港企业所得税优惠政策的通知》,P 可按 15% 的税率享受企业所得税优惠。西藏、甘肃、云南、贵州等还包括财政返还、财政奖励等其他形式,故 P 为实现利润最大化,既在发票开具上努力"开源",又利用结构灵活性"节流"所缴税款。由此带来的政策红利非常可观,据艾瑞咨询测算,2021 年灵活就业市场规模预估值为 8760 亿元(外包模式下),至 2022 年将突破 1 万亿元,其中的税收红利可想而知。但从全国税收征管大局出发,P 过度追逐政策红利的隐患不容小觑:

一是进一步加剧南北经济差距,东南经济发达地区因人口净流入、灵活就业繁荣而加速聚集,北方地区则只能进一步出让政策红利吸引投资,对当地实体经济造成挤压。二是地方政府为扶持注册在当地的 P,会加大与其他地方间的税收、财政、产业等政策的竞争,同时也可能诱发政企之间权力寻租、监管套利的风险。三是对国家税基的侵蚀。结合域外动态,经济合作与发展组织自 2019 年起先后公布了《共享和零工经济：对平台卖家进行有效征税》和《行为准则：税务当局与共享/零工经济平台之间的合作》两份政策文件，高度关注灵活就业中的税基侵蚀和利润转移问题。目前我国税务机关虽未对此明确表态，但收紧监管口径也只是时间问题。

二、灵活就业服务平台的税收风险重点

第一，加剧税收不公。税收公平是税法与税收征管始终贯彻的基本原则。受城镇化、数字经济与灵活就业等社会新情势影响，我国个人所得税制度的不足日益凸显。此外，自"营改增"以来，增值税制度如何更好地进行抵扣以避免重复征税、降低企业税负也是实现税收公平的另一难题。鉴于 P 在对接 C 和 B_2 时，能够明显降低其收入纳税比例，又能在对接 B_1 时，集中为其开具服务费增值税专用发票进行抵扣，故 P 对疏解个人所得税与企业增值税痛点具有积极作用。但由于缺乏全国统一的监管政策与行业标准，在实际运行中 P 的纳征行为却在一定程度上反向加剧了税收不公：P 很难在全周期、全流程中保障其业务的真实性。这导致其服务对象牟取不当利益的情形时有发生，具体呈现以下形态：

对 B_1 言，企业向内部员工支付的工资薪金不能作为增值税进项税额抵扣，但若企业使用外部 C 或 B_2 提供相同劳务，其支付的对价就可以作为增值税进项税额抵扣，从而在不增加支出的情况下减少了应纳税款。

对 C 和 B_2 言，根据深圳市、天津市等多地"关于经营所得核定征收个人所得税有关问题的公告"，月收入 10 万元以下个人所得税核定征收率（按月）仅为 0%—2%。结合 2021 年 3 月 15 日公布的《网络交易监督管理办法》第九条"仅通过网络开展经营活动的平台内经营者申请登记为个体工商户的，可以将网络经营场所登记为经营场所"，注册在上述具有核定征收优惠政策地区的 P，理论上可吸收全国范围内的 C 共享政策红利，只要 C 在 P 引导下注册为新个体经营者 B_2 且能定期定额方式纳税即可。而对比需要预扣劳务报酬 20%—40% 的同行业自然人从业者，P 的"一站式税筹综合服务"越全面，其税收不公平性可能越凸显。

第二，诱发涉税风险。在 P 服务的各类用户中，以税务机关为代表的 G 与 P 之间的业务越来越复杂。目前规模较大的 P 需要先从 G 端获得代扣代缴资质，才能展开秒批办照、身份核验、智能报税、保险缴费等核心功能。但代扣代缴并不是 P 唯一的 G 端业务，还包括涉税数据安保、报税业务风控等。

在涉税数据风险上,由于 P 在服务广大 C 和 B_2 时会要求其提供自然人身份信息,P 能汇集大量的敏感数据信息,对标全行业所服务过的 2 亿多人次灵活就业业务计算,一旦管理不严造成数据外泄或信息倒卖,后果不堪设想。即便如此,税务机关抑或网信部门对有代扣代缴资质的 P 应承担何种级别的数据安保义务,除主管税务机关外,还需要哪些机构参与,权责如何划分等,尚缺少基本法律的规定。此外,P 所采集的涉税数据,在多大程度上经过脱敏后,可由其自行处理和交易等问题,都亟须明确。

在报税业务风险上,海量的 C 即使注册为新个体经营者 B_2,也很难保证全部按税法规定自主申报纳税,多数情况下均是交由 P 进行"一站式纳税申报服务"。那么大量的 C 对申报方式、纳税额度、税收优惠等是否尽到了义务,也只有 P 全程知情,这为整个纳征体系的安全稳定运行带来了隐患。

此外,用工企业 B_1 作为较强势的一方,也可借助 P 化整为零,仅保留核心经营资产和管理团队,同时根据行业和自身景气程度决定是否寻求外部设备、人员的临时合作,从而实现经营规模很大,而资产(人员)规模很小的经营特点。在此基础上,B_1 还能进一步细分业务功能和产业布局,从一般纳税人转变为小规模纳税人,从规模以上企业转变为小型微利企业。而 P 作为相对弱势方,很难详细了解到 B_1 具体的不当节税行为,仅对报税流程进行形式审查最终将面临税收监管部门的重罚。

三、应对灵活就业服务平台税管风险的举措

对 P 在加速灵活就业市场要素配置,推动共享经济发展上作出的贡献,应予以肯定和支持,然而对可能触及的税收征管风险,则需坚守底线思维,严防风险的聚集扩散。具体言,大致可分为以下情况处理。

第一,视同劳务采用劳务外包进行征管。这主要是针对尚处于"传统人力资源服务商线上化阶段"的 P。该类平台的主要税管风险集中在 P 可能会规避社会保险费缴纳等强制性规定,在未与 C 签订雇佣合同的情形下以劳务外包方式,由下游派遣公司按照工资薪金或劳务报酬代扣代缴个人所得税。基于此,在"社保入税"的基础上,税管部门对此类平台应加强纳税额度与社保缴存的信息比对,重点针对经营规模很大而资产(人员)规模很小的 P 进行稽查,确保业务流、合同流、税款流、发票流的真实与统一。

第二,视同临时生产经营委托进行征管。该模式聚焦于"数字平台型服务商综合化阶段"的 P,具体为:

一是明确该类平台业务模式。通过出台专门性法规文件明确将灵活就业服务平台定位为:向灵活就业从业者提供综合服务,向接受服务的企业(B_1)收取服务费,按规定全额开具增值税发票,为新就业形态人员(C 和 B_2)按照临时生产经营支付其经营所得,且代征税款的平台经营者(P)。

二是完善灵活就业征管流程。税务机关 G 与 P 签订委托代征协议,将新就业形态人员(C 和 B_2)视为从事临时生产经营的纳税人,委托 P 对合格的 B_2 收入按月或按次代征增值税,并按照1%左右的征收率计算代征个人所得税;对 B_1 端,税务机关 G 应要求 P 对 B_1 的税务信息真实性进行实质审查,除有证据证明 B_1 故意隐瞒、编造纳税申报外,P 与 B_1 对涉税违法违规行为承担连带责任。

三是规范个体劳动者 C 向新个体经营者 B_2 的注册转化。进一步打通市监、税务、网信等部门的数据接口,加强各地方政府间信息共享,简化个体工商户办理流程、统一注册流程、互验身份信息。在依法合规的前提下,推动灵活就业个体自然人向个体工商户转变,防止过度滥用平台注册渠道,影响同行业线上线下竞争秩序,加剧税收不公。

(原文首发于本书)

直播带货业健康发展离不开法治化监管

长远观之,直播电商业不应作为"昙花一现"的互联网产物而存在,不能为了在短期内"收割流量",实现一时的经济效益而滋长行业乱象,相反,直播电商行业是互联网经济商业模式的一次创新,符合线上与线下经济相辅相成、繁荣共生的长期发展目标,应从监管的尺度、维度以及效度等多个方面探索建立规制直播电商行业在法治轨道上发展的科学监管机制。

近年来,直播带货成为互联网经济发展的新风口,更在助推线上经济与实体经济深度融合的过程中不断激发出新的经济增长点。据统计,截至 2020 年上半年,我国直播电商行业总规模达 10500 亿元,渗透率达到 8.6%。2020 年,国家发展改革委等 23 部门联合印发《关于促进消费扩容提质加快形成强大国内市场的实施意见》,其中将鼓励线上线下融合等新消费模式发展作为重点关注对象之一,直播电商业态契合促进线上线下互动、打造"互联网+"消费生态系统的时代要求,推动直播电商业发展已成为当下和未来一段时间经济发展的焦点和热点。

一、网络直播带货在我国的高速发展

直播带货业自兴起以来,在短短三四年间取得喜人成绩,为实体经济注入新活力,成为沟通互联网线上经济与线下实体经济的纽带。

第一,直播带货可以有效节约时间成本、信息成本以及经济成本,优化资源配置方式。直播电商活动解决了以往线下销售中存在的诸多障碍,尤其是人力与组织成本,以"主播带货"方式扩大销售范围,增强影响力,时间与地点也相对灵活,在手机、平板电脑等移动客户端得到充分普及的今天,"短、平、快"式的线上直播更贴合大众生活方式与消费需求,在短时间内以视频观看、音频推介的直观形式,即可获得类似线下购物的体验感。加之对人气主播的好感度与信任度,直播电商活动在有效降低企业成本的同时,显著提升了经济活动的效率。与此同时,直播活动投放对象的精准度也较以往线下商业模式具有更为突出的优势,在很大程度上

206

破解了生产者与消费者之间的信息不对称,通过大数据、云计算、人工智能算法等新技术手段实现对消费者购买力的精准评估,由此进一步实现了市场供需之间的有效对接,节约资源配置成本,增加社会总剩余。

第二,直播带货助推市场下沉,盘活基层经济活力。数据显示,我国下沉市场,即三线及以下城市,约有 10 亿人口,远超一、二线城市人口总量,因此下沉市场消费潜力巨大,在疫情影响下更需创造新的经济刺激点来带动基层社会经济发展,直播电商行业与推动市场下沉的需求有着高度匹配性。一方面,短视频类 APP 在先前下沉用户的流量争夺战中已经取得显著成效,而当前直播电商活动主要也依托同类 APP 展开,省去用户在平台间转换的成本,以此为用户数量做好了铺垫。另一方面,直播电商形式亲民、操作简便,成为各基层推介本地方农产品,推进脱贫攻坚工作的有力支撑。越来越多的基层采用直播带货的方式积极宣传本地特产,在产业、贫困户与消费市场之间建立了纽带,显著扩展了销售渠道,真正实现了"消费扶贫、精准扶贫"。

第三,直播带货增强用户黏性,助力企业服务升级。当前直播电商产业普遍采取前端营销引流、中端平台技术支持及后端客情分析的一体化商业模式,在利用直播活动持续吸引用户的同时实现利用数字技术对用户数据进行分析开发,深入了解用户喜好,并将研究结论反哺前端直播活动中,以此形成良性闭合循环模式,不断提高商品和服务的质量,促进用户体验提升,实现数字数据技术与经济发展深度融合的实践,采取更为智能化、科技化的方式优化营销模式,助推企业自身实现转型升级。

二、网络直播带货业监管面临的挑战

当前,直播电商行业的发展已经步入"快车道",同时,在其起步早期,监管相对缺位的现实也为整个行业未来的健康、稳定发展埋下隐患。人气主播在直播带货中"翻车"的情况屡屡发生,当前媒体关注焦点多集中于对主播身份重叠背景下其法律责任的认定问题、直播中购买商品或服务存在质量问题时消费者如何维权、直播活动主要应适用哪部法律法规更为合理的相关讨论。然而,若想有效整治直播带货行为背后的乱象,还应从对整个直播电商行业系统规制的角度出发,挖掘行业整体发展中存在的问题,从更为宏观和全面的维度切入,冷静思考乱象背后的监管痛点和难点。

当前,对直播带货活动的监管视角多聚焦于主播,较为忽视对平台的监管。在中国广告协会发布的《网络直播营销行为规范》中,除对"商家""主播"等显而易见的市场主体予以规制外,还单设"网络直播营销平台"相关内容。可见,在整个直播电商行业中,备受瞩目的"带货主播"虽能直接牵动消费者的购买欲,但"主播"从来不是"一个人在战斗",在他们的背后是强大的平台在不断进行信息供给,从前期对用户群体直播预告推送的精准筛选,到在有限的直播时间内切中消费者心理要害,激发消费者购买欲,每一次流量变现的转化均离不开平台大数据分析的技术支持。因此,需要适当将关注重心转向对"带货主播"背后平台的监管上来,审视平台作为直播活动的支持力量,从商品质量责任的承担、宣传用语的选择,到数据收集与使用等各个环节是否符合法律法规要求,以平台作为对整个直播电商行业监管的切入视角。当前无论是对直播平台或是电商平台等,均缺乏专门性法律法规进行规范,故此,亟须针对直播带货背后平台的性质与法律责任进行细致梳理,为有效精准执法、科学合理立法提供参考。

其一,应当根据商品的专业领域划分,对于专业性较强的商品采取更加严格的准入标准和监管措施,必要时还可要求主播或平台提供一定的资质证明,以此保证消费者在购买专业商品时自身权益能够得到有效保护。

其二,建议依据主播从事平台直播的时长和评价以及所在平台的用户规模、基础设施等软硬件条件,划分直播带货的等级和分类标准,以此起到引起消费者注意的作用。直播电商行业的日渐精细化发展离不开大数据、云计算、人工智能算法等数字数据技术的支持,在用户享受直播服务带来的足不出户、便捷购物体验的同时,实质上是在以自己的个人信息(数据)作为交换。

在平台对用户数据进行收集处理的过程中,目前尚存在相当的监管盲区:第一,数据脱敏、个人信息数据匿名化处理工作是否到位。《民法典》第一千零三十八条明确规定,信息处理者负有信息安全保障义务,其中在未经自然人本人同意,向他人提供其个人信息的过程中需要将信息加工至"无法识别特定个人且不能复原"的程度。显然,当前直播电商行业中对用户个人信息的应用反而更需要凸显用户的个人特质以达到精准营销的目的,故此,直播电商活动中个人信息保护目的的实现仍然需要历经多方利益的反复平衡与博弈。第二,在直播带货受到"热炒"的当下,是否存在数据造假、流量注水等情形。目前很多平台主播都存在拥有大量"僵尸粉"的情况,为赚取"网红"效应的红利,一些平台也不惜冒着涉嫌违法的风险,制造虚假流量为主播"造势"。诸如此类行为有违反现行《反不正当竞争法》的风险,严重者甚至会触犯刑法,同时,也会在一定程度上对直播电商行业的信誉造成打击,如若不及时加以监管,则可能有碍于整个行业的长期健康发展。

三、科学建构直播带货市场监管法律机制

直播带货早已超越主播个人营销行为而逐渐呈现出更加完整的呈体系化的智能型直播电商产业链,对其整个产业链的全周期系统性监管迫在眉睫。长远观之,直播业不应作为"昙花一现"的互联网产物而存在,不能为了在短期内"收割流量"、实现一时的经济效益而滋长行业乱象,相反,直播电商行业是互联网经济商业模式的一次创新,符合线上与线下经济相辅相成、繁荣共生的长期发展目标,应从监管的尺度、维度以及效度等多个方面探索建立规制直播电商行业在法治轨道上发展的科学监管机制。

第一,在遵循审慎监管尺度的前提下,适当将监管链条前移。监管机制的建立首先应明确监管的基本理念和态度,作为一种互联网经济新业态,直播电商行业既延续了传统线下营销方式的部分特点,同时也借助互联网线上平台创新了运营方式,在尚未对整个直播电商行业有着较为清晰全面的认知前,不妨使用"让子弹飞一会儿"的监管思路,采取包容审慎的监管态度,谨慎介入正常的市场交易活动。在具体监管尺度的把握上,建议采取宽严并济的策略,尤其是一些传统线下违法行为在互联网领域的延伸或翻版,例如,产品质量问题、虚假宣传、商业诋毁等,诸如此类问题事实上仍是"新瓶装旧酒",可以沿用已有的法律法规处置,此时需要果断进行监管调查与处罚。而对于一些最终结果尚不明朗的问题,可以采用一定的预防措施;又如,对主播或平台设立信用积分制度,出现违规行为则扣除相应积分,以达到事前监管的效果。

第二,拓宽监管维度,明确监管职责,实现全方位和全周期持续性监管。直播电商活动中涉及多元主体,其中,各主体之间的法律角色又有所重叠,涉及多头监管问题,监管部门之间需关注监管行为的分工与合作。对于主播来说,粉丝量级较高的"网红主播"在一定程度上等同于《广告法》中规定的代言人,故此,可以以代言人诚信义务的要求来进行监管,而一般商家的主播仅起到为用户试穿、试用产品的作用,对用户不产生信用度上的影响,可能仅涉及《产品质量法》等法律法规的适用。

然而,也有观点认为,《互联网广告管理暂行办法》第三条第二款第四项规定经营者按照法律、法规和规章规定,向消费者提供的信息展示不应认定为商业广告,故此直播带货中商品或服务的产地、性能、规格、等级、生产日期等一些基本信息不应认定为广告。然而,《广告法》第八条却规定商品的基本信息属于广告,二者形成冲突。究竟是依《广告法》属于上位法定位,根据上位法优先于下位法的原则,优先适用《广告法》,认定这些内容属于广告范畴,或者针对互联网领域宣传推广的特殊性,尊重互联网领域的有关广告管理的规定,仍需要进一步明确。

对于平台来说,现行《电子商务法》、《反不正当竞争法》或《反垄断法》都有可能是相对适当的监管工具,前者是规范电商领域行为的专门性法律,后两者则可囊括更为丰富的市场行为类型,彼此互补能够对平台的监管形成更为科学且周延的规制体系。就消费者层面来说,合同法、消费者保护法以及其他相关市场规制法律法规中所规定的救济条款也可以作为消费者在直播中遭受损害的维权工具予以使用。

第三,设立监管效度评估标准,以保障消费者权益和行业信誉度为先。对于直播电商行业的规制需要置于推动互联网新经济产业创新发展的整体视阈之下,不仅关注直播带货中的主播、平台等主体的行为,更应聚焦于整个业态的发展前景。进言之,若想推动整个业态平稳向好发展,需明晰监管活动的评价标准,特别是对于危害消费者权益和市场公平自由竞争秩序的行为应严格监管,绝不手软。

直播带货是互联网经济发展中的新业态,是新旧商业样态混搭融合的产物,既具有传统营销模式的烙印,又有当今电商架构的特色。它既对经济社会恢复和发展具有积极意义,也对未来孕育新型电商模式发挥着显著促进作用。在守正中创新,不仅是对新经济及商业模式转化升级的基本定位,也是对新制度及其实施机制转型创新的基本要求。鉴于此,对直播带货这类新业态应按照不同类型精准施策,加强对直播带货具体行为的有效监管,以科学精准的法治化监管推动直播带货业健康发展。

(原文首发于《深圳特区报》2020 年 11 月 10 日第 B04 版,收录时做了修订)

如何将火热的直播带货带入法治轨道

直播带货是近年来新兴的一种互联网电商营销模式。经线上直播平台播出，通过主播的推介，让消费者了解商品和服务，吸引和推动消费者在线购买商品和服务。直播带货将网络视频直播与商业营销相结合，借助直播平台达到推销商品和服务的目的。在促进商品和服务在线销售的同时，也实现平台和主播的流量变现，已成为互联网经济的新业态，在此次新冠肺炎疫情期间达到新高度。从政府官员、企业家到网红、演员乃至普通主播，从高科技产品、奢侈品到普通日用品甚至各类服务，"人人当主播，样样可为货"。

一、直播带货的基本类型

直播带货作为一种互联网经济新业态，其基本类型主要包括直接交易型与帮助交易型。直接交易型是指经营者在平台进行直播，不通过本单位以外的人作为主播，而是本单位内部人员作为主播直接向消费者推销其商品和服务。这种类型符合我国《广告法》第二条第一款对广告的规定，属于商品经营者或者服务提供者通过互联网媒介和直播形式直接介绍自己的商品或者服务的行为，直接适用《广告法》即可。

帮助交易型是指经营者并不出面，而是通过本单位以外的人作为主播，借主播代言行为推销其商品和服务，消费者通过观看直播了解相关信息后，向经营者购买商品和服务。

在此类型中，至少存在两种以上法律关系。其一，在消费者向经营者购买商品和服务的，属于合同关系，可选择适用《合同法》《消费者权益保护法》等相关调整经营者与消费者相对关系的法律法规。其二，争议比较大的是在主播代言所形成的关系中如何看待主播的法律定位，以及由此产生的相关权利义务及责任的承担。对主播法律地位的界定，直接决定主播和经营者之间、主播和消费者之间各自属于何种法律关系，以及由此承担何种相应的法律义务与责任。

　　究竟是根据上位法优先于下位法的原则,优先适用《广告法》,认定直播内容属于广告,抑或针对互联网领域宣传推广的特殊性,尊重互联网领域的有关广告管理的特殊规定不将其认定为广告,对此仍需进一步明确。虽然,在实践中市场监管部门会针对互联网领域的特殊性倾向适用本部门规章,但是基于网络直播带货的迅猛发展并由此引发的诸多问题,可以考虑针对直播带货的具体行为及内容,进一步明确和协调《广告法》与《互联网广告管理暂行办法》针对直播带货具体类型适用时的关系。幸运的是,这一点已在2020年7月1日起施行的《网络直播营销行为规范》中予以了部分明确,对"网络直播营销活动"中发布商业广告的行为,应当遵循《广告法》的规定,但是对在网络直播带货中何种行为属于发布商业广告的行为和类型并没有明确规定。

　　在以上两种主要直播带货类型中平台均发挥重要作用。对平台也应分情况对待,如果平台自身借直播推销自营商品和服务,那么平台即成为经营者,属第一种构造;如果平台本身并不直接参与,它与主播、经营者和消费者之间并无直接关系,对商品和服务的推销并不负有直接责任,此时根据我国互联网相关法律法规的规定,平台仅对直播行为负有管理义务。然而,如果平台本身就是以提供直播服务为内容展开经营,为入驻平台的直播带货业务提供数据、直播室等基础设施,并以此收取费用,那么此类平台需承担的责任就应分情形,依照现行《电子商务法》第三十八条上所规定的"连带责任"或"相应责任"类型予以规范,这一点在《网络直播营销行为规范》第四章中予以专门规定,遗憾的是,该规范仅为行业自律规范,缺乏必要的国家强制力保障。

二、直播带货的主要法律风险

　　直播带货的兴起是互联网经济多元化发展的产物,在为社会生活提供诸多便利的同时,直播带货也引发或暗埋了诸多法律风险。

(一)商品和服务缺乏质量保障

　　直播带货吸引众多商家加入,一个主播往往要为多个商家直播带货,缺乏时间、精力和能力对带货的商品和服务进行必要的审查,使得直播推销的商品和服务良莠不齐。其中不乏有的主播明知商品和服务存在质量瑕疵甚或严重问题,然而,为了自身经济收益仍向消费者进行推介。不得不承认,在直播带货中存在商品和服务的质量难以得到保障的巨大隐患甚或现实。

（二）不当宣传导致不正当竞争

直播带货涉及不同经营者的商品和服务，而经营者之间又存在竞争，这就可能导致不正当竞争行为。普遍存在的情形是在直播过程中，为了实现促销目的，会对商品和服务的优点进行介绍和宣传，这就涉及与其他商品的比较，在比较过程中，很可能会出现对其他商品乃至其经营者缺点的揭露和批评，客观上有可能出现对其他商品和经营者进行诋毁的情况，甚至是"假借比较之名，行诋毁之实"，这就可能构成反不正当竞争法中商誉诋毁这一不正当竞争行为。直播带货发生在互联网上，互联网本身有着一套独特的话语体系，直播中网络语言的表达可能与现实中的理解相冲突，如何辨别直播带货中正当宣传和不正当竞争之间的界限，成为竞争法中一大难题。

（三）法律适用竞合难处理

直播带货过程中涉及主体多元，兼具多重法律关系，又发生于互联网领域，具有很强的聚集扩散效应，且横跨民法、商法、经济法及网络法等多个法律部门，甚或同一法律部门内的多部法律法规，在这些规范中均存在可适用于处理直播带货的条款，故极易导致直播带货行为在法律适用上的竞合。

这一问题的根源在于其法律关系界定尚不清晰，正因为其法律关系性质不明，无法明确其属于哪一部门法调整范畴。目前直播带货处于发展初期，理论界和实务界对其研究也处于起步阶段，基于此，其法律性质的界定仍然具有较大争议，这就使得其法律适用成为一个极为棘手的现实问题。值得注意的是，在刚施行的《网络直播营销行为规范》中明确以"商家""主播""网络直播营销平台""其他参与者"等主体为规范对象，从行业自治角度首次对网络直播带货生态系统进行了规范，其规范和引导的意义不言而喻，然而，能否起到填补现行法律法规缺位，有效供给监管执法依据的作用尚待实践观察。

（四）官员带货直播缺乏规范约束

疫情发生早期导致国家经济生产生活停摆，给全国各地带来巨大经济损失。为了尽快实现疫后复工复产，政府官员走进直播间，其本质上是以政府公权力和公信力为商品和服务背书，在于以政府权威担保商品和服务质量，推动商品和服务销售，带动地方经济发展。官员直播带货，对经济发展和恢复起到积极作用，然而由于缺乏规范约束，也导致了一些隐患。

（五）利益追逐催生流量造假

为追求利润，商家倾向于选择流量大的主播和直播平台。对于主播和平台而言，直播带货是流量变现的重要方式，能够给平台和主播带来巨大经济收益。在经济利益驱使下，一些平台和主播会通过伪造流量数据的手段来虚构自己吸引大量受众的事实，从而诱使商家与其达成带货直播协议。这种行为在《网络直播营销行为规范》中被明确禁止，该规范第二十八条要求"主播向商家、网络直播营销平台等提供的营销数据应当真实，不得采取任何形式进行流量等数据造假，不得采取虚假购买和事后退货等方式骗取商家的佣金"。若此类违规行为情节严重、数额巨大，则构成商业欺诈，对经营者和消费者利益造成损害的应承担相应法律责任。

三、直播带货的法治出路

直播带货带来诸多法律问题，亟待推动相关法律制度建设和优化，将其纳入法治化、规范化的发展轨道，使其更好地对经济社会的恢复和发展起到正向激励作用。为此，建议从明确权利、义务和责任，加强过程监管两方面入手，完善直播带货的法治供给。

（一）明确各方主体的权利义务及责任

直播带货中基本的主体关涉主播、经营者和消费者三方，在有些情况下还涉及直播平台，应在准确界定直播带货主要法律关系和厘清基本法律适用的前提下，明确直播带货的各方主体享有的权利和承担的义务。特别是应明确主播的法律地位及权利义务内容，解决主播的法律性质定位不清、责任不明的问题。这一点虽在《网络直播营销行为规范》中有所体现，譬如规定在网络直播营销活动中提供直播技术服务的各类社会营销平台，包括电商平台、内容平台、社交平台，应当对直播带货的内容亦应承担部分义务和责任。然而，由于该规范仅为行业自律守则，缺乏国家强制力保障，故需要依托现行《电子商务法》《消费者权益保护法》《反不正当竞争法》《广告法》《互联网广告管理暂行办法》等正式规范要求平台对直播带货行为加强审查管理，实现直播带货的依法依规运行。

（二）加强监管部门和直播平台协同监管

监管部门应同直播平台一道，从直播带货的事前、事中、事后环节入手，共同合作参与直播带货市场监管。直播开展前，应加强监管部门对直播平台的准入资格审查和直播平台对主播的直播资格审查；直播进行中，应强化监管部门对平台直播内容的抽查和直播平台对主播直播间的动态监测;出现问题后,应完善监管部门对直播平台的责任追究机制和直播平台对主播的处罚机制。由此,形成监管部门和直播平台联动的监管机制。

(三)强化对官员直播带货的规范

应特别加强对官员直播带货的规范管理。官员身为政府领导干部,代表政府权威,体现政府公信力,如果放任官员直播带货乱象蔓延,不仅不利于国民经济的发展,还会导致公权力的滥用和一些腐败问题的发生,所以必须强化对官员带货直播的规范,重点加强对其推销的商品和服务质量监测,完善直播前审查机制和直播过程中实时监测机制。使党员干部真正做到权为民所用、利为民所谋,推动官员直播带货成为国家和地方经济发展新动能。

(原文首发于《第一财经日报》2020 年 7 月 8 日第 A11 版,收录时做了修订)

多措并举整治"刷单炒信"
规范平台有序竞争

2021年5月31日,最高人民法院举行新闻发布会,公布互联网十大典型案件,表示将严惩"刷单炒信"等网络灰黑产业。近日,国家市场监管总局公布两批网络虚假宣传不正当竞争典型案件,对"刷单炒信"行为进行了曝光。

所谓刷单,是指买家与卖家以虚假交易的形式增加产品的销量,提高商品排名和信誉度,误导其他购买者。所谓炒信,主要是指利用各种渠道和技术进行涉嫌虚假交易、炒作的行为,与刷单相比,炒信行为的表现形式更加多样化,只要涉及商家使用不正当手段进行虚假信息宣传,误导消费者的行为,都可以将其称为炒信行为。

一、"刷单炒信"损害平台竞争秩序

在电子商务中消费者评价大数据及个性化的评价信息十分重要,是潜在消费者决定是否选择该经营者的商品或(和)提供的服务的重要依据。"刷单炒信"行为意味着平台内经营者通过不当方式提升其商品或服务的好评度,间接吸引消费者。正如市场监管总局在发布的典型案件中所言,所谓"刷单炒信"行为,本质就是造假,即在点击、阅读、观看、消费等方面,利用造假手段让自己的数据"好看",误导市场、诱导消费,实现自身利益最大化。

市场监管总局在发布的案件中将"刷单炒信"行为分为六种情形,分别是利用"网红效应"虚构评价;组织员工、亲友等熟人"刷单炒信";雇用专业团队或"刷手"、利用专业技术软件等手段帮助"刷单炒信";"直播带货"中虚构关注度、流量;虚假交易拍 A 发 B;通过"寄空包"等方式"刷单炒信"。

利用"网红效应"虚构评价,是指通过组织"大 V"(平台高级别用户)到店免费体验后发布指定好评、"刷手"在不实际体验或者使用商品的情况下发布虚假好评、使用虚假注册的会员账户发布好评等多种手段,提升平台内经营者的人气。这类行为一方面严重影响了消费者的知情权与选择权:依据我国《消费者权益保护法》第八条关于知情权的规定,消费者有权知悉其他消费者对平台内经营者提供的商品或服务的真实评价与人气;第九条规定,消费者享有自主选择商品或者服务的权利。消费者是因为虚假的评价与人气作出的选择购买这种商品或服务的决定,在平台内经营者的误导下作出的错误选择。另一方面,利用"网红效应"虚构评价严重侵害了市场的竞争秩序:误导平台将本不应优先推荐的产品或服务及其内容信息错误地优先推送;真正享有高信誉的经营者因为没有采取这种虚假的宣传策略而在竞争中处于劣势地位,部分原本信誉良好的商家也会因此采用此类行为,忽视继续提升自己商品的质量和经营的信誉,忽视通过自身的创新与劳动来获取利润,反而走向了恶性竞争的道路。久而久之,消费者不会再倾向于选择线上的方式来获取其所需的商品或服务,投资者也不会再投资电商平台,这将给互联网经济带来巨大的损失。

其余几种行为的性质与危害与利用"网红效应"虚构评价的类似。有两点特殊危害在于:第一,通过雇用专业团队或"刷手"、利用专业技术手段辅助"刷单炒信"等行为使得"刷单炒信"出现了组织化、职业化、规模化的特点,甚至形成了黑色产业,违法获利额巨大,对市场秩序的侵害更为严重;第二,虚构流量的行为很有可能会危及数字经济的基础:数字经济依赖于真实的数据,虚构流量带来的虚假数据很可能会导致政府、企业作出错误决策,给社会带来巨大的损失。

二、"刷单炒信"反竞争违法性识别

市场监管总局公布的典型案件显示,针对大多数"刷单炒信"行为,执法部门一般会以《反不正当竞争法》第八条第一款为法律依据执法;而针对利用"网红效应"虚构评价、通过雇用专业团队或"刷手"二类行为,执法部门也会选择第八条第二款作为法律依据执法。

《反不正当竞争法》第八条第一款是关于经营者实施引人误解或虚假宣传行为的认定。所谓引人误解的宣传,是指经营者利用广告或其他形式对商品内容所做的宣传致使相关公众的认识发生错位进而可能进行错误选择的信息传播形式。判定经营者的宣传是否引人误解,要依据相关公众的主观认识,结合经营者宣传所使用的途径、方式等客观要素进行评价。虚假宣传则包括表述情况不真实、违背科学结论、歪曲公理或相关知识等情况。经营者的宣传应当与其提供的商品或服务的内容相一致,若是经营者的宣传被证明与其商品或服务的实际情况不符,则可以认定其为虚假宣传。

譬如,组织员工、亲友等熟人"刷单炒信"这类行为,实际上是经营者组织起员工及亲友帮忙下单,实际不发货,待流程结束后通过其他渠道给他们退款,另外再向员工及亲友支付一定佣金,虚构了产品销量与用户评价,让其他消费者误以为该平台内经营者提供的商品是高质量的、高信誉的;直播带货中虚构关注度、流量等行为,则是通过雇用水军在直播时进入直播间刷人气,制造虚假流量,欺骗消费者这一带货直播间观看人数较多,人气较高,间接欺骗消费者该经营者提供的商品较为优质;虚假交易拍 A 发 B 与"寄空包"表现为以寄送小额赠品、礼品代替下单商品,或者投递空包裹,从表面上看接近正常购物行为,其迷惑性、隐蔽性更强。这几种行为中经营者都使用了虚假的宣传方式,通过虚构销量、虚构评价、虚构人气的手段,来欺骗消费者给其留下高销量、高信誉的印象,诱骗其作出错误决定。

《反不正当竞争法》第八条第二款禁止的是他人通过组织虚假交易,帮助其他经营者欺骗消费者的不正当竞争行为。例如,经营者 A 受到经营者 B、C 的请求,请求帮助其在平台上打造"网红店",经营者 A 负责招募网红购买 B、C 的商品或服务,并事后在平台上发布优质评价,若 B、C 满意,则将网红购买商品或服务的价款退回。这一行为涉及内容和流量双重造假,经营者 A 与平台内经营者共同欺骗了消费者,侵犯了其选择权与知情权,破坏了市场的竞争秩序。

通过雇用专业团队或"刷手"与之类似,也是表现为第三方机构接受平台内经营者的雇佣,分配"刷手"进行刷单,帮助平台内经营者制造虚假交易,使平台内经营者在平台中的热度提升,为更多用户知晓并产生其信誉较高的假象,欺骗消费者。

三、多措并举规制"刷单炒信"

(一)明确和细化立法相关规定

首先,应当进一步完善《反不正当竞争法》《电子商务法》等现行立法中的有关规定。尽管 2017 年新修订的《反不正当竞争法》中对引人误解、虚假宣传这一条款进行了修改,但条文表述上还存在一定的混淆:第八条的核心概念应当是"引人误解","虚假宣传"应当是"引人误解"的一种表现形式,例如明知而刻意隐匿某些信息也属于引人误解的一种。"虚假宣传"还包括太过夸张以至于不会引人误解的宣传行为。因此,"虚假宣传"与"引人误解"本质上是一组互有交叉的概念,而第八条的核心在于欺骗、误导消费者,也就是"引人误解",因此,"虚假宣传"此处不适合作为与"引人误解"并列的概念出现。

其次,还要进一步细化《电子商务法》中关于"刷单炒信"行为的规定:尽管《电子商务法》第十七条已经规定:电子商务经营者应当全面、真实、准确、及时地披露商品或者服务信息,保障消费者的知情权和选择权。电子商务经营者不得以虚构交易、编造用户评价等方式进行虚假或者引人误解的商业宣传,欺骗、误导消费者,但并未明确经营者违反本规定所应承担的法律责任。另外又由于"刷单炒信"行为的频发性以及消费者在诉讼中举证上的困难性,有必要为"刷单炒信"中受到损害的消费者构建更为便捷有效的救济途径。

再次,考虑科技的不断进步与立法的滞后性,未来可能会出现新型的"刷单炒信"行为,为认定带来难度。针对这一类型的案件,立法上可以考虑通过司法解释的方式进一步细化"刷单炒信"行为的认定标准,诸如以列举的方式细化刷单炒信行为,如组织虚假交易、虚构评价、伪造物流单据、给付好处诱导他人给予特定评价;以及为其他经营者进行虚假或者引人误解商业宣传提供组织、策划、制作、发布等服务以及资金、场所、工具等。

最后,目前刑法上对于刷单行为是否要入刑存在一定的争议。在2015年南京市雨花台区人民法院审理的全国首例恶意刷单案件中,法院判处被告人董某、谢某构成破坏生产经营罪。支持者认为,互联网时代对于"破坏"的解释已经不限于物理上的破坏,反对者则认为这一解释违背了刑法谦抑性的标准。对于刷单行为是否有入刑的必要,需要在学理上进一步明确。

(二)增强和提升行政执法力量与力度

首先,根据《关于对电子商务及分享经济领域炒信行为相关失信主体实施联合惩戒的行动计划》,建立完善的采集炒信黑名单机制,加强政府与电商平台以及其他市场化征信主体之间的交流,依托全国信用信息共享平台,完善炒信黑名单收集信息的范围,将涉嫌违法的刷手、相关物流商家等重要信息也纳入黑名单之中。

其次,根据商家实施的"刷单炒信"行为的时间、规模、手段、次数等要素,按其行为的危害性分为不同档次,对于较轻一档次的,可以对其处以较轻的处罚;而对于较重的一档次的,需要加大对其的处罚力度,同时还要扩大对其进行宣传的途径,利用市场化征信主体等平台来宣布其实施的"刷单炒信"行为,在之后的工作中,重点监督这些商家,使得执法更具有目的性。

（三）培育和鼓励行业守法风尚

我国《电子商务法》第三十二条明确了电子商务平台经营者制定平台服务协议和交易规则,明确进入和退出平台、商品和服务质量保障、消费者权益保护、个人信息保护等方面的权利和义务。因此,电子商务平台经营者也有监督平台内经营者是否实施"刷单炒信"行为的义务。尽管目前在各大电商平台的自治规则中可以找到关于平台惩治商家"刷单炒信"行为的有关规定,但各大电商平台对此的重视力度并不够,规定都较为宽泛,这也是由于我国目前电商平台较为火爆,平台很难组织力量监督商家的"刷单炒信"行为。由于平台是经营中直接接触到经营者的一方,相较于政府监管而言具有信息上及处罚上的优势,因此在监管上以平台为核心发挥主导作用更为合适。

对此,首先,可以通过开发技术工具,利用算法等高科技工具监督商家是否存在"刷单炒信"行为;其次,可以积极组织平台下的同行业经营者互相监督,对于为惩治"刷单炒信"行为、维护平台竞争秩序作出贡献的商家,可以予以奖励(例如提升其信誉等级);而对于实施了"刷单炒信"行为的商家,必须加大处罚力度;再次,平台也应当重视,对商品的信用评价,并不以好评数的简单叠加作为基数,而是结合消费者信用等级、网购历史记录以及评价的详细程度等采分依据进行换算;最后,平台应当重视自身管理队伍的人才建设,设置专门的"诚信经营监督工作小组",监督商家是否存在"刷单炒信"行为,树立平台内部诚信经营的良好风尚。

此外,还应当积极对电商群体与消费者群体进行普法宣传。同业竞争者的合法权益受到损害导致其利润减少,这些商家可以向法院提起诉讼,追究实施"刷单炒信"行为的商家的实施不正当竞争行为的责任。消费者也可以运用《民法典》《消费者保护法》针对实施"刷单炒信"行为的商家提起诉讼,要求其承担责任。

综上,"刷单炒信"行为属于互联网时代下一种新型的不正当竞争行为。针对这一行为,应当积极发挥市场的主导作用,以平台监督为主,政府监督为辅,同时,通过鼓励诚信商家与消费者举报、提起诉讼的方式,发动人民群众及社会各方面的力量,共同打击"刷单炒信"行为。

（原文首发于《第一财经日报》2021年8月18日第A11版,
收录时做了修订）

长租公寓爆雷是不可持续
发展模式的必然结果

近期,长租公寓爆雷,引发了社会各界的广泛关注。2020 年 12 月 4 日最高人民法院在国务院新闻办举行的新闻发布会上答记者问时明确表示:"有关地方和部门正在依法依规进行处理。这个事件如果形成案件进入司法程序的话,人民法院将严格依法进行审理,以事实为根据,以法律为准绳,依法保护公民、法人的合法权益。"

一、长租公寓平台经营模式之困

据媒体报道,2018 年至今全国陆续爆雷长租公寓超过 170 家。分散式长租公寓平台运营模式的本质是先在市场上寻找零散房源,与房东达成协议后对房屋进行一定的处理改造,再转租给目标租客,在健康发展情况下应以转租差价作为营利来源。但目前长租公寓市场实际上呈现出"高进低出、长收短付"的运营模式,期待能以此种方式取得市场地位,在此基础上提升相关服务质量,增强用户黏性,巩固并逐步提升市场地位,在市场竞争趋于稳定时,再提高价格以实现营利,但在目前尚未实现营利时,该模式运转已难以为继。

当下分散式长租公寓平台运营模式如图 4-1 所示,第一步,在寻找到意向房源后,平台与房东订立《财产委托管理服务合同》,约定对房源进行管理,并向房东支付定期(按月或按季)且持续增长的收益,双方达成协议后,再对所承租房源进行样式或居住空间改造。第二步,平台将改造完毕的公寓进行挂牌,与意向租客对于房租费及相关管理费用进行协商,达成合意后双方订立《房屋租赁合同》。对于健康的长租公寓发展模式而言,至此,多方的法律关系应已固定,平台作为转租人以租金差额实现赢利,或作为居间人(现行《合同法》称居间人,《民法典》改称中介人)以其付出的居间服务获得报酬。

而由于长租公寓市场的快速发展,导致在第一步时,各平台之间为扩张市场,

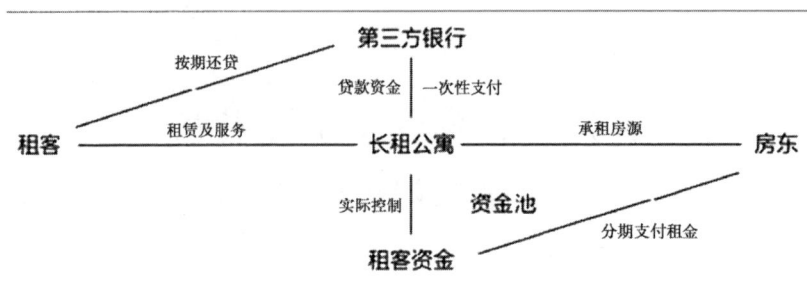

图 4-1　长租公寓模式运营示意图

资料来源:笔者自绘。

提升自身平台的市场份额,意图取得一定的市场力量后能够提升对租客的租房租金与降低房东的房源租金,因此在前期房源有限的市场条件下,各平台便以高价策略来抢占房源市场。据报道,在 2018 年长租公寓高速发展时期,各平台通常以高于市场正常价格的 20%—40%来实现房源抢夺,在抢夺房源的同时为提升市场占有率,采取较低的出租价格,以此吸引租客,即"高进低出"。

为缓解"高进低出"的价格策略与自身从事房屋改造、物业管理、业务发展等运营成本的资金压力,采取了在租客端鼓励其一次性支付长期(通常为一年)租房费用(租金定价采取支付租金期限越长平均月成本越低的定价策略),而对房源端则按月或按季支付房东房源费用,即"长收短付"。同时,平台为使租客能够一次性支付高额的长期租金费用,引入第三方银行开展租金贷业务,由租客在银行办理信贷,由银行一次性将贷款资金支付给平台。

长租公寓平台以期限错配的方式实质上控制了大部分租客资金的使用,并以此进一步实现扩张市场,第三方银行的引入也使得房屋租赁业务出现了金融衍生品的特征,过高的杠杆比例埋下了爆雷的高风险。事实上,当前各长租公寓平台的运营在此过程中也并未产生收益,其使用资金源于对未来应支付给房东远期资金的透支,现期的资金漏洞必须由新进入租客的租金来填补,若无法实现房屋租赁业务运营收益,这一模式也必将演化成以"低租金""高收益""稳信贷"的表象掩盖"庞氏骗局"的实质,同时坑骗租客、房东与银行。而由于 2020 年年初全球疫情的影响导致租客源的骤降,缺少资金的流入加速了各平台漏洞的暴露,这是该运营模式之困的必然结果,却将风险转嫁给了租客、房东、银行与社会。

二、长租公寓经营中房东租客之困

目前长租公寓中租金贷租房模式的比例过高,大量租金贷业务的租客一边需要继续向银行偿还贷款,另一边面临着房东退还房屋的要求,导致矛盾不断,现以法律视角对三方关系进行检视。

租客与银行间成立借款合同关系,借款目的为支付租客与长租公寓之间房屋租赁合同约定的租赁费用,故当租客与银行订立合同后,银行一次性将约定贷款支付给长租公寓时已履行其主给付义务,对于租客而言从法理上应当按照约定履行定期还款义务。虽然长租公寓现无法对租客履行在租赁合同项下提供房屋居住与服务的义务,基于合同相对性,这不影响租客与银行间借款合同的效力,因此租客在长租公寓违约的情况下,仍应继续履行对银行的还款义务,但可以请求平台运营商返还租金并承担违约损害赔偿。借款合同关系造成了现实中租客一方面仍在支付租房费用,但另一方面已遭到房东要求清退房屋的真实痛感,进一步激化了租客与房东之间的矛盾。

租客与房东间的法律关系,目前存在两种争议观点:一是租客与房东之间应直接成立房屋租赁合同关系;二是租客与房东之间不存在直接的法律关系,两种观点的分歧在于房东与平台之间《财产委托管理服务合同》性质应认定为委托代理合同还是房屋租赁合同。

第一种观点认为由于房东与平台之间订立了财产委托管理服务合同,(1)合同名称明确约定为委托合同,故双方应成立委托代理关系;(2)平台应作为房东的代理人,与租客之间成立的房屋租赁关系的法律效果应由被代理人房东承担;(3)平台所进行的包括但不限于装修、保洁、租客管理等,属于约定对房东提供服务的内容。同时,由于平台与租客订立的《房屋租赁合同》中载明房东为产权出租方,平台仅作为房屋代管机构,故而平台仅作为房东的受托人,与房东是委托代理关系,租客与房东之间成立房屋租赁关系。在此情形下,租客已履行给付租金的主给付义务,房东无权清退租客,对于房东无法从代管机构获取租金应属于房东与平台间的合同纠纷,应由房东请求平台履行租金支付义务。在这一观点下,平台作为代理人与租客订立的房屋租赁合同将直接约束作为被代理人的房东与租客,租客已履行支付租金的主给付义务时,房东应履行提供房屋使用权的主给付义务。

然而,这一观点仍存在明显缺陷:合同性质应以合同内容为准,即使房东与平台之间合同名为"财产委托管理服务合同",也不应据此直接认定双方成立委托代理关系,而应以合同约定的实质内容为准。

首先,对于合同内容进行考察,虽然双方合同中约定平台作为房东房产的独家代理,从事运营及出租房屋活动,但双方主要约定还有:(1)平台将定期且向房东支付租金。若房东与平台间成立的是委托代理关系,则当房屋未产生实际租赁关系时,平台作为被委托人并不具有向房东支付租金的义务,这一约定的实质是平台将承租房东房产,并对其定期支付租金。(2)平台承诺在特定期限内未支付租金,则房东具有单方解除权,可单方行使权利直接解除合同,在合同解除后平台不具有运营出租房屋的权利来源,则应返还房屋。若双方为代理关系,房租租赁关系发生在房东与租客之间,平台不具有许可房东单方解除租赁合同的权利。

其次,对实际运营模式进行考察,平台是以定期高额租金从房东承租房源,后根据相应的市场价格将房源转租给租客。若平台仅作为代理人,房屋租赁关系直接在房东与租客间产生,依据合同相对性,租赁合同主要内容应在房东与租客间达成合意,除合同主要标的物之一的租赁房屋条件达成一致外,对于租金约定也应在房东与租客间达成一致,即租客支付租金数额与房东收取租金数额应相同。但在运营的实质上则是平台与房东、租客分别以两个价格进行约定,与双方分别形成租赁合同,实际运营模式也表明平台本质为转租人而非代理人。

最后,某头部平台官方网站介绍中明确说"所有房源都与出租人签订长期租赁合同,以保证租客居住的稳定性",可见平台的真实意图是与房东形成租赁关系,而非委托代理关系,只是房东许可平台进行转租。平台与房东之间合同的实质关系应认定为房屋租赁关系,而非为委托代理关系。

在实践中一些裁定书也认可这一观点,受案法院认为,虽然房东与平台之间合同名为委托合同,但实则应为房屋租赁合同。基此,平台与租客成立的房屋租赁合同为新合同,真实房东与租客之间并无直接的法律关系。故这些裁定书认为,在平台违约后,房东有权行使单方解除权,并取回房屋使用权。这导致租客产生一方面需要还租金贷,另一方面遭到房东要求清退的境遇,基于此,房东与租客均是受害者,这一矛盾是由于平台的双向违约而产生的,使房东与租客均陷入困境。

三、对长租公寓经营困难的反思

当下租客、房东、可能承担坏账风险的银行乃至在长租公寓平台运营过程中进行资金垫付的公寓改造施工方、运营维护劳动人员等群体,其所困症结核心仍在于平台本身,各方只能要求平台承担相应的违约责任及损害赔偿,而平台资金的枯竭也导致其极可能无力承担相关赔偿,最终风险将转嫁给社会,相应的损失也只能由个体独自承担。当前需要吸取经验教训,以减少或避免平台之困的再次出现。

1.回归理性,规范企业实行可持续发展模式

长租公寓平台之困的主要原因在于平台实行了"高进低出、长收短付"且租金贷业务占比过高的不可持续性发展与扩张模式,导致在高杠杆比率下企业承担风险能力骤降,故而平台爆雷看似疫情冲击的偶然所致,实则是不可持续发展模式的必然结果。对此,2019年12月,住建部等6部门联合印发了《关于整顿规范住房租赁市场秩序的意见》,明确规定住房租赁企业租金收入中租金贷款金额占比不得超过30%,超过比例的应当于2022年年底前调整到位。

相关政策的推出意在加强对住房租赁市场快速发展造成乱象的监管,引导规范住房租赁市场回归理性,指引相关企业实行可持续发展模式。同时,应注意目前全球新冠肺炎疫情防控已呈现常态化态势,存在全球需求市场乏力、供应链应对风险能力弱的客观情形,企业自身更应做好"业务治理""财务治理""合规治理",以应对外部风险,规范企业行为,实现可持续发展。

2.审慎监管,警惕平台企业运营异化风险

互联网平台具有信息优势,同时也存在利用技术和人为因素加剧信息壁垒与信息鸿沟的可能,需警惕平台滥用信息优势,在与实体经济深度融合时发生异化的风险,监管部门既要包容审慎,也要区分真、伪创新,实质性提升治理能效,在互联网平台经济加速国民经济发展的同时,防范其伴生风险发生。

长租公寓平台在标语中宣称"数据驱动发展""互联网科技平台"等理念确已成为数字经济发展的新常态,长租公寓平台的实质是使用"互联网平台线上技术+租赁房屋线下实体的经济发展"模式。互联网平台是海量数据信息的汇总,互联网平台与实体经济的深度融合是未来发展的必然趋势,平台使用信息可以优化资源配置效率,加快经济发展速度,放大实体经济规模,但同时技术也扩大平台与个体间信息不对称的鸿沟,进而产生运营异化的风险与隐患。当下长租公寓产生纠纷的主要原因也在于平台利用了租客与房东间的信息不对称,以期限错配的方式过度使用沉淀资金,导致其在缺少资金来源时迅速破裂。

我国P2P行业最初运营模式一般是,P2P平台作借贷双方的信息中介,以互

联网平台技术实现便利民间借贷,促进资金融通,却在此后发生了异化,多数平台不仅以期限错配、标的拆组等形式形成了资金沉淀,成为"资本收割镰刀",甚至发展成为庞氏骗局。异化后的 P2P 运营模式与长租公寓"高进低出、长收短付"的模式共性均在于通过平台信息不对称的优势,通过运营模式构建形成资金沉淀,并由平台控制另作他用。经过数年实践,在 2020 年 11 月我国 P2P 平台已实现全部清零,异化平台的恶劣影响最终造成此类平台被一律禁止的局面。

故而,对于"互联网平台+实体经济"的融合发展,在鼓励企业实现健康可持续发展的同时,也需要监管部门结合近年来市场上出现的多种事件,逐步提升监管能力,避免"一管就死一放就乱",秉持包容审慎的态度,警惕平台企业运营模式异化风险,尽量减少甚至避免再次出现"平台之困"。

（原文首发于《第一财经日报》2020 年 12 月 9 日第 A11 版,
收录时做了修订）

理清创新与监管边界
积极应对长租公寓平台风险挑战

当前,我国对互联网平台经济创新秉持"包容审慎"的监管原则,然而这并不意味着监管部门可以放任不管。"包容"意在鼓励创新,为各类企业特别是初创型中小企业在发展早期提供更加宽容的营商环境和法治环境,是尊重市场新业态发展规律的体现;审慎则是在法治框架和法治原则下开展监管,在触及法治底线和监管红线的问题上必须严格依法监管。故此,面对平台经济创新发展中的风险和挑战,应合理界定有效创新与有为监管的边界,在鼓励创新与防范风险之间寻求法治框架下的动态平衡。

2020年以来,受新冠肺炎疫情等多种因素的影响,租赁住房需求减少,租房收入大幅度下降,导致部分长租公寓平台面临资金周转危机。近段时间,多家长租公寓平台被曝拖欠供应商账款和房东租金,有些租客被停水停电甚至更换门锁,其商业模式及背后的风险值得深入思考。

一、商业模式的表象与本质

从头部长租公寓平台的商业模式看,一般通过"高进低出,长收短付"来吸引客户,即以高于市场价格的租金吸引房东,拿到房源后再以低价租给租客。同时,有些长租公寓为租客提供房租贷款,平台能够一次性收取租客一年房租及押金,但其只需按月或按季向房东支付房租,比如近期爆雷的D公寓,其房租主要用于平台自身规模的持续扩张,包括继续收购房源、扩大市场以及房屋精修、日常运营等。然而,突如其来的疫情使出租率显著下降,平台难以通过收新租补旧租的方式填补资金缺口,兑付压力骤增,造成如今的困局。

通过解析商业模式不难发现,长租公寓平台表象上是融合线下"房屋租赁+个人商业贷款"的普通民商事交易行为,其本质则是一种利用互联网思维和互联网技术开展的"C2C+B2C"的混合型互联网金融交易模式,其中的"高杠杆"融资方式存在极大的系统性金融风险。

二、互联网时代平台经济创新发展中的主要风险分析

（一）平台经营风险

平台经济创新发展的经营风险主要指平台经营者在运营过程中,由于商业模式的逐利性及其内嵌的劣根性、经营者判断或决策失误、经营能力欠佳等原因,导致平台风险控制和危机管理容易陷入流动性困境。当前,许多平台出现利用互联网技术进行过度资本化的运作。"长租公寓之困"就是平台过度资本化运作的典型。持续激进扩张使得长租公寓的资金需求量极大,必须依靠收取未来的新租金来填补资金空缺,这无形中相当于给平台附加了资金杠杆。在此情况下,一旦租赁市场出现波动或资金链的任何一个环节出现问题,整个资金链就会像多米诺骨牌一样崩塌,企业很容易迅速陷入流动性危机。

（二）用户安全风险

平台经济创新发展给用户安全可能带来的风险主要包括两类,第一,随着信息通信技术和数字数据技术的广泛应用,平台经营者利用各类新型技术开展大规模的用户数据采集、使用、挖掘及共享,在这一过程中可能造成平台内用户数据过度采集、数据被滥用、隐私泄露等问题。

第二,平台经营者表面上利用互联网技术开展所谓的"商业模式创新",实则可能从事着非法经营、非法融资等违法违规活动,对平台内用户的财产安全带来极大风险或隐患。特别是在互联网金融领域中,由于其本身所面向客户的非特定性,使其更容易触碰非法融资的法律底线。近年来,P2P业务的金融风险安全事件频发,部分机构甚至通过假标的、资金池和高收益等手段,进行自融、违规放贷等违法违规行为,不仅对民众财产权益造成了严重侵害,也对平台经济所赖以生存的社会信用基础带来冲击。

（三）政府监管风险

首先,互联网时代平台企业的经营业务具有跨行业、跨机构、跨地域、网络化、技术性等特征,传统监管模式因监管资源有限,难以覆盖和满足海量的监管资源需求,监管效果不佳;其次,传统监管模式下的跨部门监管协调机制尚不顺畅,难以适应平台业务的多场景跨时空的经营特征,对于交叉性业务可能存在监管缺位和监管错配的情况;最后,监管部门缺少应对新技术、新业态及新模式的监管工具和监

管手段,无法精准识别和因应平台经济的"真创新"和"伪创新",故此,对许多创新平台企业要么不加分类地采取"一刀切"监管,要么完全放任不管,在放过"假阳性"的同时,也漏掉了大量涌现的"假阴性"。

三、互联网时代平台经济创新发展中风险控制的着力点

(一)建立平台企业的跨部门协同监管机制

互联网平台经济具有的线上线下融合、跨领域、跨时空的行业特征,为建立跨部门、跨区域的协同监管和科学监管机制提出了新要求。对于长租公寓平台,其线下经营的长租业务属于住房租赁行业,"租金贷"借贷模式涉及金融行业,同时因其借助互联网技术和平台进行交易,也涉及互联网行业,对这类平台企业监管就要充分考虑到这三大领域相关部门的职能分工,以及可能存在的监管重合和监管真空地带。

首先,针对长租公寓企业以"长收短付"的方式急剧扩张规模,无视资金流动性风险的问题,有关住建部门应严格规范租金使用行为,明确平台须设置专有资金账户并接受住房租赁资金监管。

其次,正确甄别平台企业的金融创新和可持续发展能力。一些平台机构或企业表面具有一定的便利快捷和缓解融资约束的作用,但实际上却可能存在巨大的潜在风险,譬如,缺乏足够的资本准备金、专业的投资管理经验,以及科学规范的风险控制机制。为此,相关监管部门应及时有效准确地识别平台企业采取的是实质创新还是假借创新的商业模式,将国家提出的对平台企业经营监管和融资监管予以"穿透式"监管的工作要求落实落地,对实际从事金融业务,但并未纳入监管的平台企业适应同类监管要求,实现监管全覆盖,避免平台企业利用金融和类金融的规则差异和监管漏洞进行监管套利。特别应严格依照法律法规,规范和执行有关金融业务的市场准入管理和事中事后监管,确保其必须满足特定资质要求,并将其是否建立完善的内部风险控制制度作为行业准入的必要条件。

最后,除监管部门之间的分工协作外,建议从多元主体共同参与的维度,引导互联网平台企业、消费者及其团体、经营者及其行业协会等社会多元主体,自觉主动地参与到平台经济创新发展的风险管控治理中,更好地发挥各类主体的监督优势,形成合作规制风险的合力。

(二)引入科技手段创新平台经济风险监管方式

利用大数据、云计算、人工智能、区块链等新技术,对平台企业的事前准入、事中监测、事后处理等环节,设立立体化、智能化、数字化的穿透式监管系统,监测平台企业运营中的违规操作和高风险交易行为,感知平台经济运行的风险演化态势,帮助监管部门和平台企业进一步提升风险识别准确性、降低风险监测成本、优化风险监管效率,保障平台经济在创新发展与适度监管区间内健康运行。

在此过程中,通过收集平台经营行为和合规审查行为的数据信息,并予以定期传输,推动监管算法的开发和自主学习,建立实时数据监测模型和自动化监管预警系统。通过对平台企业报送数据的真实性、准确性和有效性进行客观评估,掌握风险关联性和集中度变化,对平台经营全周期进行风险预警和风险控制,一旦出现超出设定风险阈值的可疑交易行为,及时采取自动预警和干预措施。譬如,重庆、山西等地已先后开发建成了非法集资监测预警,通过动态监测预警高危风险企业,依靠协同机制给予精准打击,保护人民群众和投资者的财产安全,这一科技监测预警模式值得借鉴和推广。

同时,监管沙盒也是未来监管科技创新发展条件下可被应用的重要监管模式之一。监管沙盒作为一种针对特定区域、特定机构的试点示范空间,通过适当放松监管约束,允许不持有金融牌照的金融科技企业尤其是初创企业测试自己的创新产品和服务,并由监管机构为其施以合规性指导,这一模式能够进一步激发金融创新活力,增强监管包容性和审慎性,实现金融科技创新与风险有效识别、管控及化解间的动态平衡。

(三)提升平台企业的风险管控能力

金融行业自带高风险属性,在互联网技术和平台经济商业模式的加持下更具有远超实体金融机构的脆弱性、破坏性和外部风险性。作为平台经济的重要主体,平台经营者应不断增强风险防范意识,主动积累风险防控经验和方法,建立完备的"事前+事中事后"的风险控制体系,严格将风险收益比例控制在适当范围内。

首先,对平台内商家和用户的信用、资质进行严格审查,要求使用实名注册加核准进入,通过分析用户的消费信用数据进行客户分类,加强对信用等级偏低用户的重点监测。其次,应综合考量自身运营风险和市场风险变量,包括但不限于,相关法律法规和政策的出台可能对平台经营造成的不利影响、外部环境对行业投资者信心的打击进而推高平台融资难度、通过平台进行交易的各类从业者因不遵守职业道德而损害投资者利益的风险等因素,并在考量上述风险因素的基础上,采取强制性提存一定比例的风险准备金,或将资金账户托管于商业银行的方式,防范流动性风险突发和扩散。再次,应利用大数据和人工智能算法对平台上发生的经营业务和资金流动情况进行全周期读取,做好经营风险和融资风险的阶段性动态评级,确保资金来源和资金去向合法合规。最后,需建立风险管控系统机制,要求平台企业在风险出现之后,及时向相关监管部门报告风险情况,划定风险等级,做好风险应急工作,同时设立风险备案制,总结风险经验,防范风险再生。

（原文首发于《深圳特区报》2020 年 12 月 29 日第 B04 版,收录时做了修订）

治理平台经济领域价格欺诈行为需多措并举

国家市场监督管理总局日前依法强化对平台经济的市场监管,指导并联合相关地方市场监管部门严厉查处了多起平台企业涉及价格欺诈行为、价格不正当竞争行为的案件,其中价格欺诈行为的案件尤为显著。

在平台经济下,平台借助大数据、云计算、人工智能算法等新技术,进行全方位的数据挖掘与全流程的数据分析,及时调整定价策略,在集聚扩散传统价格行为风险的同时,也不断诱发基于互联网、物联网技术,以及大数据定价算法、内容推荐算法等人工智能底层技术的不当使用而发生的各类新型价格欺诈行为。

同时,传统的价格欺诈行为在平台经济领域仍然时有发生,且基于平台市场上强大的网络效应、规模经济效应、锁定效应更容易将价格欺诈的风险及危害予以聚集扩散,有必要区分传统价格欺诈行为的平台化与平台经济发展中新出现的价格欺诈行为之间的特征与界限,做到有的放矢,既利用好现有价格治理的工具和方法,也要及时优化和创新针对平台经济特征的有效的价格治理架构和举措。

一、价格欺诈行为的不同类型

1. 传统价格欺诈行为在平台经济领域高发类型

虚构划线价格,该类现象在平台定价过程中较为常见。划线价是将标注的商品价格用横线划掉的形式来定价,未划线价通常是商家的实际售价。如果商家以划线价作为促销活动的基础价格,既未准确标明划线价格的含义,也不能提供该商品划线价的依据,涉嫌构成价格欺诈。

谎称进行促销活动但虚标原价的行为;虚构库存充足等信息的诱骗交易行为;不履行或不完全履行价格承诺的行为;价格信息无法比较;不按规定明码标价。

2. 新类型

依据消费者的大量数据,对其进行消费画像,实施大数据算法推荐定价,其中并非所有的算法推荐定价均为违法,需要分主体、分场景予以个案分析。目前非议最多的是平台大数据杀熟这类定价乱象。平台通过对用户数据信息的分析和挖掘突破了场景规则,大量使用交易前数据,对用户进行精准画像,最大限度获取特定用户的消费者剩余。

此外,平台利用大数据算法所做的差别定价,也严重背离了消费者对"明码标价"的常识性认知,侵害了消费者的知情权和公平交易权。即便现有法律法规未明确规定经营者就差别定价行为负有特定的告知义务,然而,作为经营者也应该就其差别定价的算法规则作出公开明示,让消费者在知情同意的前提下自由作出选择,否则,经营者利用大数据算法进行差别定价的行为则构成价格欺诈。

利用网络技术手段,实时变化交易条件,引人误解,欺骗、诱导消费者作出错误选择。譬如,标低高结,即商品展示页面标价低,但进入结算页面后所显示的价格高于原来的标价,消费者在未足够注意的情况下,容易忽视这一价格变化,导致利益受损。隐瞒运费、满减门槛等附加条件的行为,即对于某一商品,经营者在展示界面模糊标识运费信息、优惠时间及满减条件,导致消费者无法准确理解或者产生错误认识。通过提供的标价软件或者价格宣传软件等,强制要求网络商品经营者进行虚假的或者引人误解的价格标识的行为。

此外,对不直接向消费者或者其他经营者销售商品的第三方网络交易平台,如果其实质性地参与某网络商品或平台内所有或者部分商品的销售过程,譬如价格标示、促销宣传等,导致信息虚假或引人误解的,根据国家发改委就《禁止价格欺诈行为的规定》提出解释意见中第十条规定也应被认定为构成价格欺诈行为的主体。换言之,虽然第三方网络交易平台并不销售商品,看似不满足传统意义上的价格欺诈行为的适格主体,但是基于网络平台的网络效应、规模效应等,其所实施的价格共同行为,也应被认为是价格欺诈。

二、平台经济领域价格治理面临挑战

1. 难以有效识别价格欺诈的新变化和新形式

《价格法》及其《禁止价格欺诈行为的规定》已经制定二十余年,面对互联网平台经济领域不断出现的新型价格欺诈行为,以及传统价格欺诈行为的变化,显得有些滞后,特别是针对基于科技手段实施的不断变化的新价格欺诈行为,其识别度和解释力都有待改进和完善。

2.处罚力度不够,违法成本较低

对平台经济领域的经营者而言,违法所得难以核查,处罚难以实施,在实践中主要是顶格处以罚款,对于大规模的平台经营者来说,百万级的罚款起到的惩治效果实在有限,违法成本低促使平台铤而走险,宁愿支付罚款,以获取更大的经济利益。

3.未能给予消费者充分有效救济

消费者在遭遇价格欺诈后,在《价格法》下可以获得的救济通常限于"多付价款的退还",所谓"造成损害的,依法承担赔偿责任"的规定,对于消费者权益救济来说,形式大于内容,实现起来很困难。根据"谁主张谁举证"的原则,消费者需要对价格欺诈行为造成的实际损害承担举证责任,这往往抑制了消费者积极维权的主观意愿和实际可能,可以考虑引入惩罚性赔偿以消费者实际多付价款的倍数金额来支持消费者维权,而非要求消费者明确其实际损害,或者引入举报激励机制,给予一定比例的罚款金奖励回报。

三、完善平台经济领域价格欺诈行为治理

1.修订《价格法》或出台规范性文件,专章或专门规定平台价格治理

《价格法》实施近二十年,已不能完全满足当前经济形势的需求,应适时修订《价格法》,对平台经济下价格欺诈的新变化和新形态进行类型化总结,明确地将其纳入对经营者的价格行为的规制中去。在修订时可借鉴《消费者权益保护法》三倍惩罚性赔偿制度,提高对价格欺诈行为的处罚力度,加强对平台价格欺诈行为的惩治。

同时,考虑到法律修订的周期长,在《价格法》修订前,可对其中的价格欺诈条款进行解释,对依托平台而生的新形态,可对兜底性条款进行扩围,以更好地满足实践所需。

2.建立平台价格实时监测智能系统,标定平台价格异常情形

注重"以技术治理对抗技术风险",加强与高校、科研院所的合作,搭建平台价格实时监测智能系统。整合平台价格数据,一方面将平台的定价数据进行记录备案,提升执法部门的数据收集和分析能力;另一方面针对平台的价格欺诈行为进行有效监测,规制平台滥用数据优势和技术优势实施的价格违法行为。

同时,从中央到地方,各级各地市场监管部门可联合工信、网信等部门,建立平台诚信"黑名单"和"白名单"社会征信系统。将实施价格欺诈的互联网平台列入

平台诚信"黑名单",可责令其在一定期限内暂时经营,在停业整顿达标后方可恢复经营,对诚信状态良好的平台可以给予激励,提升守法合规经营者的积极性。

3. 加强与其他法律的有效衔接,给予消费者充分合理救济

价格欺诈行为在损害市场正常交易秩序、侵害其他经营者合法权益的同时,也侵犯了消费者的知情权、公平交易权、自由选择权等合法权益。故此,消费者在因价格欺诈行为遭受损失时,可以根据《价格法》的规定申请市场监管部门介入调查,维护自己的合法权益。在利用《价格法》无法充分合理填补利益损失的情况下,可借助《消费者权益保护法》向法院提起诉讼,要求平台经营者支付三倍惩罚性赔偿。同时,针对价格违法行为的执法监管,相关市场监管部门也可根据《反不正当竞争法》《反垄断法》对实施价格欺诈行为的平台经营者,从扰乱市场公平竞争秩序的角度处以行为罚,增加威慑力。通过法律协同,及时有效规范平台经济领域不断发生的价格欺诈现象。

4. 发挥消费者协会和行业协会作用,助力消费者维权和平台自我合规

无论从作为实体法的《消费者权益保护法》,还是从作为程序法的《民事诉讼法》,都赋予了消费者协会支持消费者维权的权利和资格。在平台经济领域各类商品交易行为跨越了传统时空的界限,这使得不当价格行为,特别是价格欺诈行为的发生与扩散越来越多,消费者维权的难度越来越大,为此,建议充分发挥消费者协会的作用支持消费者或在消费者群体众多、无法及时确定受损失范围时,主动依法提起维权之诉,及时防止平台价格欺诈行为危害性的扩散。同时,要充分做好与各类行业协会的沟通与协同工作,在推动外部性治理之际,加强行业内部自治与自律,双管齐下帮助和支持消费者科学有效维权,同时督促和激励平台企业做好价格行为合规治理。

(原文首发于《第一财经日报》2021 年 6 月 24 日第 A11 版,收录时做了修订)

搭建从工业互联网
到先进制造业的法治桥梁

2016 年 G20 杭州峰会发布《二十国集团数字经济发展与合作倡议》,将数字经济定义为以使用数字化的知识和信息作为关键生产要素,以现代信息网络作为重要载体,以信息通信技术的有效使用作为效率提升和经济结构优化的重要推动力的一系列经济活动。根据《2021 年中国数字经济发展白皮书》显示,2020 年我国数字经济规模达到 39.2 万亿元,占 GDP 的比重为 38.6%,同比名义增长 9.7%,数字经济在逆势中加速腾飞,有效支撑疫情防控和经济社会发展。工业互联网作为新一代信息通信技术与现代工业技术深度融合的产物,是制造业数字化、网络化、智能化的重要载体,无疑是数字经济的重要组成部分。2017 年国务院印发《关于深化"互联网+先进制造业"发展工业互联网的指导意见》,要求以工业互联网为媒介促进传统制造业转型升级,大力发展先进制造业,深化数字经济与实体经济深度融合,为我国在新一轮产业革命和技术革命中抢占发展的制高点奠定政策基础。

一、工业互联网的构建是先进制造业发展的基石和平台

党的十九大报告提出,"加快建设制造强国,加快发展先进制造业,推动互联网、大数据、人工智能和实体经济深度融合,在中高端消费、创新引领、绿色低碳、共享经济、现代供应链、人力资本服务等领域培育新增长点、形成新动能",精准定位了数字经济与实体经济之间的耦合关系。

实体经济作为国家经济发展的根基,为数字经济的发展提供了丰富的应用场景和现实驱动,脱离实体经济去追求数字经济的可持续健康发展,实乃空中楼阁。同时,数字经济作为国家深化供给侧产业结构改革的路径与平台,对科学配置实体经济的生产要素和降低市场交易成本起到了十分重要的作用,对实体经济的创新应用和改造升级提供了动力和压力,其首要表现为信息技术、数据技术和实体经济的深度融合。在新一轮科技革命和产业变革的冲击下,发达国家和地区纷纷出台

了相应的工业计划,聚焦传统制造业的转型升级,强调制造业的智能化、网络化及高科技化,发展先进制造业,以求在历史变革中抓住机遇。面对时代挑战和历史机遇,2015 年国务院印发《中国制造 2025》,作为我国实施制造强国战略的第一个十年行动纲领,明确提出以十年规划促进制造业转型升级,战略任务和重点就在于推进信息化与工业化深度融合,瞄准新一代高端技术,不断提高制造业的创新能力。

以工业互联网的构建助推先进制造业的发展,正契合了数字经济与实体经济耦合关系的定位。在以信息技术和数字技术为牵引的新一轮产业革命的影响下,先进制造业作为生产技术创新和生产模式革新的典型代表,表现为生产过程的系统化、集成化及信息化,产品附加值高,更加注重消费侧需求,打造生态型的凸显精细化和定制化的研发与生产过程。其核心在于,将信息技术、数据技术、人工智能技术等基于数字经济高速发展而不断创新适用的新兴产业技术,运用于制造业的转型升级之中。

工业互联网作为新一轮产业革命的核心基础设施,对于将信息技术、数据技术及人工智能技术引入传统制造业有着至关重要的作用。信息化、数字化、智能化、网络化是工业互联网的主要特征。工业互联网平台以大范围、深层次的数据采集,依托协议转换技术实现多重来源、不同结构数据的集成,并基于通用的平台即服务叠加大数据处理、工业数据分析、工业微服务等创新应用功能,构建可拓展的开放式云操作系统,开发和适用满足不同行业及场景的工业应用程序,加速智能制造发展,更大范围、更高效率、更加精准地优化要素市场上的资源配置。传统制造业转型升级势必会催生新技术、新模式、新业态的进一步发展,为制造强国建设提供源源不断的新动能。

二、数据保护与数据共享的矛盾是工业互联网有效搭建的瓶颈

工业互联网优化要素市场资源配置的关键就在于通过工业互联网平台实现数据的采集、集成、使用过程中信息价值的深度挖掘。数据共享作为数据采集的一种形式,影响数据采集与使用的广度与深度,进而影响数据价值和效用的复次挖掘与实时反馈。然而,随着用户数据的采集与使用在数据控制者和开发者间作为竞争要素的重要性日益凸显,原始数据提供者和数据控制者及开发者的利益保护与市场激励创新和自由竞争之间的关系越来越复杂,数据保护与数据共享交织在一起,为当下市场监管的目标设定和方式选择提出了严峻挑战,在支持数据保护和鼓励

数据共享方面,似乎都十分正当却又不是无懈可击。

近年来,虽然有关数据垄断和互联网平台滥用风险的案件在理论上存在一定争议,但是关于数据资源争夺的不正当竞争案件在我国频发已引起广泛的关注,甚至基于此类案件的审理,法院创设了"非公益必要不干扰"原则,以及在反不正当竞争法的立法修订中设置了互联网专条,以期有效回应数字经济发展带给法治系统的挑战。数据保护与数据共享之间的矛盾已成为制约数字经济进一步发展的关键。工业互联网作为数字经济与实体经济深度耦合的基础和平台,更深层次地受到了数据保护与数据共享间矛盾的影响。

毫不夸张地讲,当下和未来工业互联网有效搭建的瓶颈就在于如何平衡数据保护与数据共享间的利益关系。若两者间的矛盾无法得到有效的消解,无疑会制约我国工业互联网有效搭建的速度和质量,进而实质性地影响我国先进制造业的发展进程。故此,亟须重视从法治维度推动有关协调数据保护与数据共享间矛盾的规范性文件的出台和实施,以有效实现工业互联网平台的建设,尽快打通数字经济与实体经济深度融合进程中所需的核心基础设施建设面临的制度屏障,即私权保护制度与公共利益分享制度之间的不平衡。

三、平衡数据保护与数据共享间矛盾的法治构想

如何平衡数据保护和数据共享间的矛盾,已成为当下推动工业互联网平台建设的核心制度问题。总体来看,传统的事中、事后监管很大程度上已不能有效适应当前数字经济发展的时代需求。如何包容审慎地引入事前监管,提升合规治理的水平和能力,平衡从信息技术到数据技术、从信息互联网到工业互联网、从传统制造业到先进制造业发展过程中创新激励保护、自由公平竞争以及用户权益维护三者间的关系,成为当下和未来数字经济纵深发展中无法回避的难题。具体而言,数字经济场景下市场监管现代化和法治化的关键就在于处理好数据的无限归集与有限共享之间的关系。既要保护原始数据提供者、数据采集者和控制者的利益,也要考虑数据使用和开发过程中应用者和需求者的利益,具体表现为打破数据的不当垄断和滥用,提升数据挖掘能力和创新效率,支持和鼓励数据的有条件共享与创新。这是推动工业互联网及其平台高效运转的前提与基础,直接关乎我国先进制造业转型升级的成败。为此,建议从以下两方面建构我国数据保护与数据共享的平衡模式和制度。

一方面,以数据采集为起点,完善数据授权规则与数据分类制度。数据的保护与共享始于数据采集,故此,必须在数据流动的起始环节就建立起科学合理的数据授权规则和分类制度。《网络交易监督管理办法》第十三条明确规定:网络交易经营者收集、使用消费者个人信息,应当遵循合法、正当、必要的原则,明示收集、使用信息的目的、方式和范围,并经消费者同意。然而,从平衡数据保护和数据共享间矛盾有利于推动工业互联网平台建设的角度来看,过于严苛的消费者同意制度并不合适,会有碍数据流通的速度,不利于工业互联网的搭建和运作。故此,还需进一步探讨数据采集的授权方式在不同场景下的适应性问题。此外,数据保护与数据共享间的关系并非一成不变,对数据无论是保护还是共享,都应当建立在科学适当的数据分类上,不同的数据承载不同的信息,经由不同的算法体现不同的价值,应当施行有所区别的数据保护与数据共享制度。

另一方面,以数据使用为核心,将立法的重心从数据采集环节延展至数据使用环节。2021年6月10日,第十三届全国人民代表大会常务委员会第二十九次会议通过《中华人民共和国数据安全法》,自2021年9月1日起施行。然而,作为专门的用以统筹数据法治的法律,《数据安全法》并未在数据使用这一环节上作出较为细致的规定。更应将立法的重心放在数据使用环节,明确在该环节中数据保护与数据共享的原则与界限。究其原因主要有:一是从效率的角度来说,数据只有在流动中才能发挥其效用,仅对数据采集作出严格规定无疑只是将数据静态化,除在制度外观上实现严格保护外,并不利于数据价值的有效实现,在一定程度上甚至会抑制数据价值的挖掘和转化,影响工业互联网的建设和效用的发挥,阻碍先进制造业的发展。二是从安全的角度来说,数据安全风险主要发生在数据使用环节,譬如,美国的社交平台企业F上超5000万用户信息在用户不知情的情况下,被政治数据公司C分析获取并利用,对企业以及个人利益造成极大的损害。故此,必须强化对数据使用环节的合法有效的规制,而这又以科学合理的立法为前提和保障。只有安全地使用数据才能高效地发挥数据的价值,才能为工业互联网及平台的搭建奠定坚实的基础。

(原文首发于《群言》2019年7月15日,收录时做了修订)

法治维度下看互联网医疗

随着互联网的普及应用和信息网络技术的飞速发展,"平台"已经发展成为经济社会活动的一类重要主体和场域。特别是伴随着移动互联网平台的建设和快速发展,围绕平台展开的社会经济生产生活进一步加强,政企服务多元化、平台化、移动化步伐进一步加快。尤其是在公共服务类应用发展领域,基于"互联网+"行动计划的纵深发展,包括互联网医疗、网约车以及互联网慈善等在内的公共服务业得到了高速发展,聚积了巨大的公共服务资源,为公共服务资源的优化配置和结构改革提供了极佳的运行平台,也为缓解公共服务领域长期存在的有效供给不足现象提供了有益的解决方案。但同时也引发了一系列对平台产业如何有效监管的问题。其中,依托互联网平台快速发展的新兴平台产业——互联网医疗由于关涉基本的民生安全而备受关注。为了避免"魏则西事件"的悲剧重演,有必要建立科学合理的长效机制,保障互联网医疗产业的健康可持续发展,实现互联网医疗的法治化。为此,从法治维度观察和解读互联网医疗的表象与实质就显得尤为重要。

一、互联网医疗的表象:"平台"之上互联网与医疗的跨界融合

互联网医疗是互联网作为载体和技术手段在医疗行业的新应用,是线上线下互动的医疗服务,呈现为互联网技术和信息技术与传统医疗健康服务深度融合的新型业态。作为当前平台经济发展的热门领域之一,互联网医疗在近几年取得了飞速发展,成为推动医疗服务体系创新的新兴力量。2015 年被看作互联网医疗的爆发年,各类应用层出不穷,网上预约挂号、可穿戴设备的应用、远程诊疗会诊、药品配送等方面获得突破,互联网医疗一时间成为医药卫生体制改革的重点方向。但是,作为新兴事物,互联网医疗的发展必须经历在市场的洗礼下大浪淘沙、去沙留金的选择过程。根据中国互联网协会发布的《中国互联网发展报告(2021)》预测,我国互联网医疗健康市场规模 2021 年将达到 2831 亿元,同比增长 45%;大健

康产业整体营收规模达到 7.4 万亿元,同比增长 7.2%。当前,我国互联网医疗产业虽然一片向好,企业数量多,但行业竞争激烈,获得快速发展的企业不多。互联网医疗正处于"退烧"后的良性发展阶段,此时正是认真观察和解读互联网医疗产业现象的最佳时机。

随着互联网与医疗服务的进一步融合,我国互联网医疗的服务内容大致可以分为信息服务、健康咨询、在线诊疗和药品交易四部分,并在各个大类中进一步细分为:信息服务项下的预约挂号、报告查询及专家推荐等;健康咨询项下的健康指导、健康评估及慢性病咨询等;在线诊疗项下的在线复诊、电子病历共享及在线医嘱等;药品交易项下的送药平台、网上药店等。与之相配套的技术平台和支付平台也构成了互联网医疗体系的必要组成部分。在很大程度上,互联网医疗正在被描绘为一个"跨界+闭环"的完美故事,即将互联网所具备的线上强大的数据信息功能与医疗机构所具备的线下医疗资源,以及巨大的线下医疗需求,通过互联网平台实现线上线下资源需求的有效配给,以满足线下患者的医疗需求。可见,互联网医疗主要表现为一种互联网市场经济下的医疗服务活动,介质是互联网,参与主体除了传统医疗服务中的患者、医院、医生外,还加入了平台经营者和提供者,互联网平台的应用构成了互联网医疗的典型特征。因此,对互联网医疗的描述与评价,从表象上看,应该更加重视信息技术、大数据、物联网等概念和技术在互联网医疗中的运用。互联网医疗发展的重点方向应为网络信息技术对传统医疗服务活动的改造和创新,其发展的瓶颈和亟须应对的问题亦在于理顺互联网与医疗服务的有效接入,并由此加强对平台企业在医疗服务中的监管,保障互联网医疗活动的合规运行,其着力点似乎落在了互联网平台之上。

线下医疗中《执业医师法》《医师外出会诊管理暂行规定》等法律法规以及系列政策补充性文件,保证了医疗活动中主客体清楚以及权责基本清晰,而随着互联网这一介质的进驻,主客体关系和权责关系均发生转变,执业地点的界定、"亲自诊疗"行为的判定、远程医生的责任承担、电子处方的合法要素等问题浮出水面。互联网跨越了线上与线下的界限,把实体医疗与网络服务相连接,其"融"在于人们对于有限资源的无限需求和网络放大资源的能量相一致;而其"合"则在目标一致的基础上,将线上与线下具体操作层面无数衍生出的诸如概念定位、主体责任、法规监管、医疗风险、数据安全等方面真正做到"合"。

二、互联网医疗的实质:法治之下深化医疗卫生体制改革

"互联网医疗"是近几年的高频词汇,各界都对其展开了热烈讨论,有积极乐观的支持者,互联网医疗健康市场飞速建设,极大地解决了中国医疗资源不平衡和人们日益增加的健康医疗需求之间的矛盾,尤其在 2020 年疫情期间,许多医院和互联网健康平台推出的在线诊疗服务,进一步方便了公众的求医问药。同时,亦不乏消极怀疑的观望者,他们认为医疗行为具有特殊性,医学诊断、临床治疗等都需要线下接触,这意味着网上的诊疗面临着方法论层面的困境。特别是在现阶段医患关系紧张的背景下,不负责的线上诊疗更可能触发各种潜在风险。而且,互联网运营早期的巨大投资,以及"赢者通吃"的行业竞争规律,都会导致互联网医疗平台企业的高风险和由此可能带来的行业欺诈行为,市场上鱼龙混杂,极易出现"劣币驱逐良币"的现象。互联网医疗到底缘何而起,又将去向何处? 这些基础性的追问还有待回答,尤其是结合历史背景和现实环境的深入讨论无疑将有助于准确认识我国当下互联网医疗的实质。

虽然互联网医疗是"互联网+"的纵深发展,是迅速发展起来的平台型新兴医疗服务业态,但其本质仍属医疗服务范畴,是"医疗"的下位概念(子集),线上医疗不能脱离传统的线下诊疗服务独立存在,这个观点已经被越来越多的人接受。故此,在审视互联网医疗时,必须从互联网这一虚拟社会结构状态回归到真实的场景中来。换言之,当前互联网医疗形式的出现,只不过是深化医药卫生体制改革的一种面向、一种选择、一种路径,即便不存在互联网,不借助互联网,亦会出现其他形式和类型的便于解决现阶段医疗资源分配不均、"看病难、看病贵"困局的医疗服务形态。应该说现实的医疗资料匮乏和深层次的医疗体制弊病促使互联网医疗得以迅速发展并得到广泛关注。由是观之,互联网医疗的实质源于深化医药卫生体制改革。这也正好顺应了党的十八届三中全会提出的全面深化改革的重点在于制度变革和体制创新,以实现充分释放市场动能,改革政府管制方式,大力推进简政放权的改革目标。这一目标落实到医疗改革领域,则体现为推进医疗服务市场化改革与法治化监管。接下来的答案就变得十分明确了,即互联网医疗发生的实质就是医疗卫生服务市场化与法治化的变革,并最终实现医疗卫生服务业在市场化和法治化环境下的健康发展。

需要强调的是,在全面深化改革之际,我国也面临着全球分享经济时代所带来

的各种机遇与挑战,开放与改革依旧是这个时代的主题,这在客观上向正在进行的制度变革和体制创新提出了挑战,也带来了无限机遇。可以说,互联网医疗的出现是国内外各项因素综合作用的结果。进一步讲,互联网医疗在我国现阶段的发生与发展,一方面源自市场化改革,另一方面源于政府改革,是市场和政府共同促成的。故此,互联网医疗在我国自诞生之时,就兼具了市场性与公共性的双重性,其并非是市场自由发展之果,这也就导致了在我国对互联网医疗本相和动向的辨识,必须从市场与政府互动的维度,尤其是政府管制改革的层面予以切入。

由是观之,互联网医疗的健康发展必须运行在法治轨道上,一方面通过法治规范互联网医疗产业的市场化运行,尤其是规范平台经营者和线下医疗资源供给者的经营行为,清洁互联网医疗市场运行环境;另一方面依靠法治规范政府对互联网医疗这一新兴产业的"放管服",既要给新事物充分合理的发展空间,实现放权增效,亦要对新事物的野蛮生长提高警惕,对这一关涉民生安全和民众福祉的领域尤其应加强社会管制,注重经济与社会效益的平衡。

(原文首发于《群言》2017 年第 11 期,收录时有所修改)

强化互联网平台经济
反垄断监管的金融面向

2020 年 12 月 11 日中共中央政治局召开会议,分析研究 2021 年经济工作,提出要"强化反垄断和防止资本无序扩张"。随后,在 2020 年 12 月 16 日至 18 日召开的中央经济工作会议上"强化反垄断和防止资本无序扩张"被再次强调,会议指出"国家支持平台企业创新发展、增强国际竞争力,同时要依法规范发展,健全数字规则。要完善平台企业垄断认定、数据收集使用管理、消费者权益保护等方面的法律规范。金融创新必须在审慎监管的前提下进行"。

2020 年 12 月 26 日,中国人民银行、银保监会、证监会、外汇局等金融管理部门联合约谈了某集团。中国人民银行有关领导在代表四部门答记者问时表示:"近期中央政治局会议、中央经济工作会议对强化反垄断和防止资本无序扩张等作出了一系列重要部署,对做好相关金融管理工作提出了明确要求。金融管理部门将以此为根本遵循,依法依规监管金融市场主体,严肃查处违法违规行为,强化约束资本无序扩张,维护公平竞争和金融市场秩序。"可见,对金融领域平台企业的垄断行为规制与监管已成为我国促进金融创新和防范系统性金融风险的重要工作任务,两者有着很强逻辑关联。

一、平台经济新业态走向金融领域

互联网平台经济作为一种由互联网平台进行协调组织资源配置的经济形态,其重要特征之一是跨界经营,平台可以链接供给侧与需求侧,实现优化资源配置的作用,以此提高经济运行效率,并在其溢出效果的作用下系统性地变革经济社会的运行方式。

自我国 2015 年施行"互联网+"行动计划以来,在数字数据与网络信息技术的加持下,互联网平台得以突破时间与空间的限制,获取超大规模的用户流量,平台经济的规模与影响力以指数级爆发增长,头部平台企业凭借对海量用户数据的收集、整理、分析反哺自身发展,逐步巩固和发展自身的生态系统,在网络效应、规模效应、锁定效应的合力下放大"赢者通吃"的效果,形成超级平台逐渐固化的市场结构,引发了经济新旧秩序之间的鸿沟甚或冲突。

具体而言,由于互联网聚集扩散效应和网络交叉效应的不断强化,新经济秩序发轫于互联网平台经济实践,是一种自生自发的秩序,而旧经济秩序则建立在工业经济的基础上,已经显露出滞后且乏力的问题,新经济秩序与旧经济秩序之间的矛盾越发明显。这一矛盾在以银行业、保险业、证券业为中心的现行金融秩序与以各类型互联网平台为中心的互联网金融秩序的博弈与融合中表现得十分明显,即传统的以中心化和实体化为主的金融监管秩序面临着以去中心化和数字虚拟化为表征的金融业务的挑战。

特别是在平台经济高速增长中,不断涌现的超级平台已成为资本、技术、权力三合一的数字化垄断技术聚合体,在加速和优化经济社会治理功能,提升治理能效的同时,也使得超级平台的力量进一步强化,导致相关平台市场逐渐呈现出一种独占或寡头结构。譬如,超级电商平台对其平台内交易秩序的监管和维持,超级社交平台对其平台内数据信息传播秩序的治理等,都体现出超级平台对经济社会治理的重要作用及价值。

在资本逐利性的驱动下放大了平台"流量变现""数据变现"的欲望和效果,使平台企业特别是超级平台企业泛金融化的趋动越发明显,资本的聚积又进一步推高和加固了超级平台企业在市场上的垄断地位,使之更有能力从事各类限制、排除竞争的行为,强固其用户锁定效应、网络效应、经济规模以及掌握和处理相关数据的能力,由此,增强其"流量变现""数据变现"的效能,循环往复下去,最终推动平台企业全面介入各项金融业务,即好比平台经济具有天然的垄断性,平台经济最终走向金融领域。

目前互联网平台企业呈现泛金融化的态势,国内平台巨头分别在其平台生态系统下开设金融服务,以"科技创新"进军金融市场。海量的用户流量、用户数据带来了海量的资金流,平台企业作为链接生产、流通、消费过程中各方的中心主体,实质上发挥了调节资金余缺的作用,即平台实质上已成为互联网金融领域的核心。超级平台在拥有海量数据与流量的基础上,在利用相关数据将流量变现的利益驱使下,逐渐呈现出金融异化的态势,推高了"脱实向虚"的风险。

二、互联网金融领域平台垄断隐忧已现

早在 2015 年春节期间,"社交平台 W 封杀竞争对手旗下的第三方支付应用 Z 的红包"就曾引起相关行为是否涉及滥用市场支配地位的争论。

2018 年 3 月 22 日,中国人民银行杭州中心支行认定第三方支付公司 Z 在客户权益保障、产品宣传、个人信息保护三个方面存在违法行为。

2019 年,国内互联网巨头企业创始人 M 收购 H 电子集团也曾引发金融界的广泛关注,而引起基金、券商界不安的核心问题即在于数据。对此,H 集团执行董事、总裁在投资者大会上表示,H 集团只是向金融机构提供金融 IT 软件,软件交付后由客户自行运营与管理,公司与公司的技术、维护、工程人员不可能获取、更加不可能泄露金融客户的数据,金融数据的储存与产权完全归客户控制与所有。商务部在对该项收购的经营者集中审查过程中,经过征求各相关产业部门的意见及进行专门课题研究,最终决定无条件批准该项交易。

上述相关事例或案件中既有近年来互联网平台领域反复上演的"封杀"事件,也有个人对互联网行业巨头提起的反垄断民事诉讼,还包括金融行业监管机构实施的行政处罚,当然也出现了商务部适用《反垄断法》来实施的经营者集中审查案件。看似毫无联系的几个事件,实际上都隐藏着一个共同问题,就是互联网金融领域的反垄断问题。

"社交平台 W 封杀竞争对手旗下的第三方支付应用 Z 的红包"是否构成滥用市场支配地位,如何去认定互联网金融领域的市场支配地位,如何去设定滥用与否的判断标准都是不能逃避的话题。在中国人民银行杭州中心支行对第三方支付应用 Z 的行政处罚案件中,支付宝对个人金融信息的过度收集与不当使用行为也存在滥用市场支配地位之嫌,目前广受关注的德国联邦卡特尔局对社交平台 F 的制裁案件即起因于平台 F 的数据收集行为。而在上述收购 H 电子经营者集中审查案件中,则已充分体现出业界对数据集中的高度关注,也折射出数据在市场支配地位认定与限制竞争效果分析中的重要地位。

三、加强反垄断监管促进金融创新与安全发展

我国对金融行业的监管长期以来主要依靠行业监管模式,面对互联网平台金融业务的异军突起,央行等金融主管部门也发布了一系列互联网金融业务监管规

定与指导意见,基本态度和治理方向都是非常明确的。

2015 年,为鼓励金融创新,促进互联网金融健康发展,明确监管责任,规范市场秩序,中国人民银行、工信部、公安部等联合印发了《关于促进互联网金融健康发展的指导意见》。

2016 年 8 月,为加强对网络借贷信息中介机构业务活动的监督管理,促进网络借贷行业健康发展,中国银监会、工信部、公安部、国家网信办发布了《网络借贷信息中介机构业务活动管理暂行办法》,明晰了"网络借贷"的概念,并且明确规定网络借贷信息中介机构不得提供增信服务,不得直接或间接归集资金,不得非法集资。

2018 年 4 月,中国人民银行、银保监会、证监会出台《关于加强非金融企业投资金融机构监管的指导意见》,明确规定"滥用市场垄断地位或技术优势开展不正当竞争,操纵市场,扰乱金融秩序"的企业不得成为金融机构控股股东。

2018 年 11 月,中国人民银行发布《中国金融稳定报告(2018)》,在阐述建设网联清算平台的重要意义过程中,提到网联清算平台的建成,"有助于维护公平竞争的市场秩序,引导支付机构回归本源,专注业务创新和服务改进,防止市场垄断,推动行业健康持续发展"。在建立我国金融控股公司的监管制度、强化关联交易监管方面,提及"集团关联交易应当遵循市场原则,不能违背公平竞争和反垄断规则"。2019 年 11 月,中国人民银行发布《中国金融稳定报告(2019)》,特别提到"部分机构掌握了海量消费者数据,垄断整个信息链条,一旦发生数据泄露或遭受网络攻击,甚至可能对整个国家的数据安全造成威胁"。

虽然,在部分金融行业监管政策法规中对公平竞争和反垄断的要求已经有所体现,然而,金融行业主管部门的监管一般来说更体现为一种合规监管,更侧重于对金融安全的保障,这难免造成与行业创新、公平竞争之间的紧张关系。而且,行业监管在对违法行为的公示程度、处罚力度与遏制效果方面还存在乏力之处,从上述中国人民银行杭州中心支行对第三方支付应用 Z 处以总计 18 万元的处罚决定也可窥见一二。

由市场监管部门来进行的反垄断执法则主要从维护市场竞争秩序的角度,通过综合衡量创新、效率与安全等价值的权重来判断行为的违法性。在金融行业已经形成"互联网平台+金融服务"与"传统金融服务+互联网"新型竞争格局的现实背景下,有必要在行业监管之外,另行构筑与行业监管相互补充、相互协调的竞争监管机制,强化由市场监督管理部门来进行反垄断执法。

一方面,要加强金融监管机构与市场监管机构的交流与协作机制。对已经颁布或今后将要颁布与实施的金融行业监管政策法规进行公平竞争审查,剔除对金融创新可能造成阻碍的不必要因素,为公平竞争、持续创新创造条件。

另一方面,要开展与强化《反垄断法》《反不正当竞争法》等市场竞争行为规制法在互联网金融领域的科学合理有效的适用。在深入研究互联网金融的特点与突出问题的基础上,有针对性地推出相应的竞争法实施细则或指南,维护金融领域的竞争秩序,为互联网金融领域企业的合规经营提供指引,在切实保障广大消费者信息和财产安全的基础上,保障金融创新活动的持续健康发展,最终反哺广大消费者,促进国家经济健康发展,真正实现互联网普惠金融的价值与功能。

(原文首发于《第一财经日报》2021 年 1 月 21 日第 A11 版,
收录时做了修订)

规范平台竞争行为　支持金融创新发展

2020年，中央经济工作会议明确将"强化反垄断和防止资本无序扩张"列为2021年我国经济工作的八大重点任务之一。深度解读和认真领会中央关于平台经济领域反垄断的工作部署，可以清晰地发现当前"完善平台企业垄断认定、数据收集使用管理、消费者权益保护等方面的法律规范"与"金融创新必须在审慎监管的前提下进行"有着很强的逻辑关联性和行动一致性。

一、平台经济高速发展挑战现有金融监管秩序

目前平台经济的蓬勃发展在深刻变革经济社会各领域的组织结构与运行模式的同时，也造成了诸多新旧秩序之间的鸿沟甚或冲突，即新经济秩序与旧经济秩序的矛盾由于互联网聚集扩散效应和网络交叉效应的不断强化而日益明显，这一矛盾在以银行业、保险业、证券业为中心的现行金融秩序与以各类型互联网平台为中心的互联网金融秩序的融合及完善中表现得十分明显，即传统的以中心化和实体化为主的金融监管秩序面临着以去中心化和虚体化为表征的金融业务的挑战。在这一过程中显现出以各类型互联网平台企业基于自身不断积累的流量和数据而衍生的互联网普惠金融样态，在便利平台多边市场用户的同时，也正在放大"脱实向虚"的系统性金融风险。

近年来，以互联网平台为依托的线上线下市场要素与市场力量不断聚集，平台经济所触及的通用市场和细分市场上的竞争越来越激烈，且不断衍化为以超级平台为中心的闭合型生态系统，以流量和数据为基础的跨界传导模式进一步放大了互联网经济"赢者通吃"的市场竞争效果与市场竞争结构。各类型的平台已经或正在从市场要素发展为要素与市场的结合体。

在这一现实场景下，中央在重点部署"强化反垄断和防止资本无序扩张"工作时特别要求"金融创新必须在审慎监管的前提下进行"，在强调反垄断工作中对互联网平台经济的金融资本进行审慎、科学、有效的监管是强化反垄断的题中应有之

义,同时,强化平台反垄断可以规范和保障金融系统的安全,引导金融资本开展公平有序竞争,促进平台经济健康发展。

二、平台竞争从固化走向异化易滋生金融风险

互联网平台经济的重要特征之一是跨界经营,平台可以链接供给侧与需求侧,发挥优化资源配置的作用,以此提高经济运行效率,并在其溢出效果作用下,平台经济正在系统地变革着经济社会的运行方式。我国自 2015 年实施"互联网+"行动计划以来,互联网平台可以突破时间与空间的限制,获取超大规模的用户流量。因此,国内平台经济的规模与影响力呈现指数级爆发增长,头部平台企业凭借对海量用户数据的收集、整理、分析反哺自身,放大"赢者通吃"效应,导致以超级平台为中心的互联网市场竞争结构逐渐固化。

超级平台对其他竞争性平台的排他效应、对用户的锁定效应以及迅速增长的规模效应不断被放大,特别是在互联网金融领域,超级平台可以利用自身拥有的巨大流量和海量数据精准分析用户的资金余缺、金融消费意愿及其能力,由此提高算法自动推送的效率,发现和挖掘更多的交易机会。平台通过对用户包括终端消费者用户和商业用户的数据收集与分析,通过大数据计算和人工智能算法提炼出高质量的用户金融数据,在此基础上为了实现海量用户金融数据的变现,引入资本,通过杠杆的方式达到以小博大、以虚吸实的客观效果。同时,平台不断强化自身对用户数据特别是用户消费数据、用户金融数据的排他性占有,放大了"以数据保护之名而行数据封锁之实"的现实风险和潜在危害。

当前互联网平台"封禁"、强制"二选一"大数据"杀熟"等市场垄断与不公平竞争现象频发,在很大程度上都是基于平台对用户流量和数据的争夺与控制,也是平台经济不断开展金融业务的表征。正是由于平台意识到从流量、数据到资本的转化,以及引入资本对流量、数据的争夺构成了平台经济发展的基本商业模式,才使得平台对流量、数据如此重视。平台经济不断走向竞争固化的结果,是平台企业对资本的最大化追逐与资本对平台企业的无限度俘获。

互联网平台企业易出现的从利用政策红利走向监管套利、不当利用市场地位排斥同业经营者、损害消费者合法权益、破坏市场竞争秩序的行为,是平台定位及功能在资本无序扩张的驱动下不断异化的结果,此时的平台从起初定位的聚焦于信息咨询服务等促进技术创新和实体经济发展的数字科技创新企业,逐步走向流

量变现、数据变现的金融服务企业,数据特别是金融消费数据的采集与交易成为某些超级平台企业的主要经营内容,在此基础上平台企业间的竞争逐渐从技术创新走向了数据争夺,平台经济运行"脱实向虚"的迹象越发明显。

叠加全球新冠肺炎疫情的影响,实体经济发展的压力进一步凸显,在这一现实背景下各类型的金融科技创新面临着"真创新"抑或"伪创新"的拷问,大规模的金融数字化和数字金融化业态入场,暗埋系统性风险,以超级平台企业为中心的新型"大而不能倒",正在威胁着我国经济的健康发展。

故此,亟待加强对泛金融场景下平台企业不正当竞争行为和垄断行为的监管,在发挥资本、技术、数据等关键生产要素推动平台经济健康发展的作用的同时,防范资本无序扩张所造成的平台经济领域竞争秩序扭曲、消费者合法权益受损的危害,促进平台经济健康发展及金融科技的有序创新,支持金融数字数据化与数字数据金融化的共融共进。

三、加强平台反竞争监管,支持金融创新发展

当前,大量社会资本进入互联网平台经济领域,但是平台经济各业态发展的基本商业模式未有实质性改变。譬如 2020 年爆发的长租公寓平台运营风险,看似是"房屋租赁+个人信贷"的普通民商事交易行为,实则是利用平台开展的互联网金融交易,其中的"高杠杆"融资方式存在极大的系统性金融风险。实践中资本要素与平台资源的深度融合,在很大程度上已改变了传统金融业务的展开方式,结构组织的去中心化、货币的数字虚拟化及金融数据的定制化已成为"互联网+金融"的主要特征。在激励平台经济深入金融领域、优化金融资本配置的同时,也导致大量资本涌入平台经济领域的各种业态中,虽然在客观上支持了平台企业的高速发展,但同时也裹挟着平台企业不断挑战国家对金融市场管制的规则体系及安全底线,将平台经济领域反竞争行为的不良效应传导且放大至金融市场,极易引发金融领域的系统性风险。为此,完善和强化平台企业垄断认定,做好平台经济领域的竞争合规工作,是当前防范金融市场系统性风险、精准拆弹的关键一环。

具体而言,资本在逐利最大化的过程中会驱使平台企业尽可能地实现流量变现、数据变现,因而,用户流量、用户数据已成为平台企业市场竞争的关键要素,也是进一步做大做强、提升其竞争力的核心要素。简言之,在巨量资本涌入平台经济领域的过程中,用户流量、用户数据成为资本通过平台竞相争夺的唯一资源,由此

平台竞争的核心亦由各自差异化的商品创新开发与运营,转向以争夺用户流量与数据为根本的同质化竞争。一旦在位平台企业取得对流量和数据的优势地位,其唯一考虑的是如何进一步扩大和维持其在流量和数据上的优势甚或支配地位,以此来更好地实现流量变现、数据变现,以回报资本的投入,同时不惜借资本的力量进一步扩大和巩固其在流量和数据上的优势。

为了达到资本与平台合谋的目的,具有市场支配地位的平台企业拒绝交易(平台数据封锁、平台封禁行为)、限定交易(平台强制"二选一")、差别待遇(平台自我优待)、附加不合理交易条件(平台"最惠待遇"条款)等;对其用户进行剥削与挤压,如不公平高价或低价(平台大数据杀熟)、附加不合理交易条件(过度采集和滥用用户数据)等。由此,资本借平台无序扩张,平台依赖资本实现垄断,在流量变现、数据变现的过程中,任由资本摆布。

当前,在平台经济领域强化反垄断与防止资本无序扩张,两者有着内在的逻辑关联性和行动一致性,很大程度上都需紧紧围绕平台企业垄断认定、数据收集使用管理、消费者权益保护等方面展开,而其中最为关键的一环则在于完善平台企业垄断认定。只有加强对平台企业反竞争行为的有效监管,规范其在流量争夺、数据收集使用中的行为,才能引导和激励平台企业在自由公平的市场竞争环境下,提升商品质量,提高创新水平,合理利用资本,支持金融创新,实现平台经济健康发展与金融合规高效创新的融合共进。

(原文首发于《群言》2021 年第 4 期,收录时做了修订)

解锁"系统之困" 多维度治理是关键

数字经济下外卖行业作为新零售的典型业态,成为数字化、平台化、智能化的急先锋。日前,一篇题为《外卖骑手,困在系统里》的调查报告引爆社会舆论,在激发社会共情的同时再次将互联网平台企业推向风口浪尖。

以外卖平台生态系统为例,订餐者作为平台极力讨好的流量终端,自然不便过分约束以免挫伤用户黏性;商家作为平台主体业务的具体承包商亦无法硬性管控;而众多低进入门槛的骑手,相较之下成为全生态链条中可以进一步议价的最佳对象。这看似是一种无意的偶然,但却是平台企业逐利的必然,在企业效益最大化与企业社会责任之间,很难作出非黑即白的价值判断。

当前,部分舆论将骑手受困的罪魁指向"算法"与"系统",即外卖配送算法与绩效评价制度。这种分析虽无不妥,但是技术终归是中性的,如何做到技术向善,仅靠技术本身的改进或许难以实现,更应得到重视的是当前整个互联网平台生态系统的治理模式及其治理困境,只有以问题和目标为导向,方能科学合理地解锁"困在系统里"的僵局。

一、算法治理应有"温度"

算法作为大数据时代的标志性技术产物,相信外卖平台的设计初衷及后续运维是符合既有社会规则的,但由于运算的体量、速度、归集已远非人类智力所能掌控,故最终应用结果的偏差难以避免。

以外卖平台为例,其配送算法可以说是核心的商业机密,故而在此次外卖风波中,但凡涉及算法公开的讨论一直都很敏感。对绝大多数互联网企业而言,低成本获取海量的可计算的用户数据、行业数据及社会数据,是保证其持续高效竞争力的前提和基础,而配送算法的数据来源相较于订餐算法及出餐算法而言,是最容易呈现在前台的数据集合——由600万配送员实时更新的路径信息。这个体量相对于6亿网购用户的数据量而言显得颇为渺小,但在外卖平台市场这一细分寡头市场中,主要是指 M 公司和 E 公司两大巨头对外卖平台市场的控制现状,依然足够让头部企业保持竞争优势,更何况在地图导航、配送工具等方面外卖平台能够获得较为成熟的数据资源和技术支持,故而,真正具有独占价值的正是骑手们用汗水勾勒的路径信息和配送逻辑。

在计算机语言中,0 和 1 便可以构建出能够映射现实的虚拟世界,然而路径毕竟是二维平面上的点线面,至于骑手需要攀爬的楼梯、等待的电梯、拥挤的天桥等三维立体化艰辛,以及无法预测的天气因素、饭店客流、交通管制等三百六十度不可抗力,在技术层面很难被精准量化。最终,所有的变量控制都被指向了一个僵化的指标,即配送时间。

在"外卖骑手,困在系统里"事件中,骑手配送时间越来越短、从业风险越来越高,这般无解的恶性循环注定会引发社会强烈关注,然而已经训练完成的算法因"算法黑箱"在技术层面很难被倒回纠正,甚至迟缓其脚步都是一种奢望。

为此,若令"无情"的算法逐渐具备"人情"的温度,可从以下方面进行治理:

第一,就事后救济而言,尽管以效率为结果导向的算法应用难以阻却,至少应及时设置极端理性化结果的救济修补机制,避免算法在"跑偏"的路上渐行渐远;

第二,就事前干预而言,若经过社会效果评估该算法已偏差过度,则应重新设计和校正算法,添附合理的复杂因素变量,但须注意主观变量应符合现有法律规范、社会伦理、商业准则的价值导向;

第三,就事中监控而言,建议加强算法的监督,完善算法的调配模式,虽然算法运行的全过程在技术上和商业上不便公开,但至少应根据公司盈利和硬件条件设置尽可能多的监控点和检修点,避免"算法黑箱"无限扩大。譬如,可施行多轨制的算法调配模式,在主算法数据运算量达到一定阈值时,由低峰值模拟运行的副算法进行闲时替换接管。技术人员针对主算法近一段时期的社会反馈及运行痛点进行讨论修正,待修复系统的设计缺陷后,换回功能较为全面的主算法,而副算法经过一定数据量的算法训练后,亦能在下次更换时有较好的用户体验。

实践中围绕算法引发的争议在未来还将源源不断,辩证地看,正是因为其突出的价值效用才备受苛责。算法自始中立,唯有使用者的主观审慎与不断反思才是敬畏科技的题中应有之义。

二、数据治理应有"力度"

在关注外卖算法对骑手"逼迫"之余,走进算法核心,即外卖行业的数据流转过程,得出的结论是,该场景下数据没有在真正意义上得到尊重和保护。

数据作为目前产权体系中难以有效有序解释的一种创新型生产要素,其变现后的利润分配与归属问题至今仍无法明确定论。聚焦至外卖行业生态中,平台以外卖 APP 为外在形式、以大数据算法为核心技术支撑,向广大订餐者、商家、骑手提供了一种深度的数据应用产品(服务),其中包括订餐者的价格比对与订单发布、商家的线上展示与订单撮合、骑手的工作机会与绩效管理等。由于平台企业不可避免地追求利润最大化,结合外卖平台上述流程及功能不难发现:

订餐者与外卖平台间无直接隶属关系,但作为平台显性利润的直接提供者,订餐者在该生态中地位优先。

商家与平台为间接隶属关联,商家通过签约入驻固定平台后并不受强制约束,每份外卖被抽成的部分成为平台隐性利润的直接提供者,其生态地位居中。

骑手与平台间具有直接隶属关联,骑手中的专职配送近似于劳动关系(并不必然签订劳动合同),而众包骑手则仅为劳务关系,配送成本亦成为平台的隐性利润,故骑手地位最低。

因而,在外卖行业生态中,平台作为数据应用产品(服务)的供给方,基于薪酬能够直接约束骑手,从而将其排除在自身数据产品的"用户"之列,本质上是为了提升利润而模糊自身在数据产品(服务)供给关系中的角色定位。

当然,订餐者与商家实质上也无法直接分享平台所提供的数据红利,这主要是因为两者已然享受了平台所提供的价格比对、交易撮合等数据便利,为此向外卖主营业务给付个人(商户)外卖数据信息和一定数量的交易佣金作为对价合理合法。

按照此种逻辑推演,那么骑手似乎理所当然地受到外卖平台管制,其一,骑手若非平台提供的送餐订单便无法获取就业机会和相对较高的收入报酬;其二,平台在其支付的薪酬中默认包含了对骑手提供配送信息数据的对价;其三,骑手流动性过大、安全隐患较多,故而利用绩效薪酬算法进行智能管理成本消耗较低、风控效果较好、订餐体验较高。

如此看来,平台似乎并无不妥,但仔细观察,其实不仅是骑手,包括商家和订餐者在内,所提供的数据价值被明显降低了。订餐者每单 1—2 元的配送费、商家较低甚至免除的入驻费,以及根本无法在骑手薪酬信息上体现的"配送数据采集费",互联网行业经营者极度关注的数据要素在其提供者角度竟是如此低价甚至免费,对比传统生产要素,无论是土地、资本还是劳动,其对价越发上涨,唯独数据要素作为新经济业态驱动力,在我国社会公众认知上显得无关紧要,除非个人信息严重泄露遭遇不法侵害或网络暴力,否则都是默认授权 APP 使用个人信息以获得后续数据。其中,不排除公民个人数据权益意识的单薄,以及应适当兼顾互联网科技企业发展初期的数据竞争压力,但是在国家制度规范层面,尽快明晰数据要素的权利体系已刻不容缓。

三、多元治理应有"强度"

外卖平台的核心是算法,算法由海量数据训练而成,提升算法治理的"温度"和强化数据治理的"力度",固然有助于解锁"困在系统"的僵局,然而,对真正长效地根治此类僵局仍显乏力。现有制度规范同数字经济下数据与算法的运行不相匹配,这并不意味当前的困局成为法外之地。在回应此次"系统之困"中,主要依靠了媒体舆论的社会共情,然而,该方法并不能作为常规工具频繁使用,仍然需要依循法治思维,遵循法治原则,从主体及其权利义务基本构造出发,清晰梳理"系统之困",重视多元共治。

首先,订餐者与外卖平台间,可沿用一般消费者同产品(服务)提供者间的法律调整思路,具体到通常适用的法律法规包括《消费者权益保护法》《互联网信息服务管理办法》等,表现为外卖平台作为第一责任人优先解决消费者在订餐中同商家和骑手间的责任纠纷,后续再由平台对直接责任人进行追偿或惩戒,这也是目前处理类似问题的常规操作。

其次,商家与外卖平台间,既有思路多数基于外卖信息产品(服务)供需关系,双方签订平台入驻协议,具体依据《民法典》《食品安全法》等。为了争取更多商家加盟外卖平台,在协议签订过程中平台会适当放宽对商家的质控约束,从而成为骑手的一大痛点。因此,建议在今后的平台入驻协议中对商家的硬性约束应有所加强,譬如,可根据用餐评价、骑手评价设置奖惩积分,督促商家按时出餐。

再次,骑手与外卖平台间,严格意义上平台与骑手存在劳务雇佣关系,但由于骑手存在大量临时性众包,通常不会签订劳动合同,在双方因劳资、人身损害等问题发生纠纷时,缺乏直接能够适用的基本法律。因此,为保护骑手的整体利益,可考虑依托片区配送站建立骑手协会组织,统一处理骑手的权益诉求。总之,不单是外卖行业,新业态中的行业组织或工会应承担更多的职责,致力于整合流动分散的劳务提供者及各类突发情况。

最后,在我国对平台治理的推进方面,政府始终是主导者和主要推动者,这是与我国长期以来的经济社会治理结构和模式相匹配的。政府作为公权力行使机关,应当充分行使监管职能。应从事前和事中事后全周期出发,构建科学系统的监管体制。通过定期检查和不定期抽查的方式,防治外卖平台经营中的各类安全风险,从事前加以预防;通过大数据系统实时监测外卖平台配送的事故情况,对于事故率高的企业予以约谈警示,从事中加强管理;对于外卖平台企业损害消费者、骑手的违法行为应当加以查处,从事后完善处置。由此,建立全方位多环节监管机制。

（原文首发于《第一财经日报》2020 年 9 月 24 日第 A11 期,收录时做了修订）

后记　数字经济时代法治建设仍需努力

　　科技引领人类社会不断进步。蒸汽机的发明和应用,将人类社会带入了蒸汽时代,资本主义世界体系逐步得以确立和扩展,率先完成工业革命的英国,成为了世界霸主;19世纪60年代,第二次工业革命使得人类进入"电气时代",资本主义的生产社会化和生产效能大大增强,垄断组织应运而生,促进了世界殖民体系的不断建成与扩张,使得资本主义世界体系最终确立,世界逐渐成为一个整体;第三次科技革命以原子能、电子计算机、空间技术和生物工程的发明和应用为主要标志,推动了人类社会经济、政治、文化领域的变革,它一方面加剧了资本主义各国发展的不平衡,使资本主义各国的国际地位发生了新变化;另一方面使社会主义国家在与西方资本主义国家抗衡的斗争中具有强大的动力。

　　2013年的汉诺威工业博览会上,德国率先提出了"工业4.0"的概念,即利用信息化技术促进产业变革的时代,也就是智能化时代。与之相应,2015年中国国务院正式印发《中国制造2025》,以"市场主导,政府引导;立足当前,着眼长远;整体推进,重点突破;自主发展,开放合作"为原则。力争用十年时间,迈入制造强国行列;到2035年,我国制造业整体达到世界制造强国阵营中等水平;新中国成立一百年时,制造业大国地位更加巩固。

　　2015年,我国"互联网+"行动计划正式施行,数字经济、平台经济、智能经济等互联网经济新业态得到了迅猛发展,在提升经济社会发展动能和能效的同时,也引发了诸多基于新技术、新模式、新业态、新产业发展而不断涌现的经济规制与社会治理问题,对现有的基于传统工业时代的法治体系与实践系统带来了诸多挑战,是否颠覆了现行法治理论、文本制度、实践设施及解释方法,重塑适应数字经济时代特征与运行规律的数字法治基础理论与法治实践模式已然成为当前社会各界特别是法学理论界与实务界普遍关注的话题。为此,笔者结合自身研究基础与学术旨趣,通过观察近年来特别是"互联网+"行动计划施行以来,典型的涉及数字经济现象的社会热点与重点问题,从理论探索与澄清,实践探析与评价两个维度进行了解读。在评析具体问题、事件、案例的同时,也扩展和深化相关理论思辨和实践反思,希冀见微知著,借由小微叙事,表达时代之思,探寻数字经济时代法治治理的重点、难点及着力点。

目前,理论界和实务界已做了不少研究和实证工作,取得了较为显著的进展,譬如,2021 年 1 月 1 日《中华人民共和国民法典》的正式实施,2021 年 6 月 10 日《中华人民共和国数据安全法》的出台(于 2021 年 9 月 1 日正式施行),2021 年 8 月 20 日《中华人民共和国个人信息保护法》审议通过(于 2021 年 11 月 1 日正式施行),都积极回应了当前数字经济发展过程中引发的各类社会各界广泛关注的重点、难点问题,并为此提供或指明了基本的法治治理工具和完善路向。然而,也必须清醒地意识到,这些重要的法治进展与数字经济时代人民群众的法治需求之间尚有距离,还需进一步深入阐释和具体明确。基于此,笔者从数字经济时代不断涌现的各类现象、事件或案件的基本属性入手,运用法治思维和法治方法将其类型化和结构化,从中抽理出数字经济时代基于"数据、算法、平台"三位(维)一体的经济社会治理模式和治理方法,从数字经济时代的治理目标、治理主体、治理对象、治理工具、治理方法、治理效果等维度构造数字经济时代的法治之路。当然,对于以"数据、算法、平台"为基础构造的数字经济时代法治研究和实践评价框架是否全面、妥适还需要进一步论证和检验,然而,作为一种理论构想未尝不可,可供各界予以讨论、批评,哪怕是最后彻底否定了该理论框架的合理性与可行性。

本书主要分为四个部分,第一部分立足宏观,探讨数字经济下法治理念的变化,讨论互联网经济的建设方向;第二部分聚焦微观,讨论针对数字经济的两大支撑——"数据"与"算法"的治理问题,同时特别关注"数据垄断""数据爬取"大数据"杀熟"等热点问题;第三部分则关注平台经济治理问题。当前,各大互联网平台在飞速扩张的同时,也带来了"封禁""二选一""滥用支配地位"等新型问题,引起了社会各界的广泛关注,在对这些问题提出解决路径之余,还结合《平台经济领域的反垄断指南》等现行法律文件,提出"多元共治""强监管、促发展"的平台治理理念;第四部分则聚焦平台新业态,诸如"灵活用工""直播带货""长租公寓""互联网医疗"等新业态,提出切实有效的治理途径。

数据、算法、平台是当下数字经济最需要关注的三个问题。当然,随着数字经济的创新动态发展,会随时出现全新的引发法学界关切的新应用和新场景的治理需求,正所谓"科技改变生活、科技变革法治"。在日益革新和快速发展的科技面前,法学学者更需要坚持不断学习,以严谨、务实、谦抑的态度,包容、创新和发展的理念,时刻关注和回应数字经济下信息化、数字化、智能化的发展对法治理论体系和实践模式带来的新问题和新挑战,探索因应数字科技创新与新业态发展的科学有效的法治体系和实施方式,在"守正与创新"的动态平衡中助力数字经济高质量发展。

本书的大部分成果已刊于《人民论坛》《国家治理》《中国价格监管与反垄断》《中国市场监管研究》《市场监督研究》《中国社会科学报》《群言》《人民论坛》《第一财经日报》《探索与争鸣》《深圳特区报》等,在此一并感谢各位评审专家和编辑老师提出的宝贵意见,才使得各篇文章得以顺利刊出,也正是因为各位评审专家和编辑老师的鞭策和鼓励,我才有了将文章集结出版的信心和决心。

本书的出版离不开人民出版社的领导和责任编辑孟雪老师的关照和帮助,他们在本书编校和出版过程中一直保持高度的热情和认真负责的工作态度,对文字内容、逻辑结构、本书题目提出了诸多完善的建议,在出版诸事的协调上也提供了诸多帮助,在此深表谢意。

在全书的编撰过程中,我与团队的博士后赵青博士、程前博士,博士生马贤茹、胡珍、林思宇、郭光坤等多次就全书的选材进行了讨论,及时结合立法的修订、数据的更新等变化,对文章的内容进行增删,在思想的碰撞中升华了亦师亦友的深厚情谊,感谢他们的付出与努力。

"非淡泊无以明志,非宁静无以致远。"数字经济使我们的生活更加便利,然而,同时也滋生了浮躁的情绪,侵蚀着我们理性思考的空间。希望我们可以理性地看待数字经济,用更多的精力埋头书卷,拥抱自然。

同时期待各位读者的宝贵意见,以待在接下来的研究中不断改进和完善!

陈　兵

2021 年 8 月 22 日

于长春太阳世家寓所

责任编辑:孟　雪
封面设计:刘　哲
责任校对:周晓东

图书在版编目(CIP)数据

数字经济时代法治观澜/陈兵 著. —北京:人民出版社,2021.12
ISBN 978－7－01－024328－3

Ⅰ.①数… Ⅱ.①陈… Ⅲ.①法治-研究-中国 Ⅳ.①D920.4

中国版本图书馆 CIP 数据核字(2021)第 243840 号

数字经济时代法治观澜
SHUZI JINGJI SHIDAI FAZHI GUANLAN

陈 兵 著

人民出版社 出版发行
(100706　北京市东城区隆福寺街 99 号)

北京汇林印务有限公司印刷　新华书店经销

2021 年 12 月第 1 版　2021 年 12 月北京第 1 次印刷
开本:170 毫米×1000 毫米 1/16　印张:17.25
字数:294 千字

ISBN 978－7－01－024328－3　定价:59.00 元

邮购地址 100706　北京市东城区隆福寺街 99 号
人民东方图书销售中心　电话 (010)65250042　65289539